Jochberg/Tirol, 18.8.16

Liebe Kathrin,

viel Spaß mit
meiner Geschichte!

Alles Liebe,

[signature]

RICHARD MACKENRODT

**MEIN LEBEN
DAVOR**

RICHARD MACKENRODT

MEIN LEBEN DAVOR

ROMAN

Dieses Buch wurde auf
FSC®-zertifiziertem Papier gedruckt.
FSC®-Mix: GFA-COC-001229

Copyright © 2015 by Richard Mackenrodt
Copyright © der deutschsprachigen Ausgabe by
EDITION TAKUBA, München
Umschlaggestaltung: Alexandre Rito, Loule, Portugal
Druck und Bindung: CPI books GmbH, Ulm
Printed in Germany

ISBN 978-3-9816667-5-5

Eine Geschichte
über das Leben
und den Tod.

Happiness is only real when shared.
(Christopher McCandless)

Inhalt

Schmerz ist mein ständiger Begleiter **13**
Der Mann mit dem Hammer **65**
Kona **74**
Norseman **84**
Zusammenbruch **107**
Eva **111**
Grenzenlose Weißheit **146**
Das Tal der Rosen **165**
Tatko **227**
Mein Leben davor **232**
Schmetterling in der Betonwüste **235**
Iskuplenie **253**

TEIL I

Schmerz ist mein ständiger Begleiter

Es ist lange her, und dennoch erinnere ich mich genau: Er kam, ohne sich vorher anzukündigen. Einfach so. Aus dem Nichts.

Ein Freund hatte Videos besorgt, über seinen großen Bruder, der in einer Videothek arbeitete. Die Eltern der beiden waren übers Wochenende verreist, das wollten wir ausnutzen. Sieben Jungs aus der neunten Klasse, ausgerüstet mit Popcorn, Bier, Chips und Schlafsäcken. Wir hatten elf Filme am Start und ordneten sie der Härte nach. Alle ab 18. Es sollte losgehen mit Freddy Krüger, dann würden Vampire, Werwölfe, Zombies und Kettensägenmörder folgen, und als krönender Abschluss ein Menschenfresser-Film, der überall auf der Welt auf dem Index stand und von dem es hieß, dass nur die Abgebrühtesten in der Lage waren, ihn auszuhalten. Jeder klopfte großspurige Sprüche und kündigte an, das Programm locker zu überstehen. Das waren noch VHS-Videos, klobige, schwere, störungsanfällige Dinger, die grobkörnige, matte Bilder durch den Röhrenfernseher flimmern ließen. Damals gab es nichts Besseres. Auf dieses Wochenende freuten wir uns seit Monaten. Die Mission unterlag strengster Geheimhaltung. Niemand durfte etwas davon wissen, keine Eltern und Geschwister (außer dem besagten Bruder), keine Lehrer, und auch die anderen Mitschüler nicht. Das machte uns zu einer verschworenen Gemeinschaft. Wochen lang warfen wir uns in der Schule stumme Blicke zu und wussten: Wir waren tausendmal cooler als die ganzen anderen Hirnis. Die Glorreichen Sieben. Mädchen waren zu der Veranstaltung natürlich nicht zugelassen, sie hatten nicht die nötigen Nerven (glaubten wir). Der große Bruder besorgte Bier und zwei Flaschen Schnaps und stellte klar, dass er hinterher keine Sauerei wegmachen würde. Wir mussten uns verpflichten, das Haus am Sonntag in einwandfreiem Zustand zurück zu lassen. Oder er würde uns den Arsch aufreißen, vom Nacken bis zum Kinn.

Am Freitagabend fanden wir uns ein, mit all den Taschen und Tüten. Keiner kam zu spät. Nicht eine Sekunde dieses Wochenendes durfte versäumt werden. Helden an der Schwelle zu einem großen Abenteuer. Der erste Film war noch ziemlich harmlos, da hatte ich Schlimmeres gesehen. Der zweite ging schon mehr an die Nieren. Beim dritten fragte ich mich zum ersten Mal, ob das Ganze hier wirklich eine so gute Idee gewesen war.

Und dann kam er. Ohne sich anzukündigen. Ohne jede Vorwarnung. Der Schmerz. Er schoss in meinen Kopf, und ich stöhnte leise auf. Was meine Freunde mir sofort als Schwäche auslegten.

»Zu hart für dich, Alex?«

»Quatsch – hab nur Blähungen«, log ich. Wir waren 15, wir wollten cool wirken, um jeden Preis. Nur so behielt man den Rang in der Clique, den man sich mühsam erarbeitet hatte.

»Furzen läuft aber nicht«, sagte einer. »Sonst Rote Karte.« Alle lachten, nur ich nicht. Denn das hier war kein normaler Schmerz. Ich war schon vom Fahrrad gefallen, beim Klettern vom Baum gestürzt, mit dem kleinen Zeh an der Schrankecke hängen geblieben, und hatte mir die Hand in der zugeschlagenen Autotür eingeklemmt. Mit Schmerz kannte ich mich aus. Dachte ich. Erst ein paar Tage zuvor hatte ich mir im Backofen die Finger verbrannt, das hatte höllisch weh getan. Aber dieser Schmerz hier war anders, er fühlte sich an, als hätte mir jemand eine Axt mitten in die Stirn getrieben. Ich wollte aufschreien, aber ich riss mich zusammen, so gut es eben ging, presste die Zähne aufeinander, und als ich merkte, dass mir Tränen in die Augen schossen, sprang ich auf und lief hinaus. Dabei riss ich eine Lampe um, prallte gegen den Türrahmen, und im dunklen Hausflur gelang es mir nicht, den Lichtschalter zu finden.

»Hey!« rief ich. »Wo is'n das Klo?!« Ich stolperte über einen Schlafsack, der auf dem Boden lag, und als ich mich auf allen Vieren auf dem Boden wiederfand, verlor ich jede Kontrolle über meinen Körper. Im nächsten Moment kamen die Jungs auf den Flur, das Licht ging an. Ich sah ihre angewiderten Gesichter.

»Mann, Alex, auf den Teppich kotzen? Und dann legst du dich auch noch rein? Scheiße noch mal!«

***

Ich war nicht in der Lage, den teuren Perserteppich sauber zu machen. Ich rief zu Hause an, und mein Vater kam, um mich abzuholen, nachts um eins. Auf dem Fernseher war noch das Standbild zu sehen, das gerade einen Enthaupteten zeigte, dem das Blut aus der Halsschlagader schoss. Mein Vater fand die Videos, das Bier, den Schnaps. Er nahm alles mit, und noch in der Nacht wussten sämtliche Eltern Bescheid. Ich hatte den Jungs nicht nur das Wochenende ruiniert, sondern die größte denkbare Katastrophe ausgelöst. Überall hagelte es Stubenarrest, Fernsehverbot, gekürztes Taschengeld. Das würden sie mir nie verzeihen. Noch vor Sonnenaufgang brachte Vater mich ins Krankenhaus. Ich wurde an Geräte angeschlossen, es gab eine Sonographie, meine Hirnströme wurden gemessen. Das volle Programm. Ich bekam starke Medikamente, durch die der Schmerz erträglicher wurde. Aber mehr auch nicht. Er dachte gar nicht daran, zu verschwinden. Er schien sich immer tiefer in meinen Schädel bohren zu wollen, wie Säure, die du aufs Dach gießt und die sich bis in den Keller frisst. Die Ärzte fanden nichts. Ich hatte keinen Tumor und auch keine andere diagnostizierbare Krankheit. Ich hätte kerngesund sein müssen. Aber ich war es nicht. Sie gaben mir einen Cocktail aus besonders starken Schmerzmitteln, um mir wenigstens den Schulbesuch wieder zu ermöglichen. Aber wie sollte ich mich auf eine Mathe-Schulaufgabe konzentrieren, wenn ich halb sediert in der Gegend herum hing?

Ich verlor meine Clique. Die Jungs wussten, dass ich krank war und wünschten ständig gute Besserung. Aber das Desaster des gescheiterten Horror-Wochenendes hing mir hartnäckig in den Kleidern wie stinkendes, verdampftes Frittenfett. Es stand mir auf die Stirn geschrieben. Und ich veränderte mich. Seit der Schmerz mich im Griff hatte, bewegte ich mich anders. Bedächtiger, vorsichtiger, als könnte jeder schnelle Schritt neue Schmerzen verursachen. Ich lächelte nicht mehr, und wenn ich es doch einmal tat, war es das Lächeln eines gefolterten Irren. Ich versuchte, wie früher zu sein, aber ich bekam es nicht hin. Für die Kids in meiner Klasse wurde ich unheimlich. Sie wussten nicht, wie sie mit mir umgehen sollten, und deswegen ließen sie es lieber bleiben. Das zu erleben war fast so schmerzhaft wie der Sturm, der unablässig in meinem Kopf tobte.

***

Meine Eltern ließen mich die Schule wechseln. Zuerst wollte ich das nicht, aber schon am ersten Tag in der neuen Klasse erkannte ich, was für eine gute Idee das war. Meine neuen Mitschüler wussten nicht, wie ich vorher gewesen war. Und das Beste an der neuen Schule war das Mädchen, das unmittelbar vor mir saß. Paula hatte langes, rötlich leuchtendes, leicht gewelltes Haar, meist zum Pferdeschwanz oder als Zopf gebunden. Sie war gar nicht einmal so besonders hübsch, aber ihre Haare dufteten wie Erde nach einem warmen Sommerregen, und ein bisschen auch wie der Keller meiner Großeltern. Diese Mischung raubte mir den Verstand. An einem Morgen fragte sie mich: »Warum schaust du eigentlich immer so verkniffen?«
»Ich habe Schmerzen.«
»Wo?«
»Im Kopf.«
»Warum?«
»Weiß ich nicht.«
»Warst du noch nicht beim Arzt?«
»Ich bin dauernd bei Ärzten.«
»Und die finden nichts raus?«
»Nein.«
»Warum nicht?«
»Sie pumpen mich nur voll.«
»Drückt der Schmerz aufs Sprachzentrum?«
»Nein. Wieso?«
»Weil du immer so kurze Antworten gibst.«
Ich schwieg. Ihr Anblick lähmte mich.
»Oder bist du zu sehr damit beschäftigt, an meinen Haaren zu schnuppern?«
Ich nehme an, ich habe ein ziemlich dummes Gesicht gemacht. Paulas glockenhelles Lachen erfüllte das ganze Klassenzimmer. Aber ich fühlte mich nicht ausgelacht, sondern

eingeladen, mit zu lachen, und das tat ich. Sie hatte längst bemerkt, wie oft meine Sinne auf sie gerichtet waren. Trotzdem mochte sie mich, und das war schön. Es war allgemein bekannt, dass sie mit einem Jungen aus der Parallelklasse ging, also machte ich mir keine großen Illusionen. Aber mein Schnuppern an ihren Haaren war jetzt gewissermaßen legitimiert, ich durfte es ausleben, ohne damit rechnen zu müssen, eine geschmiert zu bekommen. Das war doch schon mal was.

Die medizinischen Tests wurden ausgeweitet. Aber die Ärzte waren mit ihrem Latein bald am Ende und fingen an, mich herumzureichen. Ich bekam chinesische Akupunktur. Bald darauf auch japanische. Ich lernte Wien und das St. Josef-Krankenhaus kennen, die Universitätsklinik in Hamburg und die Charité in Berlin. Die Spezialisten waren scharf darauf, das Rätsel zu knacken, das in meinem Kopf wohnte. Meine Zähne wurden untersucht, weil ein Professor in Hamburg einen Zusammenhang mit den Zahnnerven vermutete. Ein Assistenzarzt in Berlin stellte die These auf, meine Kopfschmerzen könnten mit meinen Senk-Spreiz-Füßen zu tun haben. Der Kollege in Wien mutmaßte, der Kopfschmerz sei von den grausamen Szenen der Horrorfilme ausgelöst worden. Letztlich verliefen sämtliche Theorien im Sande und führten zu nichts. Das war zwar frustrierend, aber immerhin hatten die Reisen mich vom Schmerz ein wenig abgelenkt und mir dadurch gewisse Erleichterung verschafft. Ich war glücklich über alles, was meinen Geist auch nur für einen kurzen Moment mit etwas anderem beschäftigte.

Im Klassenzimmer bewahrte der Duft von Paulas Haaren mich vor dem Durchdrehen. Aber wenn ich alleine zu Hause sitzen musste, war es so gut wie unmöglich, die nötige Konzentration aufzubringen. Hausaufgaben. Vorbereitung auf

Schulaufgaben. Schon nach wenigen Minuten musste ich dem Impuls widerstehen, einfach aufzuspringen und meinen Kopf gegen die Wand zu schlagen, immer und immer wieder und wieder und wieder. Damals ahnte ich noch nicht, dass mir der Tiefpunkt erst noch bevor stand. Denn die Wirkung der Medikation ließ nach, von Tag zu Tag ein wenig mehr. Und der Schmerz wurde wieder so bohrend, wie er zu Anfang gewesen war. Die Spezialisten im Rechts der Isar veränderten die Zusammensetzung der Medikamente. Daraufhin ging es etwas besser. Aber wieder nur für ein paar Wochen. Dann hatte mein Körper sich auch an diese Rezeptur gewöhnt, die Wirkung ebbte erneut ab. Es wurde immer klarer: Auf Dauer würde mein Schmerz sich nicht entscheidend eindämmen lassen.

Diese Erkenntnis rief in mir den Wunsch wach, auf den Fernsehturm zu steigen und von der Aussichts-Plattform in die Tiefe zu springen. Was für ein Leben sollte ich führen, wenn das niemals mehr aufhörte? Was für ein beschissenes Leben konnte das schon sein? An meinem 16. Geburtstag beschloss ich, mich umzubringen, wenn ich innerhalb eines Jahres nichts gefunden haben sollte, um mein Schicksal entscheidend zu erleichtern.

***

An einem sonnigen Donnerstag, nach der letzten Stunde, packte ich meine Schulsachen in die Tasche, als Paula sich neben mich setzte und leise sagte: »Ich glaub, ich hab was für dich.« Dabei beugte sie sich zu mir vor und lächelte süß. Ich war verwirrt. Sie hatte eine unglaubliche Figur, es war Sommer, ihr Top war weit ausgeschnitten, und sie beugte sich immer weiter vor, so dass es kaum möglich war, irgendwo anders hinzusehen.

»Was... denn?« fragte ich mit trockener Kehle.

»Weißt du, wo ich wohne?«
»Ja.« Was für eine Frage!
»Im Garten haben wir so einen Holzschuppen. Da treffen wir uns. Heute Nachmittag.« Sie stand auf und ging. Mit leicht schiefem Kopf schaute ich ihr nach, bis sie verschwunden war. Und hätte dort wohl noch Stunden lang gesessen, wenn nicht nach einer Weile der Hausmeister herein geschaut hätte, der seine Tour machte, um die Klassenzimmer abzuschließen. Ich rannte nach Hause und fieberte unserer Verabredung entgegen. Heilige Scheiße, ich hatte ein Date! Mit dem schärfsten Mädchen aus unserer Klasse! Die meisten Jungs bei uns hielten zwar zwei bis drei andere für hübscher, aber für mich stand Paula völlig unangefochten auf Platz eins. Und jetzt wollte sie mich treffen! Noch dazu in einem Geräteschuppen, wo uns niemand sehen konnte! Ich ließ meiner Fantasie die Zügel schießen und stellte mir vor, wie wir uns in dem Schuppen die Kleider von den Leibern reißen und entfesselt miteinander schlafen würden. Auch wenn ich überhaupt keine Ahnung hatte, wie man das eigentlich machte. Rein technisch gesehen wusste ich es natürlich, aber das war auch schon alles. Paula dagegen hatte bestimmt schon eine Menge Erfahrung. Wie peinlich, wenn ich mich jetzt total anfängerhaft anstellen würde! Egal jetzt, irgendwie würde es schon gehen. Jeder musste mal anfangen. Was sollte ich anziehen? Aber dann wurde mir klar: Solche Fragen stellten sich Mädchen. Ich würde bleiben, wie ich war. Als ich den Nachmittag für weit genug fortgeschritten hielt, verließ ich die Wohnung und steuerte das Haus von Paulas Eltern an. Es befand sich in der Schwedenstraße, an der Westseite des Englischen Gartens, direkt am Schwabinger Bach. Das Gartentürchen stand offen, und so spazierte ich auf das Grundstück, als würde ich das jeden Tag tun. Das Herz klopfte mir bis zum Hals. Der

Schuppen war nicht zu übersehen. Die Tür war angelehnt. Ich klopfte mit dem Finger auf das leicht verwitterte Holz.

»Komm rein«, hörte ich Paula von drinnen sagen.

Ich schob die Tür auf. Sie knarrte. Und da saß sie, den Rücken an die Wand des Schuppens gelehnt, auf einer alten, schmutzigen Matratze, die auf dem Boden lag. Leck mich am Arsch, war das romantisch.

»Setz dich zu mir«, sagte sie. Ich ließ mich auf die Matratze nieder und achtete darauf, ihr noch nicht zu nahe zu kommen. Erst jetzt bemerkte ich, dass sie sich eine Zigarette drehte.

»Du rauchst?« fragte ich.

»Nur manchmal«, antwortete sie und lächelte mich offen an. Ich hatte Mühe, ihrem Blick stand zu halten. Sie trug ein T-Shirt. Nicht mehr das mit dem weiten Ausschnitt von heute Mittag, aber dafür lag dieses hier hauteng an ihrem Körper. Ihr Rock war etwas hochgerutscht, so dass ein Knie zu sehen war. Ich spürte eine Aufwallung und hoffte, dass nichts davon zu sehen war. Was erwartete sie jetzt von mir? Wie sollte ich mich benehmen? *Erst mal abwarten, ganz ruhig, es wird sich alles ganz von selbst ergeben.* Sie fragte, wie schlimm meine Schmerzen waren.

»Sie werden übler«, erwiderte ich, »weil die Medikamente nicht mehr wirken.«

»Tut es immer weh?«

»Rund um die Uhr.«

»Kannst du überhaupt schlafen?«

»Wahrscheinlich weil ich vom Schmerz so erschöpft bin.«

»Ich bewundere«, sagte sie lächelnd, »wie du das aushältst. Ohne zu jammern.«

»Jammern ist Scheiße«, sagte ich. »Davon wird's auch nicht besser.«

»Das hier könnte helfen«, verkündete sie und hielt empor, was sie gerade gedreht hatte.

»Eine Zigarette? Ich weiß nicht, ob Nikotin so viel bringt.«
Paula grinste. »Das ist keine Zigarette.«

***

Der Joint packte meinen Schmerz in Watte. Ich lag grinsend in der Ecke und tat etwas völlig Schwachsinniges: Ich dankte ihm für diese Erfahrung. Und dafür, dass er mich mit Paula zusammengeführt hatte. Natürlich dachte ich das nur, ich sprach es nicht aus! Obwohl ich mir da, wenn ich jetzt darüber nachdenke, nicht mehr wirklich sicher bin. Ich hatte das Bedürfnis, den süßlich stinkenden Glimmstengel zu streicheln wie einen braven Hund und ihm ein Leckerli zu geben. Mit anderen Worten: Der erste Joint meines Lebens hatte durchschlagende Wirkung. Auf einmal war der Schmerz nur noch eine dunkle Ahnung, ein schwacher, feiger Kerl, der sich in den letzten Winkel meines Schädels zurückgezogen hatte, vermutlich um dort einsam und alleine einen unbeachteten Tod zu sterben. *Feiner Hund, ja, komm her, bring das Stöckchen – sooo ein feiner Hund!*

Als ich aufwachte, lag ich auf der schmutzigen Matratze. Draußen war es schon fast dunkel. Von Paula keine Spur. Ich war noch etwas benebelt, aber schon wieder klar genug, um den Schmerz wahr zu nehmen als das, was er war – der mächtige Feind hatte sich nicht lange zurückdrängen lassen, spielte schon wieder mit den Muskeln und genoss es mich zu quälen. Meine Augenlider waren schwer wie Kanaldeckel, aber ich konnte hier nicht noch länger liegen bleiben. Das Aufstehen war eine Tortur, irgendwie schleppte ich mich trotzdem aus der Hütte und sah mich um. Paula hatte mich alleine hier liegen lassen. Anstatt sie zu verführen war ich eingeschlafen. Nicht zu fassen. Ich hatte es voll versaut. Sie war zu Hause, das sah ich am Licht, das in ihrem Zimmer brannte. Ich suchte nach einem Stein, der klein genug war, warf ihn gegen die Fensterscheibe und wartete. Nichts. Ich nahm einen größeren. Er rutschte beim Wurf ein wenig ab. Trotzdem traf ich erneut eine Fensterscheibe – nur war es die falsche. Nämlich die des Wintergartens. Es klirrte, aber zum Glück ging nichts zu Bruch. Die Tür des Wintergartens öffnete sich, und da stand Paulas Vater, ein großer, breitschultriger Mann Mitte 40, der nicht mehr viele Haare hatte. In strengem Ton wollte er wissen, wer ich war und was ich hier zu suchen hatte. Mein Gehirn arbeitete noch nicht wieder richtig. Ich wusste nicht, was ich sagen sollte, also schwieg ich. Regungslos stand ich da, ein dünner, bekiffter, 16-Jähriger auf einem fremden Grundstück in der Abenddämmerung. Paulas Vater wiederholte seine Aufforderung, meine Identität preis zu geben.

»Ich… war hier…«, stotterte ich.

»Falsch«, sagte er, »du bist immer noch hier.«

»Ich… schwitze«, war mein völlig hirnrissiger Beitrag zum Gespräch.

»Wer auch immer du bist: Du machst jetzt, dass du weg kommst, oder ich ruf die Polizei.«

Obwohl seine Worte unmissverständlich waren, erreichten sie mich nicht wirklich, sie waren wie kleine Gummibälle, die an mir vorbei hoppelten, im Gras liegen blieben und mich überhaupt nichts angingen. Auf einmal fand ich das alles hier unglaublich witzig. Worte, die in Wirklichkeit Bälle waren! Ich musste grinsen und konnte mir ein leises Kichern nicht verkneifen. Es war unübersehbar, dass Paulas Vater jetzt langsam wütend wurde, aber das machte die Sache nur noch komischer. Ich hielt mir die Hand vor den Mund, um nicht laut los zu prusten. Er kam auf mich zu, mit festen Schritten und ganz schlechter Laune. Der Mann war ja echt zum Schießen komisch! Konnte man den mieten? Da öffnete sich im ersten

Stock, dort wo das Licht brannte, ein Fenster, und der Kopf von Paula beugte sich hinaus. »Papa«, rief sie, »das ist Alex, er ist okay.« Ihre Stimme klang ganz ruhig, ich konnte nur in ihren Augen sehen, dass sie in Alarmbereitschaft war und den Schaden zu begrenzen versuchte.

»Du kennst ihn?« wollte ihr Vater wissen.

»Er geht in meine Klasse. Der Junge, der mitten im Schuljahr gewechselt hat.«

»Hat er die Schule gewechselt, weil er nicht alle beisammen hat?«

»Er ist gekommen, um sich mein Mathe-Heft auszuleihen«, sagte sie und sah mich dabei auffordernd an.

»Ja, genau«, sagte ich. Obwohl ich den ganzen Vorgang noch immer rasend lustig fand, riss ich mich zusammen, weil ich merkte, dass Paula mich ohne Worte darum bat. Sie verschwand vom Fenster, und Sekunden später kam sie mit dem Heft aus dem Wintergarten, vorbei an ihrem Vater, der mich in der Zwischenzeit nicht aus den Augen gelassen hatte. Paula schob mich am Haus vorbei in Richtung Straße.

»Dein erster Joint, hm?« raunte sie mir zu, sobald wir den Sichtkontakt zu ihrem Vater verloren hatten. »Tut mir leid, dass ich nicht da war, als du aufgewacht bist. Hätte mir denken können, dass du neben der Kappe bist.«

»Was soll ich mit dem Mathe-Heft?« war alles, was ich beizusteuern in der Lage war.

»Das nimmst du mit nach Hause, und morgen bringst du es mit in die Schule. Ist nur ein Alibi, damit mein Vater nichts merkt.« Sie blieb stehen und wollte sich mit einem Lächeln von mir verabschieden. Aber das Marihuana in meinem Blut ließ mich todesmutig werden, und ich fragte sie: »Kann ich dich küssen?«

»Ich bin mir sicher, dass du das kannst. Aber wenn du es versuchst, knalle ich dir eine, und das würde bestimmt weh tun.«
»Schmerz ist mein ständiger Begleiter«, sagte ich.
Sie gab mir einen freundschaftlichen Klaps auf den Oberarm. »Schlaf dich aus, Alex«, sagte sie. »Du siehst echt Scheiße aus.« Damit drehte sie sich um und ging. Ich blickte ihr hinterher, aber als ich sah, dass ihr Vater inzwischen in der Haustür stand, hielt ich es für klüger, mich abzuwenden und den Heimweg anzutreten. Ich war verwirrt und verstand noch nicht, was in den letzten Stunden geschehen war. Aber eins wusste ich mit absoluter Sicherheit: *Schmerz ist mein ständiger Begleiter* war mit Abstand das Coolste, was ich jemals von mir gegeben hatte.

***

Der Joint war wirksamer gewesen als all die Schmerzmittel der vergangenen Monate, und deswegen sprach ich meinen behandelnden Arzt darauf an. Zuerst tat er, als hätte er nicht zugehört. Als ich nicht locker ließ, sah er mich an, als hätte ich in die Ecke seines Behandlungszimmers gepisst.
»Alex«, sagte er, »mach keinen Blödsinn.«
»Ich mach doch gar nichts. Ich wollte nur wissen…«
»Ich kann dir kein Cannabis verschreiben. Das fällt unters Betäubungsmittelgesetz.«
»Ich war in der Bibliothek«, sagte ich. »In einem Buch stand, dass man Tetrahydrocannabinol – das ist der Wirkstoff im Cannabis…«
»Ich weiß, was das ist«, unterbrach er mich.
»… also, dass das vor allem gegen chronische Schmerzen gut eingesetzt werden kann, und so.«

»Ich kann dir kein THC verschreiben.« Seine Stimme wurde schärfer.

»Wieso nicht?«

»Auf welchem Planeten lebst du? Es ist verboten. Es macht abhängig. Ich darf dir auch keine Morphine geben, solange dir nicht bei einem Unfall der Arm abgerissen wird.«

»Herr Doktor, darf ich das kurz zusammen fassen?«

Er verdrehte die Augen.

»Es existiert also ein gutes, sehr wirksames Schmerzmittel. Eines, das sehr viel besser ist als der ganze Kram, den Sie mir so geben. Aber der Staat verbietet, es einem Patienten zu verabreichen, obwohl er es verdammt gut gebrauchen könnte?«

»Das ist kein *Kram*, Alex. Das sind die modernsten und höchstentwickelten Präparate, die es überhaupt gibt. Die Schmerzmittelbehandlung kostet deine Krankenkasse jeden Monat über 600 Mark. Und da es eine gesetzliche Krankenkasse ist, zahlt das letztlich auch der Staat. Also tu nicht so, als würde er dich hängen lassen.« Er sah mich an, als hätte er Perlen der Weisheit vor eine dumme Sau geworfen.

»Eine Versorgung mit Cannabis wäre billiger«, sagte ich. »Und effektiver. Es ist nachgewiesen, dass sehr viel mehr Menschen durch Alkohol krank werden und sterben. Trotzdem ist Saufen erlaubt. Jeder darf so viel in sich reinschütten, wie er will. Wieso?«

Der Arzt stand auf. »Erspar mir bitte diese Kiffer-Logik.«

»Warum werden Sie denn jetzt so unhöflich?«

»Hier ist dein neues Rezept«, sagte er, drückte es mir in die Hand und deutete zur Tür. »Und dann raus hier. Ich hab zu tun.«

Als ich die Klinke schon in der Hand hatte, fügte er noch hinzu: »Die nächsten Rezepte schicke ich mit der Post. Mir gefällt dein Ton nicht.«

Ich bat Paula, mir Gras zu besorgen. Sie freute sich, dass ihre Maßnahme bei mir so großen Anklang gefunden hatte, und am nächsten Tag brachte sie mir ein kleines Piece mit, eingewickelt in Stanniol. Es war kaum größer als eine Haselnuss und hielt nicht lange vor. Nach ein paar Tagen und drei weiteren Pieces ließ Paula mich wissen, dass es so nicht weitergehen konnte. Auf Dauer würde sie meinen Bedarf nicht befriedigen können, sie war schließlich kein Dealer und hatte immer nur etwas für den persönlichen Gebrauch.

»Ich zahl's dir auch«, sagte ich.

»Du musst dir eine andere Quelle besorgen«, erwiderte Paula. »Wenn du willst, stell ich dich jemandem vor.«

Wir fuhren mit dem Fahrrad zu einer Eckkneipe in Giesing. Der Kellner war zuerst sauer, weil Paula mich mitgebracht hatte, aber nachdem er mir im Hinterzimmer ein wenig auf den Zahn gefühlt hatte, erkannte er meine Harmlosigkeit.

»Du kriegst was«, sagte er. »Gutes Zeug. Nicht der Scheiß, den sie dir beim Bahnhof verticken, du weißt, was ich meine.«

Ich hatte keine Ahnung, was er meinte, aber das sagte ich ihm nicht.

»Du erzählst niemandem von mir, hörst du? Nicht so wie Paula, die ihr kleines Mundwerk nicht halten kann. Checkst du das?«

Ich sagte ihm, ich würde es checken, und so steckte ich meine gesamten Ersparnisse in den Erwerb von Marihuana. Eigentlich hatte ich für einen Computer gespart, aber diese Investition erschien mir ungleich sinnvoller.

Ich wusste inzwischen auch schon ziemlich gut, welche tägliche Dosis ideal war, um auf der einen Seite den Schmerz zu reduzieren und auf der anderen halbwegs klar im Kopf zu bleiben. So konnte ich die schulischen Leistungen halten, und meine Eltern merkten nichts. Jetzt war ich für einige Wochen auf der sicheren Seite! Das Leben war schön, so konnte es weiter gehen.

Das Dumme an einem Vorrat, an dem man sich täglich bedient, ist dann auf Dauer nur, dass er eben doch immer kleiner wird und irgendwann verschwunden ist. Ohne dass mittlerweile vergleichbare Ersparnisse angelegt worden sind. Und als ich mir aus den letzten Krümeln einen Joint bastelte, wusste ich zudem: Das war nicht mein einziges Problem. Denn auch wenn ich es mir noch nicht eingestehen wollte: Die Wirkung hatte in den letzten Tagen immer mehr nachgelassen. Auch THC war offenbar kein Freifahrtschein, um meinen Schmerzen für immer zu entkommen. Diese Erkenntnis war wieder einmal niederschmetternd.

Ich saß in Paulas Zimmer in der Ecke auf dem Boden. Meine Hände lagen auf dem kühlen Parkett. Paula wusste keinen Rat. So kontinuierlich wie ich hatte sie noch nie gekifft, sie wusste nicht, wie sehr die Wirkung bei mir wohl noch weiter nachlassen würde. Die heitere Grundstimmung, mit der ich in den vergangenen Wochen durchs Leben geschwebt war, drehte sich, wie der Wind sich dreht, bevor ein Sturm aufzieht. Ich malte die Zukunft wieder in düsteren Farben, und die Angst kehrte zurück.

»Es gibt etwas«, sagte Paula, »das ist noch besser als Kiffen.«

»Eine andere Droge?« Ich sah sie neugierig an.

»Wenn du so willst«, meinte sie und ließ sich nicht in die Karten sehen.

»Wie heißt sie?« Ich wurde unruhig. »Sag schon. Ist sie teuer?«

»Tatsächlich«, erwiderte Paula und konnte sich ein Schmunzeln nicht verkneifen, »ist sie sogar umsonst. Manche zahlen zwar auch dafür, aber das sind Deppen.«

Ich verstand gar nichts mehr. »Wie kann etwas nichts kosten, das noch besser ist als Cannabis?«

Paula legte mir die Hand in den Schritt und tastete mit sachtem, aber zielgerichtetem Griff. Ich stellte das Atmen ein. Sie sah mir fest in die Augen, ohne ein Lächeln, während sie da unten massierte, was sofort hart wurde und sich quer legte. Ein aus dem Schlaf gerissenes Tier.

»Es geht hier nur um Sex«, sagte sie leise. »Raffst du das?«

Ich stammelte hervor, ich würde es raffen. Natürlich. Klar. Nur Sex. Sonst nichts. Sie knöpfte mir die Hose auf.

»Du solltest jetzt wieder atmen«, riet sie. »Sonst wirst du gleich ohnmächtig.«

Einen Moment lang fragte ich mich noch, was passieren würde, wenn ihr Vater herein kam. Aber den Gedanken schlug ich in die Flucht wie ein lästiges Insekt. Mit fiebrigen Fingern ging ich ihr an die türkisfarbene Bluse.

»Langsam«, sagte sie. »Ruhig. Das soll danach alles noch heil sein, okay?«

»Okay. Natürlich. Klar.«

»Und red nicht ständig immer dasselbe. Am besten sagst du gar nichts. Und erzähl bloß nicht, du liebst mich, oder so einen Quatsch. Wenn du kitschig wirst, schmeiß ich dich raus.«

Ich nickte. Und wurde nicht kitschig. Außer in meinen Gedanken. Aber ich drehte fast durch. Als ich in sie hinein glitt, musste ich stöhnen.

»Nicht zu laut«, flüsterte sie mir ins Ohr. »Papa sitzt unten vor der Glotze.«

Ich nickte. Und stöhnte nicht mehr.

»Was ist mit deinem Kopf?«, fragte sie, während sie auf mir saß, ihr Becken rhythmisch vor und zurück bewegte und mir ihre Brüste entgegen reckte. »Tut er noch weh?«
»Nein«, röchelte ich. »Tut er nicht.«
»Besser als Cannabis?«
»Viel besser.«
»Hab ich doch gesagt.«
Ich umfasste ihren Hintern, und es gelang mir, die Bewegungen meines Beckens mit dem ihren zu synchronisieren. Ich erhöhte das Tempo. Aber Paula versteifte sich, so dass wir aus dem Takt kamen.
»Nicht so hastig«, schnurrte sie. »Auskosten. Ganz langsam. Stell dir vor, ich wäre der teuerste Champagner der Welt. Den schüttest du auch nicht einfach in dich rein. Du trinkst ihn Schluck für Schluck. Bis du es nicht mehr aushältst.«
Ich hielt es eigentlich schon jetzt nicht mehr aus. Aber in diesem Moment hätte ich alles getan, was sie mir befahl, selbst ein sofort vollstreckbares Todesurteil hätte ich auf der Stelle unterschrieben.

Ich kam trotzdem viel zu schnell, es ließ sich beim besten Willen nicht vermeiden. Danach lag ich neben ihr und starrte an die Decke, spürte hinein in die Überwältigung, in der ich noch immer gefangen war. Neben mir lag das aufregendste Mädchen der Welt. Und das in meinem Kopf konnte nicht Schmerz genannt werden, egal was für Maßstäbe man anlegen wollte. Er war nicht völlig verschwunden, aber zu etwas geschrumpft, das nicht mehr war als ein leichtes, fast schon wohliges Stechen. Ich war glücklich. Und das war noch untertrieben, denn ich hätte am liebsten das Fenster aufgerissen und über den Schwabinger Bach hinüber gebrüllt, wie geil das Leben war.

Danach plauderten wir ein wenig. Paula erzählte mir von einem Film, den sie im Kino gesehen hatte, und dann davon, dass ihr Vater schon ein Handy hatte, und dass er bald Internet anschaffen wollte, und überhaupt wollte sie auch ein Handy haben, aber ihre Eltern meinten, das sei viel zu teuer,. Ich genoss den Klang ihrer Stimme. Aber nach einer Weile fing es in meinem Kopf an zu pochen, und ich spürte, wie der Schmerz sich auf den Weg machte, um zu mir zurück zu kehren. Ich unterbrach Paulas Redefluss und schlug vor, noch einmal miteinander zu schlafen. Sie sah kurz auf ihren Radiowecker und meinte, sie habe aber nur noch eine halbe Stunde Zeit. Ich packte sie und riss sie zurück in die Kissen.

Paula hatte die Klinke ihrer Zimmertüre in der Hand und sah mir ernst ins Gesicht. »Zu keinem ein Wort, ist das klar?«
Ich nickte.
»Ein blöder Spruch zu Tim, und ich bring dich um.«
»Ich sag nichts.« Tim war ihr Freund.
»Keine Andeutungen, keine komischen Blicke, keine Briefchen.«
»Aber ansprechen darf ich dich schon noch?« Ich schaffte es tatsächlich, das mit einem Grinsen zu sagen, so leicht war mir ums Herz. Paula öffnete die Tür.
»Machen wir das noch mal?« fragte ich leise, damit ihr Vater unten nichts hörte. »Irgendwann?«
»Mal sehen«, antwortete sie, als hätte ich gefragt, ob wir noch ein zweites Mal Physik miteinander pauken würden.

Auf dem Weg nach Hause lächelte ich jeden Passanten an wie ein Besoffener. Manche Leute grüßte ich, obwohl ich sie nie zuvor gesehen hatte. Am meisten wunderte sich meine Mutter. Sie sagte, sie hätte mich seit dem Ausbruch meiner Beschwer-

den nicht mehr so entspannt gesehen, und gleichzeitig so wach.
»Lässt es nach?« wollte sie wissen.
»Zeitweise.«
»Bekommst du neue Medikamente? Oder gehen die Schmerzen einfach zurück?« Sie klang ganz aufgeregt.
»Ich habe eine Freundin«, sagte ich. Und während ich mich voller Stolz aufs Sofa fallen ließ, wünschte ich mir schon, ich hätte die Klappe gehalten.
»Ach ja? Wer ist es denn?«
»Ist doch egal.«
»Na, offensichtlich nicht.«
»Aber geheim«, wand ich mich. »Sie will erst noch mit einem anderen Typ Schluss machen.«
Das Lächeln auf dem Gesicht meiner Mutter verschwand.
»Sie küsst den einen, während es noch den anderen gibt?«
Meine Mutter mal wieder. Was ging sie das überhaupt an? Papa stellte mir doch auch keine solchen Fragen. In der Nacht lag ich wach und konnte nicht einschlafen. Der Schmerz war wieder da. Ich masturbierte. Aber es war, als hätte ich versucht, ein Überschallflugzeug mit einem Papierflieger zu ersetzen. Der Schmerz ließ sich davon kaum beeindrucken.

Am nächsten Morgen tat Paula, als wäre nichts zwischen uns gewesen. Aber darauf war ich vorbereitet, das überraschte mich nicht. Ich fragte sie trotzdem leise, ob wir uns heute Nachmittag sehen könnten. Sie schüttelte den Kopf und behauptete, sie habe keine Zeit. Nach der zweiten Stunde fragte ich erneut. Paula schnaubte, ich möge sie in Ruhe lassen, sie habe doch schon Nein gesagt. Ich entschuldigte mich und verbrachte den Rest des Schultages damit, an ihren Haaren zu schnuppern und von ihrem nackten Körper zu träumen.

Nachdem ich den halben Nachmittag wie ein Tiger im Käfig durch jeden Winkel meines Zimmers gestrichen war, rief ich sie an. Sie begrüßte mich mit einem Wutausbruch, so heftig, dass es im Hörer laut klirrte.
»Welchen Teil von *Lass mich in Ruhe* hast du nicht verstanden?! Bist du krank?!«
»Na ja«, erwiderte ich kleinlaut. »Irgendwie schon.«
Es krachte in der Leitung. Dann tutete es. Sie hatte den Hörer irgendwo hin gedonnert, die Verbindung war unterbrochen. Ich setzte mich auf den Teppich, legte das Telefon vor mir auf den Boden und fing an nachzudenken. Schon bevor der Schmerz mein Dasein gespalten hatte, war sexuelles Verlangen Teil meines Lebens gewesen. Aber eben so, wie es bei einem Heranwachsenden normal war. In meinem Alter dachten Jungen ständig an Sex, an was denn sonst. Und natürlich waren sie davon überzeugt, den Verzicht darauf nicht lange überstehen zu können. Aber für mich war das anders. Ich brauchte ein Mädchen. Eine Frau. Am liebsten Paula. Aber wenn ich sie nicht haben konnte, musste es eben jemand anders sein. Und zwar bald. Denn es gab viele Dinge, an die man sich gewöhnen konnte, obwohl sie furchtbar waren. Den Ekel erregenden Mundgeruch etwa, den Mathelehrer Kässheimer verströmte. Oder den Anblick der frisch ausgedrückten Pickel, die Klassenstreber Sebastian jeden Tag unverdrossen mit sich herum trug. Auch bei dem niederschmetternden Gefühl, das mich überkam, wenn ich mir klar machte, dass ich keine richtigen Freunde mehr hatte, handelte es sich um eine Wunde, die immer weniger weh tat und allmählich vernarbte. Aber an einen Schmerz wie den in meinem Kopf konnte ich mich nicht gewöhnen. Das wusste ich, denn ich hatte es probiert. Immer wieder. *Denk nicht an ihn. Er hat nur so viel Macht, wie du ihm gibst.* Das waren die Parolen, mit denen ich versucht hatte, ihn aus dem Ring zu schubsen. Aber es hatte nicht funktio-

niert. Er quälte mich, auch wenn ich noch so sehr versuchte, ihn klein zu denken. Er durchbohrte mein Gehirn, blockierte meine Gedanken und lähmte meine Muskeln. Es gab nur eines auf dieser Welt, das ihn für eine kurze Weile in die Knie zwingen konnte, und das war Sex. Aber keines der Mädchen an unserer Schule interessierte sich für mich, auch bei uns in der Nachbarschaft fiel mir keins ein. Das lag natürlich auch daran, dass ich nach wie vor nur Augen für Paula hatte. Ich war in sie verliebt, natürlich war ich das. Ein anderes Mädchen wäre für mich nur eine Sexpartnerin gewesen und sonst gar nichts. Aber ich war ein von Schmerzen geplagter, verschlossener, blasser Junge, den niemand für eine Boygroup gecastet hätte, selbst wenn der Mangel noch so groß gewesen wäre. Wie sollte es mir gelingen, ein Mädchen, an dem mir noch nicht einmal etwas lag, zum Sex zu verführen? Ich erinnerte mich an das Ultimatum, das ich mir an meinem 16. Geburtstag gestellt hatte, und musste zugeben, dass es nicht ohne Grund entstanden war.

***

Nach einigen Tagen, angefüllt mit Schmerz, passte Paula mich nach dem Unterricht vor der Schule ab. In der letzten Zeit hatten wir kaum ein Wort gewechselt, und deswegen überraschte es mich, als sie fragte: »Können wir reden?«
»Worüber?«
Sie sah mich nur stumm an, mit einem Blick, den ich nicht deuten konnte.
»Klar können wir. Was gibt's denn?«
Sie setzte sich in Bewegung, und wir fingen an, nebeneinander her zu gehen. Schweigend. Ich dachte, das würde die stille Ouvertüre sein zu dem, was sie mir zu sagen hatte. Aber das war ein Irrtum, denn es kam nichts. Wir bogen in die

nächste Straße ein. Und in die übernächste. Das war ihre Vorstellung von *miteinander reden*? Mir sollte es recht sein, ich genoss es ja schon, sie einfach nur nach Hause zu begleiten. Diese Minuten waren mein Highlight der Woche. Ich würde nicht anfangen, mich zu beklagen. Vielleicht wollte sie mir damit nur zeigen, dass sie nicht mehr böse auf mich war. Wenn das stimmte, war es eine gute Sache. Ich merkte kaum, dass wir bereits in der Schwedenstraße waren, und wünschte mir, die letzten paar Meter bis zu ihrem Haus würden ewig dauern. Aber irgendwann blieben wir dann doch davor stehen.

»Na, dann«, sagte ich. Mehr fiel mir nicht ein.

»Ich hab mich getrennt«, sagte sie.

»Wovon denn?«

»Wovon? Lass mich überlegen. Von meinem Fahrrad? Meinem Verstand? Meiner Zwei in Geschichte?«

Ich starrte sie an und hatte nicht die leiseste Ahnung, was sie da faselte.

»Du bist so ein Spacken«, sagte sie. »Von meinem Freund hab ich mich getrennt.«

»Hä? Von Tim? Wieso?« Ganz bestimmt glotzte ich sie noch dämlicher an als zuvor.

»Kannst du dir das nicht denken?«

Nein, das konnte ich nicht, und das sagte ich ihr auch. Sie sah mich an, als hoffte sie, einen Hinweis auf irgendeine Art von Intelligenz in meinen Augen zu finden.

»Hat er sich blöd benommen, oder was? Ich meine, er hat doch sicher keine andere.« Auf einmal leuchtete in mir – wie ein Wetterleuchten am Horizont – die vage Hoffnung auf, ich könnte mit Paula, jetzt, wo sie nicht mehr mit Tim zusammen war, hin und wieder ins Bett gehen.

Aber dann sagte sie: »Ich hab mich von ihm getrennt, weil ich mich in einen anderen verknallt hab.«

»In wen?« fragte ich. Schon war sie wieder futsch, die vage Hoffnung. Und ich fragte mich, warum sie mir das alles überhaupt erzählte. Warum war es so wichtig, mir die Einzelheiten ihres Liebeslebens schonend beizubringen? Sie war mir doch zu nichts verpflichtet.

»In dich, du Blödmann«, sagte sie, und bevor ich auch nur realisieren konnte, was sie gesagt hatte, war sie schon im Haus verschwunden und hatte die Türe geschlossen. Mein Herz fing an zu rasen. Hatte ich geträumt, oder hatte sie das eben wirklich gesagt? Der Nachhall ihrer Worte war eindeutig. Ich hatte mich nicht verhört. Es konnte aber sein, dass sie es ironisch gemeint hatte, wie das mit dem Fahrrad und der Zwei in Geschichte. So war es bestimmt! Paula hatte einen Hang zur Ironie, vor allem dann, wenn der andere auf der Leitung stand und nichts kapierte. Und was sollte ich jetzt machen? Zeigen, dass ich wenigstens das gerafft hatte, und nach Hause gehen? Ich weiß nicht warum, aber ich ging zur Tür und klingelte. Der Klingelton war noch nicht verhallt, als die Tür aufgerissen wurde und Paula in meine Arme flog. Sie umschlang mich und hielt sich an mir fest.

»Wenn du jetzt nach Hause gegangen wärst«, sagte sie leise, »ich glaub, dann wär ich gestorben.«

***

Ich habe nie wirklich kapiert, warum Paula sich in mich verliebt hat. Auch in unserer Klasse traf ihre Entscheidung auf Unverständnis. Tim war cooler als ich, größer, athletischer, sah besser aus. Er war stellvertretender Schulsprecher der Mittelstufe und spielte Fußball in der B-Jugend des TSV 1860. Tim war definitiv einer der begehrtesten Jungs der ganzen Schule. Lag es daran, dass Paula gerne gegen den Strom schwamm? War es ihr zu leicht und bequem, das Mädchen an

Tims Seite zu sein? Zog es sie deswegen zu einem Außenseiter wie mich? Oder war es eher so, dass sie sich verpflichtet fühlte, weil sie wusste, wie sehr sie mir helfen konnte? Litt sie unter einer Art Helfersyndrom? Vielleicht war sie insgeheim aber auch egoistischer, als ich dachte, und vor allem deswegen mit mir zusammen, weil sie die Macht genoss, die sie über mich hatte. Denn nur mit ihr ging es mir gut. Musste sie zu einem Familientreffen und war ein paar Tage nicht in der Stadt, litt ich wie ein Hund. Hatte sie eine Grippe, und wir konnten nicht miteinander schlafen, machte mich das fertig. Ich war aber nicht so verrückt, ihr jemals eine jener Fragen zu stellen. Nichts, absolut nichts wollte ich tun, das unser Zusammensein hätte gefährden können. Wir schliefen jeden Tag miteinander, mindestens drei- oder viermal. Die Schmerz stillende Wirkung unserer Liebesspiele nutzte sich nicht ab, nicht im Geringsten. Ich kann allen Schmerzpatienten dieser Welt nur zurufen: Werft alle Medikamente und Drogen auf einen Haufen, zündet ihn an, und dann zieht euch aus und habt wilden, hemmungslosen und alles durchdringenden Sex miteinander!

Es geschah etwas Erstaunliches. Ich gewann an Selbstvertrauen, machte im Unterricht den Mund auf, und einmal schlichtete ich sogar mit lauter Stimme einen Streit auf dem Schulhof, als zwei Achtklässler aufeinander losgingen. Auch mein Image in der Klasse veränderte sich, und das nicht nur, weil Paulas Glanz auf mich abfärbte. Die Mitschüler begannen mich zu respektieren. Die Lehrer redeten mich anders an. Es waren oft nur Winzigkeiten, die den Unterschied ausmachten – ein Blick, ein Lächeln, eine spezielle Wortwahl. Da wurde mir klar: Wenn sogar mein Leben sich so sehr verändern konnte, waren wir alle nur einen ganz kleinen Schritt davon entfernt, dass unser Leben sich von einem Trümmerhaufen in etwas verwandelte, das funktionierte. Ich ließ mein

Haar wachsen, und bald reichte es mir fast bis auf die Schultern. Paula mochte das, sie fand, so sah ich aus wie ein Rockstar. Ich war nicht mehr so blass, mein Rumpf wurde muskulöser. Der Einzige, der seine Meinung über mich nicht änderte und mich genauso wenig leiden konnte wie am ersten Tag, war Paulas Vater. Ich schätze, ich war einfach viel zu oft Gast in seinem Haus, ohne dass er mich eingeladen hatte.

***

Ich bemerkte nicht, dass sich zwischen Paula und mir etwas veränderte. Jedes Mal, wenn wir miteinander schliefen, genoss ich so sehr das Verschwinden meines Schmerzes, dass ich nicht mehr auf sie achtete. Es entging mir, dass sie sich danach immer öfter von mir abwandte, dass wir weniger miteinander sprachen und sich ein unsichtbarer Schleier über sie legte. Darum überraschte es mich, als ich ihr die Bluse aufknöpfen wollte und sie meine Hände von sich schob. Das hatte sie noch nie gemacht.

»Ich will nicht«, sagte sie.

Ich war ein wenig verwirrt. »Aber ich habe Schmerzen.«

»Bin ich deine Fickmaschine?« Sie sah mir in die Augen.

»Was? Aber nein!«

»Doch.«

»Bist du nicht.«

»Doch, bin ich.«

»Ich lieb dich, Paula. Hey, das weißt du doch.«

»Du liebst mich, weil ich eine so verdammt gut geölte Fickmaschine bin.«

»Nein!«

»Die du anwerfen kannst, wann du willst. Die man nie auftanken muss und die sich nie darüber beschwert, dass sie mehr ficken muss als jede Hafennutte.«

»Paula, bitte! Hör auf, so zu reden!«

»Wenn's doch die Wahrheit ist.« Sie setzte sich an ihren Schreibtisch und starrte aus dem Fenster. Ich ging zu ihr und legte ihr von hinten vorsichtig die Hände auf die Schultern.

»Wir müssen heute nicht miteinander schlafen«, sagte ich sanft. Aber in meinem Inneren regte sich eine ganz andere Stimme, die sehr viel schärfer sprach: *Doch, verdammte Scheiße, müssen wir! Weil ER in meinem Schädel tobt! Weil ich sonst verrückt werde vor Schmerz!* Ich drehte langsam den Drehstuhl, so dass sie in meine Richtung blickte. Als sie den Kopf zu mir hob, sah ich, dass sie weinte.

»Doch«, sagte sie mit fast tonloser Stimme, »wir müssen. Weil das Teil unserer Vereinbarung ist.«

»Wir haben überhaupt keine Vereinbarung.«

»Sie ist nur nie ausgesprochen worden. Aber es gibt sie, das wissen wir doch beide. Wir schlafen *immer* miteinander. Ich fahre mit meinen Eltern nicht mehr in die Ferien, weil ich dich nicht so lange ungevögelt lassen will. Wenn ich krank bin, habe ich ein schlechtes Gewissen. Wenn du krank bist, schläfst du trotzdem mit mir, ganz egal, ob ich das eklig finde oder nicht.«

»Es stimmt«, sagte ich. »Natürlich bin ich verrückt danach. Es verwandelt mich von einem Zombie zu einem Menschen. Aber wenn du dich deswegen schlecht fühlst...«

»Was dann?« Sie wischte sich die Tränen vom Gesicht und musterte mich aufmerksam. »Willst du dann seltener Sex haben?«

»Wenn wir was ändern müssen, damit es für dich passt, dann tun wir das.«

»Klingt nach Koalitionsvereinbarungen zwischen zwei Regierungsparteien.«

Ich zog mir einen Stuhl heran und setzte mich vor sie. »Paula, was immer auch nötig ist, ich mach's.«

Sie sah mich lange an. Ich gab mir jede erdenkliche Mühe, optimistisch und aufbauend drein zu schauen. Ich griff nach ihrer Hand und umschloss sie mit meinen. Dadurch verstärkte sich mein Verlangen nach ihr. Und da war der Schmerz. Ich wusste, wo die Erlösung war, aber sie wollte sie mir nicht geben. Was war so schlimm daran, mir ihren Schoß zur Verfügung zu stellen, wenn es für mich doch so viel bedeutete? Konnte sie ihre Befindlichkeit nicht einfach zurückstellen? Und konnten wir diese Diskussion nicht einfach nach dem Sex führen, verdammt noch mal? Hatte ich nicht das verfluchte Recht, sie zu ficken? So, wie ein Verhungernder das Recht hat, einem Reichen ein kleines Stück Brot zu stehlen? Warum stellte sie sich so an?

»Alex«, sagte sie schließlich, »so einfach ist das nicht.«

»Was brauchst du denn von mir?«

»Das Gefühl, mit dir schlafen zu können, wenn mir danach ist. Und zwar nur dann.«

»Okay.«

»Weißt du, wenn ich meine Tage habe, tut es manchmal weh. Dann hab ich überhaupt keine Lust.«

»Okay.«

»Wenn ich zu müde bin, will ich auch nicht.«

»Okay.«

»Und wenn du mir einfach alles auziehst, ohne Gefühl und Rhythmus, nur so voller Gier und Ungeduld – dann kotzt mich das an. Ich bin kein Selbstbedienungsladen. Und sag jetzt nicht schon wieder *okay*.«

Ich sagte gar nichts. Das Gespräch überforderte mich. Sie hatte in allem Recht, das war offensichtlich. Aber ich wusste, welche Unterwäsche sie heute trug, und während der Schmerz mich folterte, waren da die Gedanken an ihren BH, den man vorne öffnen musste, und an den superschmalen Slip, und diese Gedanken machten mich wahnsinnig. Ich musste zwischen ihre Beine, wenn ich nicht verrückt werden wollte!

»Du kannst nur an das eine denken, richtig?« Ihr Blick wurde allmählich inquisitorisch.

»Davor schon. Danach ist es anders. Wir könnten ganz anders reden.«

»Du willst, dass wir erst mal Sex haben, damit wir hinterher ein besseres Gespräch führen können?«

»Das hab ich nicht gesagt.«

»Aber gedacht.«

»Ja«, gab ich zu. »Danach kann ich viel klarer denken. Ohne den Schmerz.«

»Alex, es tut mir leid.«

»Ist schon in Ordnung«, beeilte ich mich. »Ich reiß mich zusammen, reden wir trotzdem.«

»Ich meine, es tut mir leid, dass wir so nicht weiter machen können. Ich hatte gehofft, es würde funktionieren, und eine Weile lief es ja auch gut. Aber du bist wie ein Vampir, du saugst mich aus, und jedes Mal ist ein bisschen weniger von mir übrig.«

»Was wollen wir tun?« fragte ich. Ausgehend vom Bauch schoss mir ein Gefühl der Angst in die Brust, das mich zu lähmen drohte.

»Wir müssen es beenden«, antwortete Paula.

»Was beenden?«

»Alles. Ich krieg's nicht hin. Wir müssen uns trennen.«

»Müssen wir den Sex auch beenden?«

»Das macht man so, Alex. Wenn man sich trennt.«

»Ja, aber in meinem Fall…«

»Auch in deinem Fall. Sorry.«

***

Ich habe sie noch Wochen lang angewinselt wie ein hungriger Köter. Der Verlust meiner Würde war mir gleichgültig. Ich wollte einfach nur mit ihr ins Bett. Aber es war vorbei. Endgültig. Ich hatte das, was zwischen uns gewesen war, zu Tode gefickt. Was dann folgte, war die härteste Zeit meines Lebens. Ich investierte einen bedeutenden Teil meiner Ersparnisse und ging in den Puff. Ich bezahlte für eine vollbusige Blondine und vögelte sie. Ihre Haare waren blondiert, ihre Brüste mit Silikon aufgepumpt, und küssen durfte ich sie auch nicht. Der Sex brachte die erhoffte Erleichterung, aber er war kein Vergleich mit dem Paradies, zu dem Paula mir verholfen hatte. Ich radelte zu der Eckkneipe in Giesing und fragte den Kellner, ob er auch noch andere Sachen hatte. Härtere. Er verkaufte mir eine Ecstasy-Pille. Aber noch tougheres Zeug vertickte er nicht, wenn ich das wollte, musste ich zum Bahnhof gehen. Das Ecstasy wirkte nicht übel, aber richtig zufrieden war ich nicht. Ich kratzte mein letztes Geld zusammen und besorgte mir in der Nähe des Bahnhofs ein wenig Heroin. Es war nicht schwer zu kriegen, wirklich nicht. Und wie man sich das Zeug spritzte, wusste ich aus Filmen. Schon unmittelbar nach dem ersten Druck wusste ich, dass ich das Richtige getan hatte. Mir wurde ganz warm, der Schmerz floss auseinander wie geschmolzene Butter, versickerte und war einfach weg. Das war ja noch besser als jeder Sex. Ich lag im Land des Friedens und dämmerte glücklich vor mich hin. Als ich Stunden später wieder zu mir kam, ging es mir schlecht, ich fühlte mich schwach und krank und hatte mir in die Hose gepisst. Es gab zwei Dinge, die waren mir hundertprozentig klar. Erstens: Ich brauchte mehr davon, einen ganzen Vorrat. Und zweitens: Ich konnte ihn mir nicht leisten. Aber ich kannte die Geheimzahl der ec-Karte meines Vaters. Also nahm ich die Karte und holte 100 Mark aus dem Geldautomaten. Wenn ich Glück hatte, würde Papa das gar nicht merken. Das Geld reichte, um mich für ein paar Tage einzudecken. Am nächsten Morgen war ich nicht mehr in der Lage, in die Schule zu gehen. Meinen Eltern erklärte ich lallend, es wäre eine Grippe. Sobald die Wirkung nachließ und der Schmerz zurück kehrte, nahm ich den nächsten Druck. Irgendetwas tief in mir drin sagte mir zwar, dass die Rechnung auf Dauer nicht aufgehen würde, aber die Versuchung war viel zu groß. Mama wollte mit mir zum Arzt gehen, weil ich nach fünf Tagen immer noch im Bett lag, aber ich sagte ihr, es sei alles okay, keine Sorge, die Grippe sei schon auf dem Rückzug. Dann war mein Vorrat aufgebraucht, und ich wusste, dass ich wieder losziehen musste. Am Morgen zog ich erneut die Karte aus Papas Portemonnaie und wartete, bis die beiden zur Arbeit gegangen waren. Schon im Treppenhaus musste ich mich mit aller Kraft am Geländer festhalten und wusste, dieser Ausflug würde kein Spaß werden. Ich entnahm dem Geldautomaten 200 Mark und suchte wieder denselben Hinterhof auf. Man sagte mir, die Preise seien gestiegen, und ich bekam für das Geld kaum mehr als beim ersten Mal. Aber das war mir egal. Hauptsache, ich hatte etwas! Ich schwitzte schon aus allen Poren wie verrückt und konnte nicht mehr warten, bis ich zu Hause war. Das hatte ich schon geahnt, deswegen hatte ich alles dabei, was ich brauchte. Ich kauerte mich zwischen zwei Müllcontainer, band den Arm ab und suchte mit fiebrigen Fingern nach einer Vene. Obwohl mir übel war und ich fast gekotzt hätte, war mein Kopf schon weiter und wusste, gleich würde alles wieder gut werden. Ich traf die Vene, und dann kam die Wärme und hüllte mich ein, eine Badewanne voller Glück.

Als ich gefunden wurde, lag ich zwischen den Mülltonnen in meinem Erbrochenen (nun schon zum zweiten Mal in meinem Leben). Im Krankenwagen, auf dem Weg zur Klinik, kollabierte mein Körper, der Herzschlag setzte aus. Der Notarzt musste mich reanimieren, und nachdem ich auf die Elektroschocks des Defibrillators nicht reagierte, hat er mir mit einer Herzdruckmassage das Leben gerettet – und mir dabei zwei Rippen gebrochen. In der Klinik legte man mich für drei Tage in künstliches Koma. Als ich endlich erwachte, saßen meine Eltern bei mir am Bett, und ich kam mir vor wie ein Stück Scheiße. Der Kopf fühlte sich an wie ein Ballon kurz vor dem Platzen, bei jedem Atemzug taten die gebrochenen Rippen weh. Dazu kam der Entzug. Sie wussten über alles Bescheid, über meine Ausflüge zum Geldautomaten, und die Einstiche in meinem Arm (die ich bisher verborgen hatte) waren eindeutige Hinweise auf das, was ich getan hatte. Sie machten mir keine Vorwürfe, ich musste ihnen auch gar nichts erklären. Sie wussten, wie sehr der Schmerz mir zusetzte, vor allem seit der Trennung von Paula.

Ein paar Tage später kam ich in eine sehr renommierte Reha- und Entzugsklinik auf dem Land, in der ich mindestens sechs Wochen lang bleiben sollte. Ich ließ das alles über mich ergehen, aber mein 17. Geburtstag rückte immer näher, und ich wusste mittlerweile mit absoluter Gewissheit, dass ich das Versprechen einlösen würde, das ich mir vor knapp einem Jahr gegeben hatte. Lange würden meine Qualen nicht mehr dauern. Sie mussten ein Ende haben.

***

Nach zwei Wochen in der Entzugsklinik fand ich mich an einem neuen Tiefpunkt wieder. Tage und Nächte vergingen völlig gleichförmig. Ich wollte mit niemandem reden. Ärzte, Krankenschwestern, andere Patienten, niemand kam an mich heran. Innerlich war ich nicht mehr wirklich anwesend, sondern bereitete mich vor auf den Übergang vom Leben zum

Tod. Wozu noch auf meinen Geburtstag warten? Warum brachte ich es nicht endlich hinter mich und setzte meinem Leben schon jetzt ein Ende? Wieso noch weitere Wochen voller Schmerz und Depression über mich ergehen lassen? Das hatte doch alles überhaupt keinen Sinn mehr. Beim Abendessen ließ ich ein Messer verschwinden. Ich zweifelte zwar daran, dass es scharf genug sein würde, um mir damit die Pulsadern aufzuschlitzen, aber man konnte es ja wenigstens mal versuchen. Da ich ein Schlafzimmer mit zwei anderen Patienten teilte, zog ich mich mit dem Messer auf die Toilette zurück. Ich verbarrikadierte mich in einer Kabine, und da saß ich nun also auf dem Scheißhaus und starrte das Messer an. Es war, verdammt noch mal, nicht scharf genug. Mit dem Teil würde ich höchstens eine Riesenschweinerei anrichten, aber der Abschied vom Leben würde damit nicht gelingen. Was sollte ich tun? Die Klinik war nur zwei Stockwerke hoch, es machte keinen Sinn, aus dem Fenster zu springen. Erhängen? Vielleicht mit einem Kabel. Der Schmerz wütete in meinem Kopf. Ich schloss die Augen und ballte die Faust. So fest, dass die Hand anfing weh zu tun. Dann holte ich aus und schlug mit der Faust gegen die Wand, mit voller Wucht und aller Kraft. Ich schrie auf vor Schmerz. Ja, Schmerz! Und endlich mal ein anderer als ewig nur der verhasste Drecks-Schmerz in meinem Kopf! Das war gut! Wieso war ich darauf nicht früher gekommen? Ich holte noch einmal aus und hämmerte die Faust erneut gegen die Wand. Ich spürte, wie Knochen knackten, und konnte es auch hören. Und, Scheiße noch mal, aller guten Dinge waren drei! Jawoll! Rauf auf die Wand! Jetzt die andere Hand! Baammm!! Und nochmal! Und nochmal! Ich schrie so laut, dass es nur wenige Sekunden dauerte, bis ein Pfleger gegen die Kabinentür hämmerte.

»Wer ist da drin?! Aufmachen!«

»Ich bin Alex Magnusson, und ich habe mir gerade die Finger zu Klump gehauen!«

»Mach die Tür auf, sofort!«

»Geht nicht, Arschloch, ich kann meine Finger nicht bewegen. Und dasselbe mach ich jetzt mit meinem Kopf!« Ich stand auf und wollte meinen Worten Taten folgen lassen, aber da hatte er schon mit einem kleinen Spezialschlüssel die Tür geöffnet und riss sie auf. Er sah meine verkrümmten, Blut unterlaufenen Finger, das Messer auf dem Boden und, wie ich annehme, ein irres Flackern in meinen Augen. Ich kannte ihn vom Sehen, wusste aber nicht, wie er hieß, ein Typ Mitte 20. Er wollte mich festhalten. Ich rammte ihm die Faust ins Gesicht und empfand den erneuten, scharfen Schmerz, als meine gebrochenen Finger sein Auge trafen, als grimmige Wohltat. Ich war bereit, alles zu zerstören, was ich hatte, was ich war. Alles sollte in Fetzen gerissen werden. Nichts sollte übrig bleiben. Unter der Wucht meines Schlages taumelte er gegen die offene Tür. Er war benommen, aber nur für einen Moment, dann riss er die Hände hoch, als Deckung, und ich hatte keine Chance mehr. Mit einem geübten Griff hatte er mich, und mein Oberkörper wurde nach vorne gezogen wie die Klinge eines Taschenmessers, das man zusammen klappte. Er war nun hinter mir und schob mich aus der Kabine. Drei weitere Pfleger kamen angelaufen. Zwei packten meine Füße und hoben sie hoch. Zu viert trugen sie mich den Flur entlang, ich strampelte wie ein wildes Tier, das nicht zum Schlachter wollte. Sie brachten mich in einen isolierten Raum und schnallten mich an allen Vieren auf einem Bett fest.

»Hier kannst du so viel schreien, wie du willst«, sagte der Pfleger, den ich geschlagen hatte. »Niemand wird es hören.«

Ich bekam eine Spritze, deren Inhalt wie eine Nebelwolke in meinen Blutkreislauf drang, und wurde ruhig, ganz ruhig. Sogar der Schmerz in meinem Kopf und in den Händen wurde schwächer. Das war gutes Zeug, wieso bekam ich das erst jetzt? Ich dämmerte weg.

Und als ich die Augen wieder öffnete, stand ich barfuß auf einem kalten Steinboden. Ich befand mich in einem Raum ohne Fenster, der nur von einer sehr schwachen, flackernden Neonröhre an der Decke beleuchtet wurde. Ich kannte den Raum nicht und wusste nicht, wie ich hier her gekommen war. Die Wände bestanden aus nackten, dunklen, alten Backsteinen, und es roch wie in einem feuchten Keller, modrig und nach alten, renovierungsbedürftigen Kupferleitungen. Ein leises, gleichmäßiges Piepen zog meine Aufmerksamkeit auf sich. Kam es aus den Wänden? Nein, dafür war es zu deutlich zu hören, es kam mir vor wie die langsame, elektronische Wiedergabe eines ruhigen Herzschlages. Ich drehte mich um und spürte den unebenen, groben Boden unter mir. Da stand ein Krankenhausbett. Schneeweißes Laken und ebenso weiße Decke. Neben dem Bett stand ein Gerät mit einem grünen Monitor, auf dem sich in gleichmäßigen Wellen, synchron zum Piepen, ein Herzschlag abzeichnete. Daneben ein Ständer, an dem ein Infusionsbeutel hing. Der Beutel führte in einen Schlauch, der gefüllt war mit einer gelblichen Flüssigkeit. In diesem Bett lag jemand, aber ich stand zu weit jenseits des Fußendes, und die Decke war zu hoch aufgebauscht. Ich konnte ihn nicht sehen. Da stand noch ein anderes Gerät. Auch dieses führte einen Schlauch zum Bett, und es gab ebenfalls ein Geräusch von sich, das mir bisher entgangen war. Luft, die durch den Schlauch gepumpt wurde. Wer auch immer in diesem Bett liegen mochte, er musste beatmet werden. Die Bettdecke hob und senkte sich ein wenig, langsam und immer wieder, in stetem Rhythmus. Hier wurde jemand künstlich am Leben gehalten. Ich wollte zu ihm gehen und ihn mir ansehen, aber eine männliche Stimme ließ mich herum fahren.

»Herr Magnusson, können Sie mich hören?«
Ich öffnete die Augen und musste blinzeln, weil es so hell war. Es dauerte einen Moment, bis ich begriff: Den Ausflug in

das Backsteinzimmer hatte ich nur geträumt. Ich war noch immer in dem isolierten Raum, ans Bett festgeschnallt.

»Wie fühlen Sie sich?« Über mir stand ein Arzt, den ich noch nicht kannte.

»Wo bin ich?«

»Können Sie sich daran erinnern, was gestern Abend passiert ist?«

»Ich war auf dem Klo, da kommt ein Typ reingestürmt und macht mich fertig.«

»Das war ein Pfleger, und er hat Sie davon abgehalten, sich noch weiter zu verstümmeln.«

Ich blickte an mir herunter und sah, dass meine Hände eingegipst waren, fast bis zum Ellbogen.

»Sie haben drei gebrochene Finger, zwei an der rechten Hand und den linken Mittelfinger. Wollen Sie mir sagen, was passiert ist?«

»Sie haben es doch schon präzise wieder gegeben.«

»Wollten Sie sich umbringen?«

Ich antwortete nicht.

»Herr Magnusson?«

»Nennen Sie mich Alex.«

»Alex?«

»Ja, ich wollte mich umbringen. Es war nur schlecht geplant. Beim nächsten Mal wird mir das nicht mehr passieren.«

»Ich werde Sie in eine spezielle Abteilung verlegen. Sie werden keinerlei Gelegenheit bekommen, den Versuch zu wiederholen.«

»Irgendwann werden Sie mich raus lassen müssen.«

»Nein«, sagte er, »werden wir nicht. Sie haben uns gerade eben dazu veranlasst, sie so lange hier zu behalten, wie wir es für richtig halten.«

Noch am selben Tag kam ich in die Abteilung AS, das stand für *akut suizidgefährdet*. Wir waren zu acht. Fünf Männer – vorausgesetzt, man ließ mich als Mann schon durchgehen. Und drei Frauen. Jeder von uns hatte mindestens einen Selbstmordversuch hinter sich. Dimitri, ein kleiner, dicker 30-jähriger Russe, hatte es schon siebenmal versucht. Rund um die Uhr waren mindestens drei Pfleger in unserer Nähe und ließen uns nicht aus den Augen. Wir aßen mit Plastikbesteck, und die Teller und Becher, von denen wir aßen und tranken, waren aus Pappe. Bleistifte, Filzstifte und Kugelschreiber waren verboten, nur Wachsstifte waren erlaubt. Von unseren Schuhen waren die Schnürsenkel entfernt worden. Die Wände waren gepolstert. Wenn ich aufs Klo musste, kam ein Pfleger mit, und die Tür der Toilette durfte nicht geschlossen werden. Der Arzt hatte Recht gehabt: Hier war es nicht möglich, sich das Leben zu nehmen. Ich wurde auf starke Beruhigungsmittel und Antidepressiva gesetzt. Der Schmerz in meinem Kopf wurde davon kaum geschwächt, aber ich blieb trotzdem ruhig, ja nahezu gleichgültig, und döste den halben Tag vor mich hin. Das war gar nicht mal die schlechteste Daseinsform, da hatte ich schon üblere Phasen hinter mir gehabt. Ich ergab mich dem Schicksal und ließ die Dinge laufen.

Dimitri, der siebenfach gescheiterte Selbstmörder, war ein merkwürdig lustiger Geselle. Er lächelte unentwegt, und als ich ihn fragte, warum er das tat, meinte er, das liege an den Folgen seines dritten Selbstmordversuchs, als er sich zwar in den Kopf geschossen, das Projektil sein Gehirn aber nur gestreift hatte. Seitdem müsse er ständig lächeln, auch wenn ihm zum Heulen zumute sei. Er zeigte mir die beiden Narben, die der Schuss hinterlassen hatte – eine über seinem linken Ohr und die andere am höchsten Punkt seines Schädels. Er erklärte mir, dort liege das Kronenchakra, und dass er es durchschossen hatte, habe seine Empfänglichkeit für alle schöpferischen Energien vertausendfacht. Seitdem verstehe er, was den Kosmos im Innersten zusammen halte, und wie wunderbar die Welt sei. Das hat ihn aber nicht davon abgehalten, sich danach weiterhin das Leben nehmen zu wollen. Dimitri hat sich die Pulsadern aufgeschnitten, er hat sich erhängt, erschossen, ist mit einem Betonblock unter seinen Füßen ins Wasser gesprungen, hat sich ein Schwert in den Bauch gerammt, sich mit Schlaftabletten vollgepumpt, und zuletzt hat er versucht, aus dem zwölften Stock eines Hochhauses zu springen. Dreimal haben die Ärzte ihn wieder zusammengeflickt, nach dem Schuss durch seinen Kopf, nach der Sache mit dem Schwert (Selbstmordversuch Nr. 5), mit dem er sich die Milz zerfetzt hat, und nach dem Blutbad im Hochhaus (Selbstmordversuch Nr. 7). Das Erhängen (Selbstmordversuch Nr. 2) hat nicht funktioniert, weil Dimitris Genick dafür zu kräftig war und einfach nicht brechen wollte.

»Hätte ich Klaviersaite nehmen sollen«, sagte er mit seinem russischen Akzent. »Wäre ich wenigstens erstickt.«

Der Sprung in den See frühmorgens um sechs, mit dem Beton unter den Füßen (Selbstmordversuch Nr. 4), wurde von einem Angler beobachtet, der ihm hinterher sprang und mit einem Messer das Seil durchschnitt, das er sich um den Fuß gebunden hatte. Den größten Teil der Schlaftabletten (Selbstmordversuch Nr. 6) hat er erbrochen, und der Rest wurde ihm im Krankenhaus aus dem Magen gepumpt. Er wollte wissen, ob mir auch schon einmal der Magen ausgepumpt worden war. Ich schüttelte den Kopf.

»Iste so eklig«, befand er. »Stecken sie Schlauch in deine Mund und schieben runter bis zum Schnitzel. Mach ich nie wieder.«

Seine Lieblingsgeschichte war die mit dem Hochhaus. »War mein siebter Versuch«, sagte er. »Und sollte mein letzter sein.

Gibt nicht viele Hochhäuser in München. Kennst du Vierzylinder?«

»Du meinst bei einem Auto?«

Er lächelte über meinen irritierten Gesichtsausdruck. »Ist Name von BMW-Hochhaus. Weil sind so vier Türme in einem. Hab ich alles genau geplant. Dicke der Fenster? In Ordnung, wenn du kommst mit fette Vorschlaghammer aus Stahl mit Hickorystiel, doppelt verkeilt, für 120 Mark. Höhe von Gebäude? Alles gut, wenn du gehst in oberste Stockwerk. Sind Büros. Gesamte Haus hat Höhe 99,5 Meter. Hab ich mich gefragt, wieso nicht 100? Wenn ich baue teure Hochhaus für BMW, ich mache 100 Meter voll und höre nicht auf bei 99 Meter und 50 Zentimeter. Ein Russe würde immer 100 bauen und nicht halbe Meter weniger. Höchste Büros also über 80 Meter. Muss reichen. Wird reichen. Heute wird klappen. Weißt du, wie riecht Hochhaus von BMW, wenn du gehst durch Eingangstür?«

»Keine Ahnung«, sagte ich. »Wie Büros eben riechen. Nach Papier und Druckern und so? Vielleicht nach Leder?«

Dimitri schüttelte lächelnd den Kopf. »Als ich reinkomme, riecht nach Kartoffelsuppe. Weil gleich um die Ecke ist Kantine. Gut, denk ich, letzte Geruch in meine Nase: Kartoffelsuppe. Damit kann ich leben. Und sterben.«

»Lass mich raten«, unterbrach ich ihn. »Sie haben dich mit dem riesigen Vorschlaghammer gar nicht erst hoch gelassen.«

Dimitri zog eine Augenbraue hoch, um damit seine Missbilligung auszudrücken. »Bin ich kein Idiot«, sagte er. »Hab ich Hammer in dicke Papprolle gesteckt, und an Empfang gesagt, hab ich Termin wegen Bauzeichnung.«

»Und dann?«

»Bin ich in Aufzug gestiegen. Lief klassische Musik, so mit Klavier und Geige, hab ich mich richtig feierlich gefühlt. Das ist jetzt also die Ende, hab ich gedacht, und so für mich noch

gebetet. Tür geht auf, ich geh raus – große, offene Büro, du weißt, was ich meine.«
»Ein Großraumbüro.«
»Genau. Seh ich mich um, welche Fenster passt am besten. War schöne Wetter, mit Sonne, durch Fenster konnte ich sehen die Alpen, am Horizont. Vor mir steht hübsche, junge Frau in kurze Rock, fragt, ob sie mir helfen kann. Ich sage Ja, öffne Papprolle, hole Hammer raus, gebe ihr die Rolle. Dann geh ich langsam auf Fenster zu, hinter dem die Alpen sind, weil ich will, dass das ist das Letzte, was ich sehe, bevor alles ist zu Ende. Leute fangen schon an, komisch zu gucken. Ich hebe Hammer hoch und sage laut: *Bitte gehen Sie beiseite!* Weißt du, so richtig eindrucksvoll, Leute sollen hinterher sagen, war ganzer Kerl, der da gesprungen ist aus Vierzylinder. Hebe ich Hammer über Kopf, hole aus und schlage auf Fenster. Macht laute Geräusch, anders, als ich hatte erwartet. Tiefer. Kein Klirren. Scheibe bricht auch nicht. Leute von Büro schreien auf. Rennen weg. Ich denke, gibt's doch nicht. Scheibe hat nicht mal Kratzer. Ich werde hier nicht sterben durch Sturz von Vierzylinder, sondern vor Scham, weil ich kriege Scheiß-Fenster nicht kaputt! Nehm ich noch mal zwei Schritte Anlauf, hebe Hammer, schlage zu mit ganze Kraft, die ich habe. Wieder laute *Buumm*, aber diesmal klingt anders, weil Scheibe bekommt Sprung. Noch mal *Buumm*, Sprung wird größer. Ich wie in Rausch, schwitze wie Schwein, obwohl Klimaanlage bläst mir in Gesicht, ich ziehe Jacke aus, schlage noch mal zu, endlich splittert Scheibe! Loch ist noch zu klein, noch ein Schlag und noch einer, und jetzt ist groß genug. Ich werfe Hammer auf Boden, gehe paar Meter zurück. Leute stehen alle um Aufzug rum, starren mich an. Einer ruft: *Tun Sie das nicht! Das ist doch Wahnsinn!* Und ich denke, du Milchgesicht, was weißt du denn von meinem Leben? Ich laufe los, und direkt

vor Fenster breite ich Arme aus und springe.« Dimitri verstummte.

»Ja, und dann?« fragte ich.

Dimitris Mund lächelte zwar immer noch, wie er es fast immer tat, aber seine Augen verdunkelten sich. »Milchgesicht wollte Held sein, ist auch gesprungen und hat Fuß erwischt. War ich schon halb draußen. Hat er mich mit Bauch in untere Rand von Fensterloch gespießt.« Dimitri zog sein T-Shirt hoch und zeigte mir eine wulstige, gezackte Narbe, die quer über seinen Bauch verlief und die man als moderne Kunst hätte ausstellen können.

Die Tage begannen zu verschwimmen, irgendwann hatte ich keine Ahnung mehr, wie lange ich hier schon war und wann meine Eltern zum letzten Mal zu Besuch gekommen waren. Ich glaube, auch Paula ist einmal kurz da gewesen, aber dessen war ich mir nicht sicher, ich konnte es mir auch eingebildet haben. Einmal am Tag musste ich für eine Dreiviertelstunde zu einem Psychologen, aber der Kerl hatte eine Fistelstimme und sah mich an wie ein Insekt. Er war ein Arschloch, und ich weigerte mich, mit ihm zu reden. Bei irgendeinem Mittagessen fragte ich einen der Pfleger nach dem Kollegen, der mich in jener Nacht vom Klo geholt hatte. Ich wollte wissen, wie es ihm ging und ob er noch sauer auf mich war.

»Er heißt Michael, und ein bisschen angepisst war er schon«, sagte der Pfleger. »Zwei Tage danach hat er nämlich geheiratet, und dir hatte er zu verdanken, dass er beim Jawort ein Veilchen hatte.«

Ich sagte, ich würde mich gerne bei Michael entschuldigen, und so kam er kurz darauf tatsächlich auf die Station. Ich war erleichtert, dass er mir nicht böse war.

»Weißt du«, sagte er lächelnd, »ich habe eine Freundin, die ist Maskenbildnerin beim Theater. Sie hat alles weggeschminkt, man hat nichts gesehen.«

»Das ist gut.«

»Außerdem war ich selbst schuld. Ich bin ausgebildet für solche Situationen und hätte vorbereitet sein müssen.«

»Trotzdem sorry, dass ich dich geschlagen habe. Ich hab mich in meinem ganzen Leben noch nie geprügelt.«

Er fragte, wie es mir ging, und wie stark sie mich mit den Medikamenten herunter gedimmt hätten. Ich zuckte die Achseln und fragte zurück, wie es mir hier schon gehen solle. Nicht gut und nicht schlecht, und wenn es nach mir ging, konnte ich hier bis in alle Ewigkeit vor mich hindämmern.

»Was hattest du mal vor mit deinem Leben?« fragte er.

»Bevor der Schmerz gekommen ist.«

Darüber hatte ich schon seit langem nicht mehr nachgedacht. »Viel in der Gegend rumreisen. Möglichst viele verschiedene Leute kennen lernen. Außerdem kann ich ganz gut schreiben. Vielleicht Reisejournalist? Sowas in der Art.«

»Klingt toll«, sagte er. »Wer hindert dich dran, das immer noch zu wollen?«

»Michael, es ist so: Wenn du ständig das Gefühl hast, gleich platzt dein Kopf, dann hast du keinen Spaß mehr mit dem, was du tust. Egal, was es ist. Abgesehen von Sex. Ich könnte höchstens Callboy werden. Aber das ist doch auch Scheiße. Das Beste für mich ist noch sowas wie das hier.« Ich hob die Arme und deutete in alle Richtungen. »Hier bleib ich für immer. Ihr werdet mich nicht mehr los.«

»Du bist zu clever dafür«, sagte er. »Irgendwann gibst du dich damit nicht mehr zufrieden.«

»Woher willst du das wissen?«

»Ich mach den Job nicht erst seit gestern.«

»Wie kommt es, dass du schon geheiratet hast?« fragte ich. »Du bist nur ein paar Jahre älter als ich.«

Michael lächelte, ja strahlte fast. »Ich hab einfach die Richtige gefunden. Jetzt ist sie auch noch schwanger. Da gab es keine zwei Meinungen mehr.«

»Du wirst schon Vater?«

»Oh, Vater bin ich schon. Da war ich kaum älter als du. Ein Versehen. Die Kleine kommt schon bald in die Schule.« Er zog ein Foto heraus und zeigte mir seine kleine, blondgelockte Tochter.

»Echt süß.«

»Sowas kommt dir vor wie vom anderen Stern, oder? Ging mir damals auch so. Aber das Leben fragt nicht lange, es zieht die Dinge einfach durch. Dann musst du sehen, was du draus machst.«

»Weißt du«, fragte ich, »warum ich so oft auf die Wand eingeschlagen hab? Weil der Schmerz in den Händen so stark war, dass er mich vollständig abgelenkt hat vom Schmerz in meinem Kopf. Das hat mich irgendwie berauscht. Das wollte ich noch öfter haben. Wenn du nicht gekommen wärst, hätte ich mich da drin in dem Klo an die Wand geknüppelt bis zur Bewusstlosigkeit.«

Michael nickte: »Weißt du, was *ich* mache, wenn ich mich von irgendwas ablenken will?«

»Keine Ahnung. Du küsst deine Frau. Kaufst deiner Tochter ein Eis. Gehst ins Kino.«

»Ich mache Sport.«

»Was für welchen?«

»Ich laufe. Je größer das Problem, desto länger die Strecke. Dabei komme ich auf völlig andere Gedanken. Wenn ich danach unter der Dusche stehe, bin ich entspannt, und manchmal lösen die Dinge sich auf einmal wie von selbst.«

»Mit Sport hatte ich's noch nie besonders.«

»Ist nur so eine Idee.«
»Außerdem, sieh dich mal um: Was für Sport soll ich hier machen? Liegestützen? Situps?«
»Warum nicht?« antwortete Michael. »Ist für den Anfang schon mal besser als nur rum zu hängen.«
»Hm.«
Und wenn dir das nicht reicht…«
»… dann was?«
»Dann gibt es hier im Haus ein Fitnessstudio.«
»Im Ernst?« Das hatte ich nicht gewusst.
»Geräte. Laufband. Ergometer. Alles da.«
»Nur lassen sie mich da nicht hin.«
»Ich könnte ein gutes Wort für dich einlegen.«

***

Michael hatte nicht übertrieben, das Fitnessstudio im zweiten Stock der Klinik war wirklich nicht übel. Natürlich musste mich ein Pfleger beim Training beaufsichtigen, das machte Michael selbst. Ich hatte inzwischen keinen Gips mehr an den Händen, aber die Finger waren nach wie vor geschient, an Übungen mit den Händen war also nicht zu denken, und ich widmete mich den Geräten für die Beine. Eine tolle Figur machte ich nicht gerade, denn ich war nicht nur völlig untrainiert, sondern stand auch noch unter Beruhigungsmitteln und Psychopharmaka, die alles andere als leistungsfördernd waren. Ich probierte eine Runde auf dem Laufband, auch wenn ich mir nichts davon versprach, denn Laufen hatte ich immer für die ödeste aller Sportarten gehalten, weil man ständig nur einen Fuß vor den anderen setzen musste und nichts passierte. Ich stellte eine mittlere Geschwindigkeit ein und trabte ein paar Minuten vor mich hin, bis Michael die Geschwindigkeit erhöhte.

»Schaffst du das auch noch?«
»Kein Thema.«
»Und das?« Er stellte das Gerät noch eine Stufe höher.
»Willst du mich beleidigen? Bei dem Tempo kann ich frühstücken und Zeitung lesen.«
»Alles klar«, sagte Michael und erhöhte um eine weitere Stufe. Das Spiel trieben wir so lange, bis ich alles geben musste, um das Tempo zu halten und nicht hinten runter zu fliegen. Nach einer Weile wollte er die Geschwindigkeit um eine Stufe drosseln, aber ich drückte seine Hand beiseite.
»Nicht«, sagte ich.
Michael lachte. »Du sollst trainieren, nicht kollabieren.«
»Ich schaff das«, keuchte ich. Mein Shirt war längst nass, die Beinmuskeln brannten. Das erzeugte eine ähnliche Wirkung wie die Finger, die ich vor einigen Tagen gegen die Wand gedonnert und dabei gebrochen hatte: Der Schmerz in meinem Kopf verblasste, weil der in den Beinen so stark und die Anstrengung so groß war! Das Gefühl machte mich fast ein bisschen high, ich konnte nicht genug davon bekommen. Ein paar Minuten später konnte ich trotzdem nicht mehr und musste aufhören. Aber ich hatte eine völlig neue Erfahrung gemacht: Totale Erschöpfung schob IHN, den Schmerz in meinem Kopf, in den Hintergrund! Ich setzte mich auf einen Ruhesessel, japste nach Luft und musste dabei lachen, was dazu führte, dass ich mich verschluckte und husten musste.
»Nicht übertreiben, Marathonmann«, sagte Michael und klopfte mir auf die Schulter.
»Das brauch ich jetzt jeden Tag!« rief ich. »Jeden verschissenen Tag!« Wir mussten beide lachen, bis mir auch noch der Bauch weh tat.

Ich konnte den Chefarzt dazu bewegen, meine Medikamente herabzusetzen. Am nächsten Morgen, gleich nach dem Frühstück, stand ich wieder auf dem Laufband, bereit, heute noch mehr zu geben als gestern. Ich hatte zwar höllischen Muskelkater, aber das war mir egal. Nach einer Dreiviertelstunde war ich kurz vor dem Zusammenbruch, und Michael musste das Band abstellen. Ich trank zwei Flaschen Wasser, dann setzte ich mich aufs Ergometer und fing an, in die Pedalen zu treten. Bisher hatte ich diese Dinger verachtet, jetzt sah ich das anders. Eine halbe Stunde Vollgas, und es zog so sehr in den Waden, dass ich einen Krampf bekam und aufhören musste. Ich lag auf dem Boden wie ein Käfer, und irgendwie war ich glücklich, denn ich hatte einen Weg gefunden, aus eigener Kraft gegen den Schmerz zu kämpfen. Dafür brauchte ich niemanden, der sich zur Verfügung stellte, das konnte ich ganz alleine.

Ich trainierte eine Woche lang, jeden Tag zwischen fünf und acht Stunden. Die meiste Zeit war ich völlig erschöpft, und nachts schlief ich so tief wie ein Baby. Bereits in dieser Anfangszeit spürte ich, dass unter der Erschöpfung etwas anderes heran zu wachsen begann. Ich wusste noch nicht, was es war, aber ich spürte, dass es mein Leben von Grund auf verändern würde. Die Medikamente trübten meinen Blick nicht mehr, ich war hellwach und klar. Mein Körper wurde sehnig und kantig, meine Stimme kräftiger, mein Auftreten selbstbewusster. Das einzige Problem war, dass ich von Tag zu Tag sehnsüchtiger durchs Fenster nach draußen blickte, und wenn wir mittags eine Stunde lang auf den Hof durften, sog ich die Luft ein wie eine Köstlichkeit. Ich ließ mir einen Termin geben beim Klinikchef. Zu meiner Überraschung empfing er mich praktisch sofort und fragte freundlich, was er für mich tun könne.

»Ich trainiere seit einer Woche jeden Tag auf dem Laufband«, begann ich.

»Ich weiß«, sagte er. »Michael hat mir erzählt, wie aktiv Sie geworden sind.«

Er war mir wohlgesonnen, das spürte ich. Also wagte ich mich ein Stück weiter nach vorne. »Das Laufen ist für mich eine hervorragende Therapie. Es lenkt ab von meinem Schmerz.« Ich tippte mir mit der geschienten Hand an den Kopf. »Das Dumme ist nur: Auf dem Laufband auf die Mauer starren ist auf Dauer unglaublich langweilig.«

»Wie wäre es mit einem Fernseher?« fragte er. »Ein wenig Unterhaltung, würde das helfen?«

»Ich glaube nicht«, sagte ich, »dass ich Lust hätte, mich beim Laufen auf eine Fernsehsendung zu konzentrieren. Und die Glotze nervt mich schon zu Hause bei meinen Eltern. Ich hätte eine ganz andere Bitte.« Ich glaube, er ahnte bereits, was kommen würde, aber er sah mich an, als hätte er keinen Schimmer. »Ich möchte *draußen* laufen. Michael hat mir von einer Runde erzählt, die ungefähr zehn Kilometer lang ist und an einem Seeufer entlang führt. Er würde mich bei den Läufen begleiten.«

Der Klinikchef nickte leicht, und ich dachte schon, er würde Ja sagen. »Herr Magnusson, ich kann Ihren Wunsch sehr gut verstehen«, sagte er. »Ich kann ihn nur leider nicht erfüllen.«

»Hören Sie, ich stürze mich nicht in den See. Ich lauf auch vor kein Auto. Ich verspreche Ihnen, ich mache keinen Quatsch. Ganz großes Ehrenwort.«

»Ich glaube Ihnen durchaus, dass Sie das ernst meinen. Und ich bin davon überzeugt, dass Ihnen das Laufen gut tut, da gibt es ja gar keinen Zweifel. Trotzdem wäre damit ein Risiko verbunden, dass ich nicht eingehen kann.«

»Was denn für ein Risiko?«

»Vor wenigen Wochen hatten Sie vor, sich umzubringen, sogar gegen massiven Widerstand. Sie haben sich schwere Verletzungen zugefügt.«

»Das ist vorbei! Das hab ich hinter mir!«

»Das möchte ich gerne glauben, Herr Magnusson, aber woher soll ich wissen, dass das so bleibt? Meiner Meinung nach sind Sie für eine solche Maßnahme noch nicht stabil genug.«

»Ich fühle mich großartig.«

»Michael hat mir auch erzählt, dass Sie beim Laufen dazu neigen, zu übertreiben. Er muss Sie bremsen und das Band ausschalten, sonst würden Sie laufen bis zum körperlichen Zusammenbruch.«

»Ich bin eben ehrgeizig. Daran ist doch nichts Schlechtes.«

»Ahnen Sie nicht, worauf ich hinaus will? So, wie Sie laufen – das ist typisches Suchtverhalten. Erst die Sexsucht, dann die Drogen, jetzt das Laufen. Es tut mir leid, aber ich kann Sie erst nach draußen lassen, wenn ich sehe, dass Ihr Verhalten sich normalisiert.«

Ich saß nur noch da und sagte nichts mehr. Innerlich nannte ich ihn einen Scheißkerl, aber ich wusste auch, dass er Recht hatte. Leider.

Trotzdem trainierte ich weiterhin mit der gleichen Verbissenheit, denn ich hatte bereits den Punkt überschritten, von dem aus es kein Zurück mehr gab. Ich hatte die Herausforderung angenommen, die mein Schmerz an mich gestellt hatte, und jetzt wollte ich wissen, wer stärker war – er oder ich. Mein Ehrgeiz blieb niemandem in der ganzen Klinik verborgen, jeder kannte mich als *den Läufer*. Ich trainierte so viel, dass Michael sich mit anderen Kollegen abwechseln musste, wenn es darum ging, mich auf dem Laufband im Auge zu behalten, sonst hätte er einen Haufen Überstunden machen müssen. Eines Morgens schnürte ich die Laufschuhe, als er in mein

Zimmer kam, gefolgt von zwei seiner Kollegen, alle drei in Sportkleidung.
»Zieh dir noch was über«, sagte er, »draußen ist es kalt.« Er grinste. Ich konnte es nicht fassen.
»Wie hast du das geschafft?!«
»Ich hab den Boss gefragt: *Was ist, wenn wir den Alex zu dritt begleiten?* Da hat er Ja gesagt.«
»Zu dritt?!«
»Du kriegst 'ne richtige Eskorte, Mann.«
Die drei strahlten mich an, und ich glaube, ich habe feuchte Augen bekommen. Das war so ziemlich das Rührendste, was jemals jemand für mich getan hatte. Unterwegs überredete ich die Jungs immer wieder, die Runde noch größer zu machen, und am Ende hatten wir ungefähr 17 Kilometer abgespult. Wenige Tage zuvor hätte ich noch nicht für möglich gehalten, dass ich im Leben einmal so weit laufen könnte. Am Morgen darauf hatte ich so brutalen Muskelkater, dass ich kaum gehen konnte. Die Treppe hinauf zum Fitnessstudio bin ich rückwärts gegangen, weil die Oberschenkel sonst bei jeder Stufe aufgejault hätten. Das war aber kein Grund für mich, einen trainingsfreien Tag einzulegen. Das alles waren positive Schmerzen, und gestern, nach den 17 Kilometern, hatte ich erlebt, wie sehr der Schmerz in meinem Kopf sich für den Rest des Tages mit einer Nebenrolle hatte begnügen müssen. Das brauchte ich heute sofort wieder, dazu gab es überhaupt keine Alternative. Klar war das Suchtverhalten, was denn sonst. Aber diese Sucht konnte mich von der Verdammnis erlösen. Andererseits war es natürlich genau das, was Süchtige von ihrer Sucht stets gerne glauben wollten. Wie auch immer: Ich hatte keine andere Wahl. Dies war der Weg, den ich würde gehen müssen.

Bei unserem nächsten Lauf wollte Michael wissen, ob meine Eltern eigentlich aus Schweden kamen, wegen meines Nachnamens.
»Mein Opa kam aus Uppsala«, sagte ich. »Direkt nach dem Krieg wollte er unbedingt nach Deutschland.«
»Wieso?«
»Er war Fotograf und wollte die ganzen Trümmer fotografieren. Seine Bilder sind später Jahre lang ausgestellt worden, in der ganzen Welt.«
»Und dabei hat er deine Oma kennen gelernt?«
»Zuerst wollten sie zusammen nach Schweden. Dann wurde Oma schwanger, mit Papa. Da sind sie in Deutschland geblieben.«

***

Ich träumte wieder den merkwürdigen Traum vom Krankenbett in dem Raum mit den dunklen Backsteinmauern. Aber diesmal war alles ein wenig anders. Ich hörte die Stimme meines Großvaters, und er sang mit seiner alten Stimme das fröhliche schwedische Kinderlied, das er mir beigebracht hatte, als ich ganz klein gewesen war. Er war aber nicht im Raum, ich hörte nur seine Stimme, als würde sie aus der Wand kommen. Noch immer konnte ich nicht sehen, wer eigentlich in diesem Bett lag, angeschlossen an die Geräte und die Infusion, die ganz langsam durch den Schlauch sickerte.

Beim Frühstück erzählte ich Dimitri davon. Er wollte wissen, wovon das Kinderlied handelte.
»Von einem Elch am Straßenrand, der sich darüber beklagt, dass er nicht auf die andere Seite kommt, weil die Autos so schnell fahren.«
»Lustige Lied? Sing mal.«
»Ich kann nicht singen.«

»Komm schon, Alex, jeder kann singen.«

»Du vielleicht.« Dimitri sang öfter *Wenn ich einmal reich wär* aus dem Musical *Anatevka* und tanzte dazu Kasatschok, und das gar nicht mal so schlecht. Wenn man ihn dabei erlebt hatte, konnte man sich kaum vorstellen, dass er jemand war, dessen ganzes Trachten und Sehnen darauf gerichtet war, sich das Leben zu nehmen. Aber er war auch jemand, der nicht locker ließ, wenn er sich etwas in den Kopf gesetzt hatte, und jetzt legte er es darauf an, mich zum Singen zu überreden. Also tat ich es schließlich doch:

»*Hur ska jag göra för att komma över vägen*«, sang ich leise und war erstaunt, wie gut ich die Töne traf. Na ja, jedenfalls die meisten. »*Hur ska jag göra för att komma över dit.*« Ich räusperte mich verlegen und sagte: »So, das muss jetzt aber reichen.«

Dimitri applaudierte höflich, dann sah er mich lange an.

»Warum guckst du so? War mein Gesang so schlimm?«

»Alex, fragst du dich gar nicht mehr, woher sie kommen, deine Schmerzen?«

»Die Ärzte finden nichts, also was soll ich machen?«

»Ärzte wissen nicht alles.«

»Manche Leute, Dimitri, die haben andere Dinge, einen Tinnitus zum Beispiel, so ein Geräusch im Ohr, das hören sie Tag und Nacht. Meistens findet man heraus, woher es kommt, manchmal aber auch nicht. Oft verschwindet der Ton wieder, aber es kann auch sein, dass er bleibt. Für immer. Dann muss man damit leben, ob es einem passt oder nicht. Genauso ist das mit dem Schmerz in meinem Kopf. Wenn ich wüsste, wo er herkommt, davon würde er auch nicht verschwinden.«

»Kann sein, du hast Recht«, sagte Dimitri. »Aber vielleicht machst du Irrtum. Dinge oft haben tiefere Sinn, aber wir können nicht sehen. Ich zum Beispiel frage jeden Tag: Wieso so viel Sehnsucht nach dem Tod? Und andere Frage: Wieso klappt nicht mit Umbringen? Ich bin unglücklich, das war ich

schon immer. Aber weiß ich nicht wieso. Viele bringen sich um, weil sie sich hassen. Aber ich hasse mich nicht. Find ich mich ganz okay. Findest du mich okay?«
»Ich finde dich sogar sehr okay.«
»Gibt Dinge, die machen mir Spaß. Singen, Tanzen, Reden. Einen Plan ausdenken, wie ich mich umbringen könnte. Gibt auch Menschen, die ich gerne habe. Dich zum Beispiel.«
»Ich mag dich auch, Dimitri.«
»Aber ich hab Gefühl, ich gehör hier nicht her.«
»In diese Klinik?«
»In diese Welt. Bin ich zu falsche Zeit in falsche Körper an falsche Ort. Und irgendwas sagt mir, Alex, mit dir ist auch was falsch. Kann nicht sagen was, aber etwas ist falsch.«
»Wie meinst du das?«
»Weiß nicht. Keine Ahnung. Etwas, das jeder bisher hat übersehen.« Er kratzte sich am Kinn. »Ist nur Gefühl. Du weißt schon, seit Loch in Kronenchakra empfang ich Sachen, die kann ich nicht erklären. Manchmal. Nicht immer. Aber immer dann, wenn ich sehe dir in die Augen.«

Das klang alles ziemlich sinnlos, aber etwas an seinen Worten berührte mich trotzdem, brachte eine Saite in mir zum Schwingen. Deswegen fragte ich: »Was kann man denn übersehen haben? Es wurde doch alles durchgecheckt.«

»Nicht Job von Arzt«, antwortete Dimitri. »*Dein* Job, zu finden. Irgendwann kommt Lücke, dann muss Elch den Mut haben und über Straße gehen.«

Der Mann mit dem Hammer

Bald darauf durfte ich die Klinik verlassen. Ich ging wieder zur Schule, und es war nicht einmal ein Problem, Paula wieder jeden Tag zu sehen, denn mein Fokus lag jetzt ganz woanders. Wenn ich mittags nach Hause kam, schlüpfte ich in die Laufschuhe und lief mindestens 20 Kilometer. Danach ruhte ich mich höchstens eine Stunde lang aus, stieg aufs Fahrrad und fuhr zwei bis drei Stunden, immer mit hoher Geschwindigkeit, immer am Limit. So kam es, dass ich meine Pläne änderte. Eigentlich hatte ich vorgehabt, kurz nach meinem 18. Geburtstag meinen ersten Marathon-Wettkampf zu bestreiten (vorher durfte man das nicht), aber als ich eines Abends in der Badewanne lag und es genoss, dass wieder einmal die überstandene Anstrengung meine Wahrnehmung dominierte und nicht der Schmerz in meinem Kopf, da wurde mir plötzlich klar: Triathlon war ja noch viel härter als Marathon! Für einen Ironman musste man noch viel mehr trainieren als für einen reinen Lauf-Wettkampf! Das musste das Richtige für mich sein! Am nächsten Tag besorgte ich mir eine gute Schwimmbrille und nahm Schwimmen ins tägliche Training auf. Ich musste feststellen, dass ich – wie die meisten Leute – einen verheerenden Kraulstil hatte und ließ mir von einem Schwimmtrainer zeigen, wie es richtig ging. Ich war besessen vom Training, und die Leute sagten mir das auch oft, aber ich antwortete immer, dass es dafür gute Gründe gab.

Das zehnte Schuljahr musste ich wiederholen, aber das war sowieso klar gewesen, weil ich mehrere Monate lang gefehlt hatte. Meine Eltern forderten mich nach den Sommerferien auf, jetzt Gas zu geben und endlich wieder richtig zu lernen. Aber ich wollte nicht. Für mich gab es nur das Training und sonst nichts. Ich wollte ein erfolgreicher Triathlet werden, das war Plan A. Ein Plan B existierte nicht. Deswegen gab es zu Hause oft Streit, vor allem mit meinem Vater. Ich sollte etwas Anständiges lernen. Wenn ich schon nicht Abitur machen wollte, dann wenigstens die Mittlere Reife, und dafür musste ich nun einmal die zehnte Klasse erfolgreich abschließen. Danach konnte ich, wenn ich das unbedingt wollte, die Schule verlassen, aber nicht vorher. Ich ließ ihn reden und lernte trotzdem nicht für die Schule, sondern trainierte lieber. Papa drohte, das Fahrrad zu verkaufen und meine Laufschuhe zu verbrennen. Ich erwiderte, dann würde ich barfuß laufen. Wenn die afrikanischen Läufer das konnten, würde ich es auch hinkriegen. Irgendwann fing er an, die ewigen Diskussionen aufzugeben. Meine Schulnoten waren zwar schlecht, aber so schlecht dann auch wieder nicht. Ich war auch früher schon ein fauler Hund gewesen, der nicht viel für die Schule getan hatte, und ich schaffte es auch diesmal. Am Ende des Schuljahres hatte ich den Abschluss der zehnten Klasse in der Tasche und damit die Mittlere Reife. Ach ja, in Sport hatte ich übrigens zum ersten Mal in meinem Leben eine glatte Eins. Damit war die Schule für mich erledigt, ich konnte nun noch mehr trainieren. Ich nahm teil an allen Kurztriathlons, die in der Gegend stattfanden, und schlug mich gar nicht schlecht. In meinem Alter gab es von Mal zu Mal weniger Teilnehmer, die schneller waren als ich.

Drei Tage nach meinem 18. Geburtstag war es dann so weit – endlich durfte ich bei einer Langdistanz starten, und zwar gleich bei der berühmtesten, die es in Deutschland gab, dem Ironman im fränkischen Roth. Im gesamten Starterfeld war ich der jüngste Teilnehmer, und ich war viel aufgeregter, als ich angenommen hatte. In der Nacht vor dem Wettkampf habe ich fast nicht geschlafen, die Gesamtdistanz erschien mir plötzlich als unüberwindlich: 3,8 Kilometer Schwimmen, 180 Kilometer Radfahren und 42,2 Kilometer Laufen. Zum Glück hatte ich zum Geburtstag einen Neoprenanzug und ein neues Rennrad bekommen, so dass ich nicht mehr mit der alten Mühle meines Vaters an den Start gehen musste. Aber trotzdem! 226 Kilometer! War ich noch ganz bei Trost? Hatte ich sie noch alle?

Im Morgengrauen checkte ich das Rad in der Wechselzone ein und bekam mit wasserfestem Filzstift meine Startnummer auf den Oberarm gepinselt. Ich bestaunte die Maschinen der Konkurrenz: Scheibenräder, Deltalenker und so federleicht, dass man das ganze Rad mit einem Finger hochheben konnte. Neben manchen Rädern, für den späteren Wechsel bereit gelegt, lagen lange, im Nacken spitz zulaufende Zeitfahrhelme, mit denen man weniger aussah wie ein Fahrradfahrer, sondern eher wie das Monster aus den Alien-Filmen. Ich war voller Bewunderung, und es raubte mir endgültig den Atem, als ich sah, wie sich nur wenige Meter entfernt zwei Männer miteinander unterhielten. Ich kannte ihre Gesichter aus den Fachzeitschriften, es waren Lothar Leder und Thomas Hellriegel. Leder war vor zwei Jahren hier in Roth der erste Mensch gewesen, der einen Triathlon unter acht Stunden gefinisht hatte, und Hellriegel kam als amtierender Sieger des Ironman Hawaii, wo man ihn seitdem ehrfürchtig *Hell on Wheels* nannte. Mit den beiden stand ich in einer Wechselzone! Unfassbar. So musste sich ein Laienschauspieler fühlen, dem plötzlich klar wurde, dass er mit Robert de Niro und Al Pacino vor der Kamera stand.

Vor dem Start war ich extrem nervös. 2.500 Schwimmer warteten darauf, in den Main-Donau-Kanal zu springen, ein Pulk aus eng gedrängten, insektenähnlichen Körpern, mit all den Schwimmbrillen, Badehauben und Neoprenanzügen. Es war heiß in den dicken Dingern, und wer jetzt vor lauter Aufregung noch ein weiteres Mal pinkeln musste, ließ es einfach laufen, das merkte sowieso keiner. Jeder war bis zum Kragen voll mit Adrenalin und damit beschäftigt, seinen Platz in der Menge zu verteidigen, es gab schon jetzt ein Mords-Geschiebe, und ich hatte alle Mühe, mich auf den Beinen zu halten. Wie sollte das erst im Wasser werden? Dann endlich der Startschuss. Irgendwie schaffte ich es ins Wasser, in dieses schäumende Inferno aus Zischen und Platschen und Klatschen. Ich versuchte die ersten Schwimmzüge, als ich einen Tritt gegen die Schulter bekam. Das war keine Absicht, beim Start passierte so etwas ständig, ich kannte das schon von meinen kürzeren Wettkämpfen. Aber so wie hier hatte ich es noch nicht erlebt. Es wurde getreten, geschlagen und geschoben, als ginge es nicht um eine Sportveranstaltung, sondern ums nackte Überleben, und genauso fühlte es sich auch an. Die meisten Triathleten hassten dieses Start-Chaos, bei dem du vor allem aufpassen musstest, dass dir die Schwimmbrille nicht vom Kopf getreten wurde. Ich dagegen habe es immer geliebt. Warum? Weil es mir nie etwas ausmachte, schmerzhafte Tritte einzustecken. Schmerz war mein zweiter Vorname, niemand war ihn so sehr gewöhnt wie ich, deswegen war er mir nahezu gleichgültig. Richtig unübersichtlich waren sowieso immer nur die ersten ein, zwei Minuten. Danach zog sich das Feld auseinander. Nach vorne, weil alle Teilnehmer unterschiedlich schnell waren, und in die Breite, denn die Leute wollten sich schließlich nicht prügeln, sondern die Strecke hinter sich bringen. Ich führte nun raumgreifende, kraftvolle, ruhige Kraulstöße aus. Überall rings um mich waren andere Arme, Köpfe, die auftauchten, um zu atmen und wieder untergingen. Mein Atem war ein stetiges Ziehen und Blubbern. Das Schwimmen war für mich die Teildisziplin, bei der ich das Gefühl für Raum und Zeit stets besonders verlor. Zum einen hatte ich – anders als beim Radfahren und Laufen – keine Zeit, auf die Uhr zu sehen, und nach einer Weile konnte ich auch nicht mehr richtig einschätzen, wie viel Strecke ich schon hinter mir und noch vor mir hatte. Trotzdem musste stoisch immer weiter ein Kraulschlag nach dem anderen gemacht werden. An den Wendebojen nach der Hälfte der Schwimmstrecke wurde es immer noch einmal ungemütlich, hier galt es, erneut Tritten und Schlägen auszuweichen und unbeschadet den Rückweg anzutreten. Nach einer Stunde und acht Minuten kam ich aus dem Wasser und taumelte durch die Wechselzone zu meinem Fahrrad. Die ganze Strecke wurde gesäumt von einer riesigen Menge begeisterter Zuschauer, einen solchen öffentlichen Zuspruch hatte ich noch bei keinem Wettkampf erlebt. Meine Finger waren klamm, deswegen war es schwierig, mich aus dem Neo zu schälen. Ich tauschte Schwimmbrille gegen Sonnenbrille, Haube gegen Fahrradhelm und hängte mir die Startnummer auf den Rücken. Jeder Handgriff saß, alles ging ruckzuck. Die Wechselzone wurde auch die vierte Disziplin genannt, denn dabei konnten Anfänger eine Menge falsch machen und viel Zeit verlieren. Ich schob mein Rad vom Stellplatz, zum Ende der Wechselzone. Meine Füße waren nackt, denn die Radschuhe standen schon in den Klickpedalen und waren mit dünnen Gummibändern gesichert, damit sie nicht hin und her schlenkerten. Ich schob das Rad über den Teppich, unter dem sich die Zeitnahme befand. Der kleine Transponder an meinem Fußknöchel löste ein kurzes Piepen aus. Ich sprang auf den Sattel, schob die Füße in die Schuhe, und mit dem ersten Pedaltritt zerrissen die Gummibänder. Das war für mich alles schon Routine. Ich ging aus dem Sattel, um im Wiegetritt zu beschleunigen, dann setzte ich mich wieder und legte die Arme auf den Auflieger, um aerodynamische Fahrthaltung einzunehmen. Ich nahm schnell Fahrt auf. Die Nervosität war jetzt weg, ich war voll konzentriert und hatte Spaß am Wettkampf. Das Wetter war gut, nicht zu heiß, nicht zu kalt. Der Atem ruhig und tief. Ich liebte es, hier zu sein, fühlte mich stark und schnell. Unbesiegbar. Ich überholte einige andere Teilnehmer und wurde meinerseits nur von wenigen überholt. Der schnellste davon war ein Fahrer, dessen Überholvorgang sich kurz vorher schon akustisch ankündigte, denn er hatte hinten ein Scheibenrad aus Carbon, leuchtend weiß, das auf dem Asphalt ein leises Singen verursachte. Die Strecke führte jetzt zwischen Feldern hindurch. Trotzdem waren da immer noch klatschende, rufende, rasselnde Zuschauer, und ab und zu ein paar Streckenposten, die man an ihren gelben Neonwesten erkannte. Ich arbeitete auf Hochtouren und empfand trotzdem einen alles durchdringenden Frieden. Ich hatte meinen Platz im Leben gefunden. Viel mehr konnte man nicht erhoffen.

Das Wichtigste beim Ironman war, dass man sich die Strecke richtig einteilte. Klang wie eine Binsenweisheit und war auch eine. Trotzdem bestand meine größte Angst darin, hier den entscheidenden Fehler zu machen. Ich wollte meine erste Langdisziplin unbedingt finishen und wusste, wie groß die Versuchung war, sich beim Radfahren von der Euphorie mitreißen zu lassen und einem Fahrer zu folgen, der zu schnell war. 180 Kilometer später stieg ich bei einer Zwischenzeit von 6 Stunden und 35 Minuten vom Rad, schob es zurück in die

Wechselzone, schlüpfte in die Rennschuhe mit den Schnellspannern, setzte den Helm ab und eine leichte Basecap auf und zog die Startnummer nach vorne. Die Schnellspanner waren nicht nur wichtig, um ein paar Sekunden Zeit zu sparen. Nach mehreren Stunden Wettkampf waren die Finger kaum mehr in der Lage, eine so feinmotorische Tätigkeit auszuüben, wie das Binden von Schnürsenkeln sie darstellte. Bei meiner allerersten Kurzdistanz hatte ich das leidvoll erfahren müssen. Als ich auf die Laufstrecke einbog, war mir klar: Ich war fast eine Viertelstunde schneller als geplant. Auf der einen Seite machte ich mir deswegen Sorgen, auf der anderen schien es auf einmal möglich zu sein, die momentan eigentlich noch illusorische Traumgrenze einer Gesamtzeit von zehn Stunden zu unterschreiten. Hatte man ein solches Ziel vor Augen, konnte einen das verrückt machen. Ich rechnete schnell durch, was für eine durchschnittliche Kilometerzeit ich halten musste, um das hin zu bekommen – 4 Minuten und 50 Sekunden. Bei einem reinen Marathonlauf wäre das gut zu schaffen gewesen, aber nach dem, was ich schon in den Knochen hatte, wohl kaum. Dennoch war völlig klar, dass ich es versuchen musste! Einem Roboter gleich spulte ich Kilometer für Kilometer ab in jeweils 4:45. Wenn ich das eine Weile durchhielt, würde ich mir sogar eine Reserve von zwei bis drei Minuten erarbeiten! Die Sonne, die mich bisher nicht gestört hatte, empfand ich nun zunehmend als stechend. An den Verpflegungsstationen schüttete ich mir immer wieder Wasser über den Kopf und in den Nacken. Die ersten Kilometer liefen sehr flüssig, meine Zuversicht stieg. Auch nach 20 Kilometern konnte ich die Marschroute noch einhalten, der Tritt war immer noch leicht und federnd. Nach 30 Kilometern wurde aus den 4:45 eine 4:50 und weitere zwei Kilometer später eine 5:00. Das ging aber alles noch. Ich würde es schaffen, ich war mir sicher. Nach 38 Kilometern hatte er dann seinen großen Auftritt: der weltberühmte *Mann mit dem Hammer*. Jeder Langstreckensportler kennt und fürchtet ihn. Ich hatte angenommen und gehofft, ich würde ihm heute nicht begegnen, denn ich hatte unterwegs regelmäßig gegessen und getrunken. Aber jetzt war er hier, und das, womit er mich traf, hatte die Ausmaße des Vorschlaghammers, mit dem Dimitri damals die Fensterscheibe im BMW-Hochhaus zertrümmert hatte. Der *Mann mit dem Hammer* war natürlich kein Kerl, der auf die Strecke gesprungen kam und Wettkämpfer verprügelte. So nannte man im Sportlerjargon, der gerne simple, eindrückliche Bilder verwendete, einen plötzlichen Leistungseinbruch infolge eines Mangels an Kohlenhydraten. Der Blutzuckerspiegel sank ab, es kam im zentralen Nervensystem zu Glucosemangel. Die Beine wurden schlagartig schwer wie Blei, es konnte einem schwindelig werden, bis hin zum Verlust des Bewusstseins. Läufer fingen dann auf den letzten Kilometern meist an zu gehen, andere blieben stehen, um Pause zu machen, manche kippten auch einfach um. Wenn du dir eine gute Wettkampfzeit erarbeitet hattest, rieselte sie dir von diesem Zeitpunkt an auf den letzten verfluchten Kilometern auf einmal wie Sand durch die Hände, den du nicht festhalten konntest, egal wie sehr du es wolltest. Ich lief wie ein alter Sack und brauchte für jeden der verbliebenen Kilometer mehr als sieben Minuten. Mit einer Gesamtzeit von 10:05:57 schleppte ich mich ins Ziel und brach dort zusammen. Sofort waren zwei Sanitäter bei mir.

»Alles klar?« fragte einer von ihnen.

»Alles in Ordnung«, wollte ich antworten, aber aus meinem Salz verkrusteten Mund drang nur ein unverständliches Lallen. Ich war völlig am Ende, aber es ging mir gut, sehr gut sogar, geradezu überragend gut. Wenn mir vor zwei Jahren jemand gesagt hätte, dass ich heute einen Ironman finishen würde! Ich belegte Platz 307 in der Gesamtwertung und Platz 17 in meiner Altersklasse. Meine beiden Helden aus der Wechselzone hatten den Sieg an diesem Tag übrigens verpasst: Lothar Leder wurde Zweiter, Thomas Hellriegel Sechster. Der Sieger von Roth hieß in diesem Jahr Jürgen Zäck. Nachdem die Sanis kapierten, dass es mir gut ging, ließen sie von mir ab. Ich ging noch einmal auf die Knie, beugte den Kopf zum Boden und küsste einen feierlichen Schwur in den Asphalt: Eines Tages würde ich diese Ziellinie als Erster überqueren!

Kona

Ich hatte spät angefangen mit dem Leistungssport, eigentlich *zu* spät. Aber das machte ich wett, weil ich härter trainierte als alle anderen. Meine Bereitschaft, mich zu quälen, war höher, weil sie von einer ganz anderen Motivation gespeist wurde. Alle Profisportler legten ab und zu Regenerationspausen ein, und auch in intensiveren Trainingsphasen gab es gelegentlich mal einen Tag, an dem sie den lieben Gott einen guten Mann sein ließen. Solche Tage gab es für mich nicht. Denn ich hatte an jedem einzelnen Tag meines Lebens einen Gegner vor Augen, den es zu besiegen galt: den Schmerz. Ich trainierte jeden Tag acht bis zehn Stunden, also 60 bis 70 Stunden pro Woche. Ich kannte keinen zweiten Athleten, der das tat, und hatte auch noch von keinem gehört. Zum Glück war ich nie verletzungsanfällig, sonst hätte ich mein Trainingspensum drosseln müssen, was so ziemlich die größte aller denkbaren Katastrophen gewesen wäre. Mit 19 gewann ich meine erste Kurzdistanz, einen sehr schönen Wettkampf am Tegernsee. Gleichzeitig verabschiedete ich mich von dieser Streckenlänge, denn mit 1,5 Kilometern Schwimmen, 40 Kilometern Radfahren und 10 Kilometern Laufen war sie mir einfach zu kurz und interessierte mich nicht. Für mich zählte nur der Ironman. Diese Rechnung war ebenso einfach wie einleuchtend. Bald gelang es mir immer öfter, bei Langdistanzen in der Provinz unter die ersten Zehn zu kommen. Aber ich wusste dennoch, dass ich auf Dauer nicht einfach nur von Wettkampf zu Wettkampf fahren und von den meist spärlichen Preisgeldern leben konnte. Wenn dieser Sport mein Beruf werden sollte, musste ich in das Team eines zahlungskräftigen Sponsoren. Das gefiel mir nicht, ich war ein Einzelkämpfer, der sich bei der Gestaltung seines Trainings, ja seines ganzen Lebens, von niemandem reinreden lassen wollte. Aber von irgendetwas musste ich leben, und die Anzahl der ernst zu nehmenden Triathlon-Sponsoren in Deutschland war sehr überschaubar. Vor allem wollte ich nicht den Fehler machen, einen zu gewinnen, der sich in ein oder zwei Jahren aus dem Sport vielleicht schon wieder zurückziehen würde. Ich hatte läuten hören, dass eine große Brauerei plante, mit ihrem alkoholfreien Weißbier in den Triathlon einzusteigen, und gerade den Markt prüfte, welche Aktiven dafür als Werbepartner in Frage kamen. Ich erfuhr, von wem die Bierfritzen sich dabei beraten ließen. Es handelte sich um einen Triathleten, der es vor einigen Jahren in Hawaii dreimal unter die Top Ten geschafft und sich mittlerweile einen guten Namen als Trainer gemacht hatte. Ich besorgte mir seine Handynummer und rief ihn an.

»Hallo, Herr Preussner, mein Name ist Alex Magnusson«, sagte ich.

»Ich heiße Ulf«, antwortete er.

»Alles klar«, erwiderte ich und merkte, wie nervös ich war. Solche Gespräche waren nichts für mich. Ich war jemand, der jederzeit gerne auf der Strecke zeigte, was er konnte. Aber darüber reden? »Ich rufe an...«, wollte ich fortfahren, aber da unterbrach er mich schon.

»Ich weiß, wieso du anrufst.«

»Woher?«

»Weil die meisten aus deiner Preisklasse mich schon angerufen haben.«

Ich räusperte mich. »Verstehe«, sagte ich und kam mir ziemlich blöd vor. »Dann haben Sie sicher schon darauf gewartet, dass ich mich endlich melde.«

Er lachte und meinte: »Die Wahrheit ist: Du bist noch zu jung. Wir brauchen Kerle, keine Babyfaces.«

»Sie sollten mich trotzdem unter Vertrag nehmen. Oder Sie werden in ein, zwei Jahren bereuen, es nicht getan zu haben.«

»Wenn ich dich in ein, zwei Jahren haben will, werde ich dich einfach holen. So einfach ist das.«

»Was soll ich tun, um diesen Vorgang zu beschleunigen?«

»Das ist einfach, Alex: Du startest in Kona und kommst da unter die ersten Zehn. Dann fangen wir an zu reden.«

»Und wenn ich unter die ersten Fünf komme?«

»Niemand, der gerade mal 20 ist, kommt unter die ersten Fünf.«

»Und wenn doch?«

»Bist du vielleicht unser Mann. Betonung auf *vielleicht*.«

Ein Start in Kona, also in Hawaii, war für einen jungen Triathleten, der weder ein richtiges Einkommen noch einen Sponsor hatte, schwer zu stemmen. Durch meine Platzierungen bei den letzten Wettkämpfen hatte ich zwar das Anrecht auf einen Startplatz erworben. Aber schon die Flugkosten sprengten mein Budget. Ich hasste es, meine Eltern um Unterstützung zu bitten, tat es aber trotzdem. Es dauerte keine Minute, und sie sagten Ja. Ich war ihnen so unendlich dankbar, dass ich dafür kaum Worte fand. Ich meldete mich an und trainierte noch härter als zuvor. Diese Chance musste ich unbedingt nutzen.

***

Hawaii war ein fantastisches Reiseziel, sogar ich konnte mir dort Schöneres vorstellen, als einen Ironman zu absolvieren. Die Temperaturen betrugen im Oktober zwischen 35 und 40 Grad im Schatten. Der Witz daran war nur: Es gab keinen Schatten, weder auf der Radstrecke, die mitten durch die Wüste führte, noch auf der Laufstrecke. Der Wettkampf trug nicht umsonst den Beinamen *Hölle von Kona*. Jeder Triathlet auf der ganzen Welt hat höchsten Respekt vor dieser Strecke. Hier wurde härter gesiebt als irgendwo sonst. Eine Woche vor dem Startschuss reiste ich an, um mich ans Klima zu gewöhnen und die Strecke kennen zu lernen. Die letzten Tage vor einem Wettkampf waren immer die Tage, die ich am allerwenigsten leiden konnte. Ich musste, wie jeder andere auch, das Training stark drosseln, um auf den Punkt fit zu sein. Viele andere Athleten mochten das, endlich konnten sie mal faulenzen, es sich gut gehen lassen und in aller Ruhe ein Buch lesen. Aber für mich bedeutete es, dem Schmerz ausgeliefert zu sein und ihm nichts entgegen setzen zu können. Meine Laune in der Woche vor einem Ironman war immer richtig beschissen. Ich schlief schlecht, wurde dünnhäutig, konnte mich auf nichts konzentrieren. Das änderte sich erst, wenn der Startschuss fiel und ich mich ins Wasser warf. Dann fühlte ich mich wieder als Mensch. Hier waren sie alle am Start, die besten Amerikaner, Europäer und Australier. Es gab eine ganze Reihe internationaler Stars, die ein Interview nach dem anderen geben mussten. Von mir wollte niemand ein Interview haben, nicht einmal das deutsche Fernsehteam, das angereist war.

Am Wettkampftag sollte es noch heißer werden als sonst, Temperaturen von bis zu 42 Grad Celsius waren angesagt. Das Wasser war eine so warme Brühe, dass Neoprenanzüge nicht erlaubt waren. Beim Radfahren war ich sonst kühlenden

Fahrtwind gewohnt. Hier war es, als würde mir jemand einen Fön vor den Kopf halten, der auf maximaler Stufe lief. Manche Teilnehmer mussten sich unterwegs übergeben, andere erlitten Schwächeanfälle, das Teilnehmerfeld reduzierte sich von Meile zu Meile. Aber die Besten im Feld interessierte das nicht. Sie waren hier schon oft gestartet, kannten die Bedingungen und trotzten ihnen. Schon während der Radstrecke rechnete ich damit, den abschließenden Marathonlauf nicht mehr zu überstehen. Das hier würde wohl der erste Wettkampf werden, den ich nicht finishte. Aber man würde mich schon bewusstlos von der Strecke kratzen müssen! Solange ich in der Lage war, einen Fuß vor den anderen zu setzen, würde ich das auch tun. Es war immer sehr speziell, was mit mir passierte, wenn ich während eines Wettkampfes mal so richtig im Arsch war. Es ging dann nicht mehr darum, ein gestecktes Ziel zu erreichen, ob es nun aus einer bestimmten Platzierung oder einer anvisierten Zeit bestanden hatte. Diese Ziele waren auf einmal ganz und gar gleichgültig. Nein, es ging nur noch darum, das Bewusstsein auszuschalten und zu funktionieren, bis es irgendwann zu Ende sein würde, auch wenn die letzten Kilometer nichts mehr mit Laufen zu tun hatten. Es hatte mal einen Ironman in Japan gegeben, bei dem ich auf der Laufstrecke Muskelverhärtungen in beiden Oberschenkeln erlitten hatte. Die Muskeln hatten immer weiter zugemacht, bis ich es mit jedem Schritt für wahrscheinlicher hielt, dass gleich was reißen würde. Aber auch in solchen Momenten schrie ich nicht, ich stöhnte nicht einmal. Selbst so ein Schmerz kam nicht heran an das, was ich seit Jahren von meinem Kopf gewöhnt war. Einmal, in Neuseeland, bin ich bei einem Wettkampf auf dem Rad von einer Windbö erfasst worden und gestürzt. Ich brach mir das Schlüsselbein, schürfte mir Arme und Beine auf, habe geblutet wie ein Schwein. Trotzdem habe ich den Wettkampf ins Ziel gebracht. Danach musste ich wegen des Bruchs mehrere Wochen pausieren, was viel quälender war als das Missgeschick auf der Strecke. Aber zurück zu Kona: Ich war mehr tot als lebendig, als ich zum ersten Mal in meinem Leben den berühmten Alii Drive erreichte, über dessen Asphalt die letzten Laufkilometer führten. Seit Stunden hatte ich kaum mehr etwas wahrgenommen. Ich hätte nicht sagen können, ob ich noch unter den ersten 50 war oder nicht, und wollte es auch gar nicht wissen. Seit Beginn des Marathons hatte ich nicht mehr auf die Uhr gesehen. Mein Bewusstsein hatte sich an einen mir bisher unbekannten Ort verabschiedet. Aber jetzt wurde ich zurückgeholt, und zwar von dem, was die Zuschauer neben der Strecke veranstalteten. Die machten Musik, sangen, feierten und feuerten mich an, als wäre ich ihr nächster Verwandter oder allerbester Freund gewesen. Die Leute waren großartig. Das gehörte zu den Dingen, die man nur verstehen konnte, wenn man sie erlebt hatte. Plötzlich flog ich noch einmal über die Strecke und hatte keine Ahnung, wo ich es her holte. Die letzten paar hundert Meter vor dem Ziel, durch diese immer enger werdende Gasse, waren ein tobendes Volksfest, das mich feierte wie einen König. Im Ziel bekam ich den obligatorischen Blumenkranz umgehängt. Später im hawaiianischen Fernsehen habe ich meinen Zieleinlauf gesehen, und es ist die volle Wahrheit: Ich habe mich nicht erkannt! Wären der Trisuit und die Startnummer nicht gewesen, ich hätte behauptet, das sei jemand anders gewesen, jemand, der mindestens 15 Jahre älter sein musste als ich. Siebzehnter war ich am Ende geworden. Eine so gute Platzierung hatte ich überhaupt nicht mehr erwartet. Darauf war ich stolz, aber trotzdem ärgerte ich mich, weil ich gegenüber Preussner so eine dicke Lippe riskiert hatte, mein Versprechen aber nicht hatte einhalten können. Jetzt hatte er mich sicher nicht mehr auf dem Zettel, und das ärgerte mich.

Ich würde mich auf die Suche nach kleineren Sponsoren machen müssen.

Ich habe selten so tief geschlafen wie in der folgenden Nacht. Es spielte keine Rolle mehr, dass die Matratze durchgelegen war in diesem billigen Hotelzimmer, und dass es keine Klimaanlage gab. Es war heiß und stickig, aber ich schlief wie ein Toter. Deswegen habe ich auch den Klingelton meines Mobiltelefons nicht gehört. Wach wurde ich erst, als draußen auf dem Flur jemand Alarm machte.

»Aufwachen, Alex!« hörte ich ihn rufen. »Schluss mit Pennen!«

Schlug der Blödmann da draußen im Flur mit der Faust gegen die Tür, oder was? Welcher Idiot quälte mich da? Und wieso? Ich öffnete die Augen, was nicht ganz leicht war, denn sie waren völlig verklebt. Der Blick aufs Handy sagte mir: 7:58 Uhr am Morgen. Der Kerl im Flur musste ein Irrer sein. Ich kroch aus dem Bett, schlang mir das dünne Laken um die Hüften, und auf dem Weg zur Tür stellte ich fest, dass meine Füße schmerzten, als hätte ich gestern auf glühender Lava getanzt. Der Typ, der mir entgegen grinste, war Anfang 40, hatte mittellanges Haar, einen Dreitagebart, war groß, schlank und kräftig. Ein Blick auf seine Statur, und ich wusste, er war Triathlet.

»Alter, ich hab dich seit halb sieben mindestens zwanzigmal angerufen«, sagte er.

»Wer sind Sie?« fragte ich. »Und wieso reden Sie mich an, als wäre ich Ihr bester Kumpel?«

»Erkennst du meine Stimme nicht? Ich bin's, der Ulf. Und ich will dich um neun Uhr dabei haben bei einem Meeting mit dem Produktmanager.«

Ich war im Kopf noch nicht ganz da. Aber zwei Dinge waren mir trotzdem schon klar. Erstens: Ulf Preussner war definitiv ein Arschloch. Zweitens: Das war scheißegal, denn gerade öffnete sich unvermutet die Türe zu einer neuen Perspektive!

»Stell dich unter die Dusche«, sagte er. »Du siehst übel aus. Ich sorg dafür, dass dir jemand 'ne Kanne Kaffee bringt. In einer halben Stunde bist du unten, klar?«

Beim Meeting mit dem Produktmanager pries er mich an, als hätte ich ihn dafür bezahlt. Er hätte in Kona noch nie einen Rookie gesehen, der so sehr über seine Grenzen gegangen sei, ohne irgendwann zusammen zu brechen. Obwohl ich noch so jung sei, hätte ich dickere Eier als die meisten Etablierten, und deswegen sehe er in mir großes Potenzial. Mal ganz davon abgesehen, dass ein frisches, jugendliches Image dem Produkt gut zu Gesicht stehen würde. Mit mir als Zugpferd würde man vor allem die junge Zielgruppe verstärkt ansprechen. Der Produktmanager war noch nicht überzeugt, er wollte wissen, warum sie auf ein Pferd setzen sollten, das noch überhaupt nichts gewonnen habe.

»Das will ich Ihnen gerne erklären«, sagte Ulf Preussner. »Der Junge wird seinen Weg machen, das steht außer Frage. Natürlich können wir ihn auch noch in zwei oder drei oder fünf Jahren haben, wenn er große Siege eingefahren hat. Aber dann kostet er uns das Fünffache. Ein Schnäppchen ist er nur noch jetzt.«

Der Manager meinte, er müsse das erst mit der Chefetage besprechen, und das war's. Ulf schleppte mich in ein Restaurant, und wir frühstückten erst mal im großen Stil. Ich sagte ihm, wie überrascht ich war, dass er es sich anders überlegt hatte.

»Darüber habe ich mich auch gewundert«, antwortete er. »Ich meine, du bist nicht der erste Zwanzigjährige, der solche Platzierungen hat. Und von denen, die ich gesehen habe, sind

später nicht alle was geworden. Manche fangen an zu studieren, heiraten, kriegen Kinder und so. Dann verlieren sie ihren Biss, den unbedingten Willen. Gestern Abend, nachdem du im Ziel warst, hab ich ein bisschen rumtelefoniert.«
»Mit wem?«
»Mit einem Arzt, der dich mal behandelt hat. Er hat mir erzählt vom Problem in deiner Birne.«
»Und das Arztgeheimnis? Das darf der gar nicht.«
»Deswegen sag ich dir auch nicht, wer's war. Ich kenn ihn von früher, als ich eine Verletzung hatte. Ich wollte wissen, ob er glaubt, dass man da noch was machen kann. Nein, hat er gesagt, der arme Junge behält den Schmerz für immer. Alles klar, dachte ich: Seinen Biss verliert der also nie. Jetzt schau nicht so, sondern sag Danke zum Schmerz in deinem Kopf: Er ist der Grund dafür, dass ich dich ins Spiel gebracht habe.«

Der Deal, der ein paar Wochen später geschlossen wurde, war ein wenig kompliziert. Die Brauerei nahm mich ab sofort für fünf Jahre unter Vertrag, in großem Stil werben würden sie mit mir aber erst, wenn ich einen großen Wettkampf gewonnen hätte. Bis dahin würden sie mir ein Salär bezahlen, von dem ich leben, trainieren und überall in der Welt starten konnte. Richtig lohnen würde es sich aber erst ab Tag X. Das war fair, und ich konnte es mit gutem Gewissen unterschreiben.

Übrigens war Ulf gar kein solcher Trottel, wie ich anfangs gedacht hatte. Er hörte sich gerne reden, und das war manchmal anstrengend, aber davon abgesehen war er nicht so übel. Er bezeichnete sich gerne als meinen *Entdecker*, obwohl es eigentlich umgekehrt gewesen war, weil ich ihn ja entdeckt hatte. Aber ich widersprach nie, selbst dann nicht, wenn er es gerade zum zigtausendsten Mal behauptete. Seit jenem Morgen in Hawaii kümmerte er sich um mich wie ein Vater, es schien ihm eine persönliche Mission geworden zu sein, mir zum Erfolg zu verhelfen. Obwohl wir das nie wirklich vereinbart haben, ist er mein Trainer und Manager geworden. Das war für uns nicht immer leicht, denn vom ersten Tag an predigte er mir, ich müsse weniger trainieren. »Du machst zu viel, Alex«, sagte er. »Viel zu viel, um ehrlich zu sein. Das geht nicht auf Dauer. Du verschleißt dich. Machst dich kaputt. Du denkst vielleicht, du bist eine Maschine, aber das ist nicht wahr. Mit Anfang 20 verkraftest du das vielleicht noch, aber ewig geht das nicht gut.«

»Was glaubst du«, antwortete ich, »warum ich Triathlet geworden bin? Weil der Sport mir die Möglichkeit gibt, extrem hart zu trainieren. Genau das brauche ich, um mein Leben einigermaßen lebenswert zu finden. Nimm mir das, und du nimmst mir alles.«

Dieses Gespräch haben wir hunderte Male geführt, in allen Variationen, immer wieder – Woche für Woche, Monat um Monat, Jahr um Jahr. Ulf ließ nicht locker, wenn er von etwas überzeugt war. Und in vielen anderen Punkten – Trainingsmethodik, Material, Ernährung – ließ ich mich ja auch überzeugen. Aber was Intensität und Dauer des Trainings anging, war nicht mit mir zu reden, diese Dinge waren nicht verhandelbar.

Norseman

Jahre lang hielt ich Kona für den härtesten Triathlon der Welt, und erst mit 24 lernte ich, dass das nicht stimmte. Denn mittlerweile hatten ein paar bekloppte Skandinavier die Schraube noch weiter gedreht. In der Zwischenzeit hatte ich gute bis sehr gute Platzierungen eingefahren, die Szene war auf mich aufmerksam geworden, und ich galt als großes Talent. Ich war Zweiter gewesen in Port Macquarie in Australien, Dritter in Zürich und Vierter in Frankfurt sowie in Lanzarote. Aber die Leute von der Brauerei meckerten ein bisschen, meinten, ich würde stagnieren, und es war kein Geheimnis, dass die Fortsetzung meines Vertrages im nächsten Jahr auf wackligen Füßen stand. Ich begann, mir deswegen Sorgen zu machen, aber Ulf winkte immer nur ab und meinte, dass meine große Zeit noch kommen würde, wäre so sicher wie das Amen in der Kirche. Wenn ich in den letzten Jahren weniger trainiert hätte, wäre ich bereits mehrfacher Ironman-Sieger, davon war er fest überzeugt.

»Aber«, hob er bedeutungsvoll an, »wir haben auch noch einen Joker im Ärmel.«

Ich hatte keine Ahnung, wovon er sprach.

»Es gibt einen Wettkampf«, sagte er, »den du noch nicht kennst. Und außer den ganz perversen Schweinehunden will da auch keiner hin.«

»Wieso nicht?«

»Man muss durch eine echt kranke Hölle aus Schmerz und Angst. Die meisten Triathleten nässen sich schon ein, wenn sie nur den Namen hören.«

»Der Norseman?« Natürlich hatte ich davon schon gehört. Den Wettbewerb gab es erst seit wenigen Jahren, aber er war mehr als berüchtigt.

»Richtig, Kleiner. Der Norseman. Weißt du, Schmerz ist für dich kein Thema, deswegen hast du davor auch keine Angst. In der Nacht davor wirst du der Einzige sein, der ruhig schläft.«

»Aber der Norseman ist nicht in der Ironman-Serie. Und wird es auch nie sein.«

»Das macht nichts, und weißt du wieso? Der Norseman ist ein Spektakel, das du nicht mehr steigern kannst. Daraus können wir was machen. Wenn du hinfährst, bekommst du ein Kamerateam an die Seite, das jeden Quadratzentimer deines Körpers filmen wird. Rund um die Uhr.«

»Und wenn ich nicht gewinne?«

»Sind wir mit der Brauerei höchstwahrscheinlich am Ende. Sie werden deinen Vertrag nicht verlängern, und kein Mensch kann sagen, was dann aus dir wird. Aber wenn du gewinnst, vermarkten sie dich als den härtesten Mann der Welt, auf riesigen Plakaten, mit Fünf-Liter-Weißbierglas in der Hand, und die Sonne scheint dir aus dem Hintern. Ist alles mit der Chefetage schon geregelt. Also, willst du, oder nicht?«

Der Norseman war kein normaler Triathlon. Er führte zwar über die üblichen Streckenlängen. 3,8 Kilometer Schwimmen, 180 Kilometer Fahrradfahren und 42,2 Kilometern Laufen. Aber man konnte fast sagen, dass sich die Gemeinsamkeiten damit auch schon erschöpft haben. Die Veranstalter ließen nur 250 Starter zu, weil sie allein schon auf der Schwimmstrecke nicht für das Leben von mehr Menschen garantieren konnten. Ich informierte mich im Internet darüber, was den Wettkampf so besonders machte. Als ich damit fertig war, ahnte ich, warum viele meiner Kollegen sich lieber erschossen hätten, als dort anzutreten.

Das Kamerateam fing schon zehn Tage vorher an, mich zu begleiten. Sie wollten so viel Material sammeln wie möglich, weil sie noch gar nicht wussten, was später daraus werden würde. Nur Werbung? Oder vielleicht ein Dokumentarfilm, der auf Festivals und im Fernsehen lief? Das Team bestand aus drei Leuten: Sergio, der Regisseur, der mir äußerlich vorkam wie eine etwas beleibtere Version von Klaus Kinski. Obwohl er erst so alt war wie Ulf, war sein langes, strähniges Haar schlohweiß. Sergio sah immer aus, als hätte er die letzten zwei Wochen auf dem Rücken eines Pferdes verbracht, ohne sich zu waschen – was beides nicht stimmte, aber Teil seines Images war. Er pflegte jedem ungefragt zu erzählen, dass die Ära der Spaghettiwestern die größte Filmepoche aller Zeiten gewesen sei, und ich glaube, in Wirklichkeit hieß er auch gar nicht Sergio, sondern nannte sich nur so, weil er hoffte, man würde in ihm einen zweiten Sergio Leone sehen. Er hatte einen Komponisten an der Hand, der es glänzend verstand, wie Ennio Morricone zu klingen, und nun träumte er davon, mit mir einen Film zu drehen, der später unter dem Titel *Once Upon A Time In Norway* im Kino laufen würde. Ich fürchtete anfangs, ich hätte es mit einem versoffenen Schwachkopf zu tun, erkannte aber schnell, dass hinter seiner lärmenden Fassade ein disziplinierter Kerl steckte, der genau wusste, was er tat. Horst, sein Kameramann, war der schweigsamste Mensch, den ich je erlebt hatte. Nicht einmal, als er mir zur Begrüßung die Hand gab, sagte er auch nur einen Ton, sondern nickte nur. Horst lächelte auch nicht. Wenn ich es mir so überlege, glaube ich auch nicht, dass ich ihn jemals etwas essen oder trinken gesehen habe. Einen echten Beleg dafür, dass Horst wirklich ein Mensch war, habe ich nie erhalten. Trotzdem hatte es immer etwas Beruhigendes, ihn in der Nähe zu haben. Ich wusste nicht, wieso, aber wenn Horst die Kamera für mich laufen ließ, schenkte mir das ein Gefühl der Wärme, als würde jemand seine schützende Hand über mich halten. Die dritte im Bunde war Marie. Sie war für den Ton zuständig. Marie studierte in München auf der Hochschule für Fernsehen und Film und verdiente sich mit Jobs wie diesem hier ihr tägliches Leben. Marie war kaum älter als ich. Und, na ja, verflucht sexy. Schon am zweiten Abend, nachdem Sergio und Horst nach Hause gegangen waren, schliefen wir miteinander und trieben es die ganze Nacht, denn es war immer noch so, dass ich von dieser einen Sache nicht genug bekommen konnte.

Die Erfahrung damals mit Paula hatte mich gelehrt, dass ich für eine feste Beziehung nicht taugte. Ich sah in jeder Frau, die ich eroberte, viel zu schnell viel zu sehr das beste Schmerzmittel der Welt. Ich wollte ihr stets immer nur die Kleider vom Leib reißen und sie vögeln, alles andere trat in den Hintergrund. Deswegen beschränkte ich mich auf kurze Affären, die ich sofort beendete, wenn das Ganze emotional enger zu werden drohte. Von diesen Affären hatte ich eine Menge. Als erfolgreicher Triathlet war es ein Kinderspiel, tolle Frauen ins Bett zu kriegen. Wir waren fantastisch gebaut, selbstbewusst bis hart an die Grenze zur Arroganz (oder auch darüber) – die Sorte Mann, von der Frauen gerne sagten, sie seien eine Sünde wert. Marie war sehr süß und hat sich schnell in mich verliebt. Obwohl ich, vom Sex abgesehen, gar nichts getan habe, um ihre Gefühle zu schüren. Weil ich ihre Gefühle gar nicht wollte. Ich wusste ja, dass die immer nur zu Komplikationen führten. Aber Marie war nicht die Erste, die mehr in mir sehen wollte. Anscheinend mochten es viele Frauen, wenn man sie heißblütig fickte, ansonsten aber kühl behandelte. Ich habe nie heraus gefunden, warum das so war. Dachten sie, dass hinter der Abweisung ein verborgenes Paradies darauf wartete, von ihnen erstürmt zu werden? Marie war jedenfalls so. Ich hatte aber eine gute Ausrede, um sie mir schon nach wenigen Tagen vom Leib zu halten: An den letzten Tagen vor einem Wettkampf durfte ich keinen Sex haben, weil das die Leistung drückte.

Vier Tage vor dem Norseman flogen wir alle, inklusive Ulf, nach Oslo. Mit einem gemieteten Kleinbus fuhren wir vier Stunden lang in nordwestlicher Richtung über die Landstraßen. Je weiter wir kamen, desto grüner und bewaldeter wurden die Täler, die felsigen Berge dagegen immer höher und zerklüfteter. Durchzogen wurde die Landschaft von einer Vielzahl kleinerer und größerer Fjorde. Es war Mitte August, aber mit Sommer nach meinen Maßstäben hatte das hier nichts zu tun. Es war kalt, windig und widerlich. Wenn es hier regnete, dann nieselte es nicht. Vermutlich war leichtes Tröpfeln hier sogar völlig unbekannt. Der Regen zwischen den Fjorden klatschte einem ins Gesicht und kroch sofort durch jede Ritze, die man ihm bot. Direkt nach der Ankunft in der Pension, in der wir uns eingemietet hatten, fuhren wir zum Ufer des Hardangerfjord, auf dem der Schwimmstart stattfinden würde. Wir standen da mit hochgeschlagenen Kragen, und Sergio wehte es die Mütze vom Kopf. Er musste lachen.

»Spiel mir das Lied vom Schweinewetter!« rief er. »Auch ein guter Titel!«

Horst ließ die wasserfest eingepackte Kamera laufen und konnte kaum etwas sehen, weil ihm der Regen in die Augen peitschte. Aber er beklagte sich nicht. Horst hätte sich wahrscheinlich auch nicht beklagt, wenn man ihn mit dem Fuß an einem Laternenpfahl aufgehängt und über kleiner Flamme geröstet hätte. Marie hatte mich schon den ganzen Tag über verliebt angesehen, und nachdem wir zu Abend gegessen hatten und zu Bett gehen wollten, flüsterte sie mir ins Ohr, sie würde gerne mit in mein Zimmer kommen.

»Ich werde ganz brav sein«, sagte sie mit einem bezaubernden und ein wenig lasziven Lächeln. »Ich weiß ja, dass du keine Dummheiten machen darfst.« Verdammt, sie war so scharf! Und die Droge, die zwischen ihren Beinen auf mich wartete, so verlockend. Aber die entscheidende Priorität in meinem Leben hatte ich vor Jahren gesetzt, für alle Zeiten. An erster Stelle stand der Sport, und danach kam lange, sehr lange nichts. Marie versicherte mir immer wieder, sie werde einfach nur daliegen, keusch und unschuldig, und sich höchstens im Schlaf mal ein bisschen an mich schmiegen.

»Marie«, erwiderte ich, »wenn ich dich in mein Zimmer lasse, werde ich mit dir schlafen. Also lasse ich dich nicht in mein Zimmer.« Ich gab ihr einen kurzen, aber intensiven Zungenkuss, wünschte ihr eine gute Nacht und huschte durch meine Zimmertüre.

Am nächsten Tag fuhren wir mit dem Bus die Radstrecke ab. Ulf saß am Steuer, Horst nahm auf, was Sergio gefilmt haben wollte, und während Marie den Ton angelte, warf sie mir verliebte Blicke zu, die ich gelegentlich mit einem Lächeln beantwortete, die meiste Zeit aber ignorierte. Was nicht schwer war, denn schließlich war ich hier, um mir einen Eindruck von der Strecke zu verschaffen und sie mir einzuprägen. Das Streckenprofil ging mächtig zur Sache, schon nach wenigen Kilometern kletterten wir von Meereshöhe auf 1.300 Meter, bei Steigungen bis zu 15 Prozent. Härtere Anstiege gab es bei der Tour de France auch nicht. Erst nach 40 Kilometern ging es dann auf einmal für über 50 Kilometer bergab.

»Hier brauchst du Wärmekleidung«, sagte Ulf, »sonst kühlst du komplett aus. Und du musst höllisch aufpassen, denn auf den Abfahrten kommst du locker auf 80 bis 90 Stundenkilometer.

Am Ende der langen Talfahrt musste ich lachen, weil wir durch einen Ort namens Geilo fuhren. Wir machten dort Rast und aßen eine Kleinigkeit.

»Geilo, hä?« sagte ich zum Kellner, aber er hatte keine Ahnung, wieso ich das komisch fand.

Danach ging es wieder bergauf, und es folgten vier knackige Pässe und Abfahrten, die zwar jeweils nur wenige Kilometer lang waren, es aber ebenfalls in sich hatten. Anschließend eine weitere, nervtötend lange Abfahrt von etwa 30 Kilometern Länge, bis zur Wechselzone. Auf einer Wiese neben der Straße war schon alles vorbereitet und eingezäunt, aber ohne die Fahrräder und anderen Utensilien der Starter hatte so eine Wechselzone immer eine ebenso geisterhafte wie sinnlose Ausstrahlung – was hier, mitten im Nirgendwo, noch mehr zutraf als sonst. Die anschließende Laufstrecke verlief lange Zeit sehr unspektakulär. Die erste Hälfte führte am Tinnsjå entlang, einem wunderschönen, großen und sehr dunklen See. Mehr als 25 Kilometer lang gab es kaum Steigungen, bis wir die mittlerweile südwestlich verlaufende Hauptstraße verließen und in eine steil ansteigende Serpentinenstraße einbogen, die sich anschickte, einen Berg aus Fels und Geröll zu erklimmen. Hier war das Gelände noch steiler als an den steilsten Stellen der Radstrecke. Was für eine brutale Streckenauswahl.

Ich war beeindruckt. »Das geht jetzt so bis zum Ende, oder?«

»Sie nennen es *Zombie Hill*«, antwortete Ulf. »Vermutlich, weil die Meisten zu diesem Zeitpunkt des Rennens schon aussehen wie Untote. Aber das Schlimmste hast du noch nicht gesehen«.

Ein paar Kilometer weiter hielt er den Bus an, und wir stiegen aus. Ich fragte mich, wieso.

»Was tun wir hier? Laut Tacho fahren wir erst 37 Kilometer.«

»Siehst du das?« Ulf deutete nach Westen, wo ein dunkler Felsgipfel den Himmel verdunkelte. »Der Gaustatoppen.«

»Was?! Aber da ist doch nichts! Keine Straße, nicht mal irgendein Pfad.«

Ulf nickte nur. Jetzt hatte er mich echt an den Eiern, ich konnte nicht fassen, dass es so etwas wirklich gab. »Kein Mensch kommt da im Laufschritt hoch, Mann! Das geht doch gar nicht.«

»Richtig, Alex. Ab hier läuft auch keiner mehr. Nicht mal die Härtesten der Harten. Die Verletzungsgefahr wäre viel zu groß. Ab hier wird praktisch nur noch gegangen. Bis zum Ziel, und das liegt auf 1.850 Metern.«

Horst filmte mein Gesicht, und ich musste später zugeben: Das waren Aufnahmen für die Ewigkeit. Mein Mund stand weit offen, der Kopf war emporgereckt, mit den Händen fuhr ich mir immer wieder durchs Haar.

»Sie kontrollieren hier, in welcher Verfassung du bist. Und wenn sie der Meinung sind, dass du genug hast, nehmen sie dich aus dem Wettbewerb, ohne Wenn und Aber. Deswegen ist es hier schon zu dramatischen Szenen gekommen. Und sie lassen dich auch nicht alleine da hoch. Denn sie wissen: Diese letzten Kilometer zerstören alles in dir, was an Energie noch vorhanden ist. Darum werde ich dich ab hier begleiten.«

»Leck mich doch am Arsch«, war alles, was ich noch sagen konnte – was jeder bestätigen kann, der den Film später gesehen hat. Auch als wir den Berg bestiegen, war ich sehr schweigsam. Ich versuchte, mir den bevorstehenden Wettkampf vorzustellen, wie ich es immer tat bei der Streckenbesichtigung. Aber ich bekam es nicht richtig hin. Das hier passte nicht in das Raster, das ich kannte. Der Aufstieg dauerte fast anderthalb Stunden, weil wir alle zusammen gingen und Horst dabei filmte. Endlich standen wir also auf dem windumtosten Gipfel der Geröllhalde, neben der alten Berghütte und unter dem Funkturm, der wie eine Nadel in den Himmel zeigte. Der Ausblick war sensationell, das Wetter klar, und ich konnte ein Sechstel von ganz Norwegen sehen – im Osten bis zur schwedischen Grenze, im Süden bis zum Meer. Nun verstand ich, wieso der Norseman als der härteste sportliche Wettkampf galt, den man innerhalb eines Tages bewältigen konnte. Das war ein Wettkampf für Irre.

***

Am Tag davor lag ich um fünf Uhr nachmittags im Bett, weil ich nachts um eins schon wieder aufstehen musste. Das ging nicht anders, weil der Start um fünf Uhr morgens war, und die Muskulatur brauchte nach dem Aufstehen ein paar Stunden, um ihre volle Leistungsfähigkeit zu erreichen. Mir war das gleichgültig. Triathlon hatte für mich immer bedeutet, mich den Gegebenheiten anzupassen, die ich vorfand. Wie ein Schiffbrüchiger, der auch nicht lange fragen darf, wieso ihm das jetzt widerfährt, sondern alles daran setzen muss, die Sache zu überleben. Ulf hatte mir diesmal besonders eingeschärft, nicht zu schnell anzugehen, und er wiederholte das auch noch einmal beim Frühstück mitten in der Nacht.

»Bloß nicht überpacen, Kleiner. Du hast die Strecke gesehen, vor dir liegen 5.000 Höhenmeter. So ein Ding hast du noch nie durchgezogen. Denk dran: Hier braucht jeder mindestens zwei Stunden länger bis zum Ziel als sonst. Du musst am Ende noch ein paar Körner haben, oder du wirst den Berg nur von unten sehen.«

Mir war nun doch mulmiger zumute als vor jedem anderen Start, den ich erlebt hatte.

Um vier Uhr fand ich mich mit den anderen 249 Teilnehmern im Neoprenanzug am Hafen von Eidfjord ein, wo die Fähre auf uns wartete, ein bulliger Koloss, für den Transport von Autos gebaut. Es war noch stockfinster. Kurz bevor ich die Fähre bestieg, kam Ulf noch einmal auf mich zu und nahm mich in die Arme.

»Ich liebe dich, Kleiner«, sagte er leise. »Du musst das nicht machen, wenn du es nicht wirklich willst.«

»Hör schon auf«, sagte ich. Die Sorge in seinen Augen rührte mich, aber ich brachte trotzdem ein Lächeln zustande, mit dem ich ihn beruhigen wollte. Als wir den Hafen verließen, wurden wir eskortiert von einigen Begleitbooten, die später die Schwimmer begleiten und die Entkräfteten oder von Krämpfen Geplagten aus dem Wasser ziehen würden. In einem weiteren Boot saßen Sergio, Horst, Marie und Ulf. Denn auch der Start des Norseman sollte natürlich festgehalten werden. Ich hatte schon eine Menge Starts erlebt, die Atmosphäre in den Minuten davor war immer etwas Besonderes. Aber auf dieser Fähre bekam ich Gänsehaut. Keine Entschlossenheit mehr in den Augen. Nur noch Angst und Unruhe. Manche schlossen sie lieber gleich, zogen sich innerlich zurück. Andere gingen rastlos auf und ab. Viele machten Lockerungsübungen, ließen die Arme kreisen. Die Schlangen vor den Klos waren noch länger als sonst. Während die Dämmerung herauf zog, sah ich einen, der sich über die Reling erbrach, und wusste nicht, ob er seekrank war oder vor Aufregung kotzen musste. Zu meiner Überraschung ging ich zu ihm und fragte, ob ich ihm helfen könne. Da begriff ich, was an diesem Wettkampf so grundlegend anders war: Wir alle waren

Gegner, die gleich um Sieg, Platzierungen und gute Zeiten kämpfen würden. Aber viel mehr als das waren wir heute eine Gemeinschaft, die sich Naturgewalten entgegen stellte. Dorfbewohner, die sich versammelten, den Blick auf den Tornado gerichtet, der am Horizont auf sie zu wirbelte. Passagiere in einem Flugzeug, das jeden Moment auseinander brechen konnte. Menschen vor einer extremen Herausforderung, verbunden durch ein besonderes, unausweichliches Schicksal.

Schon der Start war Furcht einflößend, man musste von der vier Meter hohen Fähre ins eiskalte, schwarze Wasser springen. Die Messgeräte zeigten eine Wassertemperatur an von 12,7 Grad. Beim Sprung musste ich mit beiden Händen die Schwimmbrille festhalten, damit sie nicht verrutschte. Bevor ich wieder aufgetaucht war, hatte ich schon jede Menge Salzwasser geschluckt. Prustend spuckte ich es aus. Das musste man den Norwegern wirklich lassen: Sie hatten sich da einen echt fiesen Wettkampf ausgedacht. An diesem Morgen gab es im Wasser keine Tritte und Schläge. Wir waren nicht, wie sonst immer, junge Hunde, die sich ums Fressen prügelten, sondern so etwas wie eine Familie. Zwischen uns allen herrschte großer Respekt, wir wollten es einander nicht schwerer machen, als es sowieso schon war. Es gelang mir, mich an die Spitzengruppe zu hängen, und damit war ich zufrieden. Ich bin nie der ganz große Schwimmer gewesen, hinter meinem Namen stand nie *first out of water*. An Land war ich wesentlich stärker. Mehr als 20 Teilnehmer mussten in die Boote geholt werden, weil sie mit den Kräften bereits am Ende waren. Alle anderen taumelten nach und nach ans Ufer, durchgefroren und mit klammen Fingern, die kaum mehr in der Lage waren, die Klettverschlüsse an den Radschuhen zu schließen. Die wenigen Schwimmer, die kurz vor mir aus dem Wasser gestiegen waren, sammelte ich am ersten Anstieg ein und übernahm die Führung. Nach wenigen Kilometern aber, immer noch am langen ersten Pass, tauchte plötzlich einer hinter mir auf, und wenig später zog er vorbei. Das verblüffte mich, in meiner Überheblichkeit war ich davon ausgegangen, den Rest des Rennens alleine zu bestreiten, ohne weiteren Kontakt zum Feld. Aber hier war einer, der hatte etwas dagegen.

»Who are you?!« rief ich zu ihm hinüber.

Er deutete nur auf seinen Trisuit, auf dem ein blaues Kreuz vor weißem Grund aufgenäht war. Welche Flagge war das noch gleich?

»You're finnish?« Er nickte, dann beschleunigte er. Es dauerte nicht lange, und ich musste abreißen lassen. Im Windschatten durfte ich nicht fahren, das verboten die Regeln. Ich verlor ihn in den Serpentinen, bald konnte ich ihn nicht mehr sehen. Alter Finne, war der Kerl schnell. Ich hatte noch nie von ihm gehört, wusste nicht, wer er war. Dabei war ich überzeugt, jeden auf der Welt zu kennen, der mir auf der Radstrecke Paroli bieten konnte. Was sollte ich jetzt machen? Ihn ziehen lassen und mich auf mein eigenes Rennen konzentrieren, wie Ulf es mir geraten hätte? Ich war einer der besten Läufer im gesamten Triathlonzirkus, ich konnte einfach darauf vertrauen, ihn früher oder später wieder zu sehen. Aber er war für mich ein unbeschriebenes Blatt. Wer weiß, was der Kerl noch für Asse aus dem Ärmel zog, mit denen ich nicht rechnete? Am Ende konnte ich nicht anders, ich entschied mich dafür, die Jagd nach ihm aufzunehmen. Ich würde ihn mir schnappen und einen Konter setzen, der sich gewaschen hatte! Also zündete ich die nächste Stufe und intensivierte meinen Tritt. Aber es schien nichts zu nützen. Der Finne blieb unsichtbar. Ich legte noch eine Schippe drauf, und nach ein paar Minuten kam er endlich wieder in mein Blickfeld. Er zog diesen Berg hoch wie ein Wahnsinniger. Aber ich auch! Ulf saß derweil mit dem Kamerateam in unserem Bus, sie fuhren die ganze Zeit hinter mir her, um mich mit Verpflegung zu versorgen oder bei einem Schaden am Rad zu unterstützen. Beim Norseman gab es nicht, wie bei den großen Ironman-Events, aufwendige Verpflegungs-Punkte, hier musste jeder Teilnehmer das alles selbst organisieren. Ich sah sofort, wie sauer er war.

»Spinnst du?« rief er. »Nimm sofort Tempo raus!«
»Wer ist der Typ?!« rief ich zurück.
»Er heißt Urho Katainen!«
»Wieso kenne ich ihn nicht?«
»Er hat fünfmal Nokia gewonnen!« Er sah das Unverständnis auf meinem Gesicht und fügte hinzu: »Eine finnische Langdistanz! So heißt der Ort, wo sie stattfindet!«
»Und wieso kenne ich ihn nicht?«
»Weil er zum ersten Mal außerhalb von Finnland startet!«
»Was ist seine Bestzeit?«
»8:21!«
»Und dann erzählst du mir nichts von ihm?? Hast du den Arsch offen?!«
»Nimm jetzt endlich Tempo raus, Alex, du bist viel zu schnell!«

Ich konnte sehen, dass Sergio hinten im Bus ganz aus dem Häuschen war, weil er unsere Auseinandersetzung so spannend fand. Er wies Marie an, die Angel aus dem Fenster zu halten, um meine Worte aufzufangen.

»Der Typ ist eine Granate«, sagte ich. »Wenn ich nicht an ihm dran bleibe, verliere ich ihn. Ende der Durchsage.«

Ulf ließ das Fenster hoch, und so sah ich nur noch, wie er laut vor sich hin fluchte, bevor er den Bus wieder zurück fallen ließ. Er traute mir dieses Tempo nicht zu? Er sollte sich wundern! Es war also ein zweiter Weltklassemann auf der Strecke. *Urho Katainen. Urho Katainen.* Wie ein Mantra wiederholte ich innerlich seinen Namen. Meter um Meter nahm ich ihm ab. Bald waren wir wieder gleichauf. *Na, Urho, bist du froh, mich wieder zu sehen?* Ich übernahm die Führung und legte schnell ein paar Meter zwischen ihn und mich. Endlich erreichten wir Dyranut, den Scheitelpunkt des ersten Passes. Jetzt ging es 50 Kilometer lang bergab. Und da war er wieder, der Finne, er beschleunigte, als hätte er den Verstand verloren. Anscheinend wollte er die Abfahrt nutzen, um mich aus dem Feld zu schlagen. Und ganz ehrlich: Was dann kam – so etwas hatte ich noch nicht gesehen. Der Finne schoss bergab wie ein zu allem entschlossener Selbstmörder. Er muss mindestens auf 100 Stundenkilometer beschleunigt haben, wenn nicht sogar schneller! Nicht einmal eine Windjacke hat er sich von seinem Begleitfahrzeug reichen lassen, weil er keine Zeit verlieren wollte. Ein letzter Rest Vernunft hat mich davon abgehalten, dieses Tempo mitzugehen. Tempo 90 auf den steilsten Passagen war schnell genug. Wenn er sich den Hals brechen wollte, dann ohne mich. In Geilo, am Ende der Abfahrt, ließ Ulf mich wissen, dass ich knapp sieben Minuten Rückstand auf Katainen hatte.

»Das macht aber nichts!« rief er. »Den kriegst du schon wieder. Spätestens auf der Laufstrecke!« Ulf redete mit mir, als hätte es unseren Streit nie gegeben.

»Was ist er für ein Läufer?«

»Nicht übel, aber du bist besser!«

Die folgenden 60 Kilometer wurden bestimmt vom ständigen Wechsel aus Pässen und Abfahrten. Ich verkürzte den Abstand zu Katainen auf drei Minuten, aber auf der letzten Abfahrt nach Austbygde, wo sich die zweite Wechselzone befand, machte er wieder sieben Minuten daraus. Als ich vom Rad stieg, lag der Drittplatzierte bereits 28 Minuten hinter mir. Nach hinten war ich also *safe*. Auf dem ersten Teil der Laufstrecke fühlte ich mich fantastisch. Es ging erst ein paar

Kilometer bergab, dann folgte eine längere flache Passage. Die Begleitfahrzeuge mussten jetzt voraus fahren, deswegen hängte Ulf sich noch ein letztes Mal aus dem Fenster. Er wollte wissen, wie es mir ging, und ich sagte, in Anbetracht der bereits bezwungenen dreieinhalbtausend Höhenmeter könnte es mir kaum besser gehen.

»Alex, mit diesem flachen Start auf die Laufstrecke ist es so: Er hüllt dich ein in Sicherheit. Und lädt dich dazu ein, zu viel Druck zu machen. Dann denkst du, es geht ja so locker, und ziehst das Tempo an. Aber diese Sicherheit ist trügerisch. Versprichst du mir, dass du nicht übertourst?«

»Versprochen.«

»Wirklich?«

»Ja doch. Und jetzt fahr zu. Auf den letzten Kilometern werde ich dich brauchen.«

Ulf gab Gas, und schon war der Bus hinter der nächsten Biegung verschwunden. Ich blickte über den Tinnsjå und die Berge jenseits von ihm. Die Landschaft war spektakulär. Wie so oft während eines Wettkampfs, nahm ich mir vor, hier irgendwann mal herzukommen, ohne einen Start zu haben. Das Wetter war angenehm. Kühl, aber trocken. Oben auf den Pässen war es ziemlich windig gewesen, aber hier unten ging es einigermaßen. Der Norseman führte durch mehrere Klimazonen. Dann erblickte ich ihn: den weithin sichtbaren Funkturm auf dem Gaustatoppen. Ein wirklich erhebender Moment. Und mein Schritt war immer noch leicht und flüssig. Nach 25 Kilometern bog ich ab auf die Rampe am Fuße des *Zombie Hill*, und ich wusste, jetzt wurde es langsam ernst. Die ersten Steigungen waren noch zahm, aber kurz nach Rjukan ging es ans Eingemachte: bis zu 16 Prozent. Am Straßenrand standen nun immer mehr Leute, die »Heia, heia!« riefen. Das ging jetzt in die Beine. Ich hatte davon gehört, dass viele gestandene Langdistanzler schon auf diesem Streckenabschnitt nur noch gehen konnten. Und da war er endlich wieder, mein geschätzter Freund Urho Katainen. Er musste zwar nicht gehen, aber sein Schritt war doch deutlich schleppender als meiner. Eine Welle der Euphorie erfasste mich, denn in diesem Moment verlor ich jeden Zweifel daran, dass ich den Wettkampf gewinnen würde. Urho war erledigt, er würde mich ziehen lassen müssen, ohne irgendetwas dagegen tun zu können. Ich lief an ihm vorbei und sah, dass er wesentlich kleiner war als ich. Katainen klemmte sich an mich dran, wie ein Hund, der sich in ein Hosenbein verbiss. Ich war gespannt, wie lange er das durchhalten würde. Ich hielt das Tempo hoch, aber der zähe, kleine Kerl ließ sich nicht abschütteln, sondern blieb an meinen Hacken kleben. Kleine Tempoverschärfung gefällig? Ich zog an, aber er verlor keinen Millimeter Boden. Wie machte er das? Der Anstieg wurde immer brutaler und verlangte uns beiden alles ab. Die Leute am Straßenrand tobten. So ein enges Rennen hatten sie hier noch nicht gesehen. Es kam der Moment des Checkpoints, wo das medizinische Team uns begutachtete. Aber die sahen, mit welchem Tempo wir angelaufen kamen, und winkten uns nur durch. Da waren auch Ulf und der finnische Betreuer. Gemeinsam mit den beiden bogen wir von der Straße auf die unbefestigte Geröllhalde ab, und von nun an wurde es surreal. Bei der Begehung des Geländes war ich mir noch sicher gewesen, ich würde diese letzten fünf Kilometer nur gehend bewältigen können, so wie es jeder tat. Aber jetzt klebte dieser verrückte Finne an mir dran, zu allem entschlossen. Keiner von uns spielte auch nur einen Moment lang mit dem Gedanken, den Laufschritt aufzugeben, obwohl wir klobige Felsbrocken überspringen mussten und auf dem Geröll kaum Halt fanden. Selbst Ulf und der finnische Betreuer hatten Mühe, Schritt zu halten, obwohl sie frisch und ausgeruht waren. Ich war der erste, der stürzte. Mein Knie war aufgeschürft und blutete, aber ich war sofort wieder auf den Beinen.

»Alles okay?« fragte Ulf.

Anstatt ihm zu antworten, lief ich einfach weiter. Ich war nicht mehr von dieser Welt. Mein Hirn war leer wie ein Lager nach dem Räumungsverkauf, ich wusste nur noch, dass ich auf diesen Berg hinauf musste, und zwar als Erster! Katainens erster Sturz ließ auch nicht lange auf sich warten. Er schlug sich an einem Felsen den Arm blutig und schürfte sich das Scheinbein auf. Das waren nur unsere ersten Stürze, die ersten von einer ganzen Reihe, die noch folgten. Das Ganze wurde zu einem blutigen Gemetzel, das niemand mehr stoppen konnte, auch unsere Betreuer nicht, die ungefähr zwei Kilometer vor dem Ziel nicht mehr in der Lage waren, unser Tempo mitzugehen. Auch die beiden waren inzwischen schon mehrfach gestürzt. Der Finne und ich dagegen, wir liefen wie entfesselt, Seite an Seite, blutüberströmt und mit Schaum vor dem Mund. Wir spürten keinen Schmerz, wir spürten keine Anstrengung. Über uns kreiste ein Hubschrauber. Ich wusste, dass mein Kamerateam sich darin befand, und ich wollte sie nicht enttäuschen. Trotzdem brüllte ich Katainen an: »What about crossing the finish line together? Hand in hand?«

Er starrte mich an, als hätte ich den Verstand verloren.

»Do you understand me?!«

»I understand you«, antwortete er mit einer Stimme, die klang, als würde sie direkt aus einer Mülltonne kommen. »And I say no!«

Das brachte mich so aus dem Gleichgewicht, dass ich nur mit Mühe den nächsten Sturz vermeiden konnte. Ich taumelte, und dadurch konnte er mir sofort um ein paar Meter enteilen. So, jetzt wurde ich zu allem Überfluss auch noch wütend. Der kleine Finne sollte mich kennen lernen. Ich flog geradezu über das steile Geröll. Jetzt hörte man die Leute oben am Ziel. Sie waren höchstens 30 oder 40, aber sie veranstalteten einen Lärm wie zehnmal so viele. Ich schloss wieder auf zu meinem Rivalen und ließ ihn geradezu stehen. Die allerletzten Meter, direkt unterhalb der Hütte, führten über besonders steiles Geröll, und dabei wäre ich fast noch einmal gestrauchelt. Aber dann – war ich im Ziel! Und brüllte alles aus mir heraus, was dieser fürchterliche, herrliche, grausame, unvorstellbare Tag in mir angerichtet hatte. Jemand von den Veranstaltern drückte mir einen Siegerpokal in die Hände und umarmte mich. Dass er sich dadurch mit meinem Blut besudelte, war ihm egal. Kurz danach war auch Urho Katainen im Ziel. Er konnte kaum noch stehen. Ich ergriff seine Hand und hob sie hoch, um der Welt zu zeigen, dass wir beide Champions waren. Meine Siegerzeit betrug 10:23:43. Neuer Streckenrekord. Kurz darauf wurde mein Kamerateam mit einem Korb vom Helikopter abgeseilt, und Sergio war ganz aufgelöst vor Glück.

»Kein guter Film ohne Blut!« rief er. »Seht euch das an, was für Helden! Sie bluten wie abgestochene Schweine!«

Marie ließ ihre Tonangel ausnahmsweise mal Tonangel sein, flog mir in die Arme und küsste die Mischung aus Salz, Blut und Schweiß, die sie auf meinem Gesicht vorfand. Ich küsste sie leidenschaftlich, bis Sergio ihr, fast genauso leidenschaftlich, klar machte, dass sie einen Job zu erledigen hatte. Mir war überhaupt noch nicht klar, was eigentlich passiert war. Ich blickte mich um und konnte im Osten bis zur schwedischen Grenze sehen und im Süden bis zum Meer. Da versagten meine geschundenen Beine. Ich kauerte mich auf den Boden, verbarg das Gesicht hinter den aufgerissenen Händen und musste heulen. Und zwar so, wie ich es seit meiner Kindheit nicht mehr getan hatte.

Bevor das Kamerateam sich wieder in den Hubschrauber verabschiedete, drückte sogar Horst meine Hand und sagte:

»Gratuliere.« Es war das einzige Wort, das ich je aus seinem Mund gehört habe.

***

Auch wenn es pathetisch klingen mag: Der Norseman hat mein Leben verändert. Für immer. Danach fühlte sich alles anders an. Ich hatte nicht nur das Image des ewigen Zweiten abgelegt und wurde von meinem Sponsor in die allererste Reihe geschoben – in den Tagen und Wochen danach breitete sich in mir eine Ruhe und Zufriedenheit aus, wie ich sie nie zuvor erlebt hatte. Zwar war der Schmerz in meinem Kopf immer noch da, und ich wusste auch, dass das bis an mein Lebensende so bleiben würde. Aber ich konnte jetzt besser damit leben. Weil ich mir endlich selbst genügte. Weil ich mir und der Welt nichts mehr beweisen musste. Um noch ein wenig pathetischer zu werden: Ich musste durch die Hölle gehen, um mein Paradies zu finden. Es war nun einmal so: Wenn ich an den Norseman dachte, wurde ich immer gefühlsduselig und bekam feuchte Augen, weil diese unglaublichen Momente sich so tief in meine Seele eingegraben hatten. Für die Brauerei grinste ich fortan von Plakatwänden, und es wurden Werbespots mit mir gedreht, in denen ich, von Spezialscheinwerfern golden beschienen, alkoholfreies Weißbier trank. Bis ich drehfertig war, brauchte die Stylistin immer mindestens anderthalb Stunden, um mir kleine Perlen aus einem Gelee aufzutragen, die aussehen sollten wie Schweiß – aber eben wie besonders ansehnlicher, erotischer Schweiß. Werbung zu machen war lustig, aber auch nur, weil ich sie meistens nach einem Tag erledigt hatte. Ich war heilfroh, dass sie nicht mein tägliches Brot war. Mit der Stylistin hatte ich anschließend eine meiner zahlreichen Drei-Tages-Affären, bevor ich ihr erklärte, dass ich nicht mehr von ihr wollte, und sie mich weinend aus der

Wohnung warf. Im folgenden Frühjahr kam Sergios Dokumentarfilm heraus. Er hatte ihn tatsächlich *Once Upon A Time in Norway* genannt. Wir fuhren zum Filmfestival von Cannes, wo er seine umjubelte Weltpremiere hatte. Anschließend lief er auch noch beim Münchner Filmfest und auf Festivals in USA und Kanada. Als er in die Kinos kam, wollten ihn in Deutschland fast 50.000 Leute sehen, und ich habe mir sagen lassen, das sei für einen Dokumentarfilm ziemlich viel. Ein Jahr später lief er auch im Fernsehen, aber erst um 22:30 Uhr. Eine Sport-Doku war eben kein Primetime-Programm, solange es nicht um Fußball ging.

Zu dem Zeitpunkt hatte ich mir bereits einen weiteren Traum erfüllt und den Triathlon von Roth gewonnen. Im Jahr darauf wurde ich Zweiter in Hawaii und gewann den Ironman in Frankfurt. Diese Siege und Platzierungen waren für die Sportöffentlichkeit weitaus bedeutender als dieser seltsame Extrem-Triathlon im hohen Norwegen. Aber der Norseman war dennoch mein wichtigster Sieg, ohne ihn wäre mein Leben anders verlaufen.

Den merkwürdigen Traum vom Raum mit den dunklen Backsteinwänden, dem Krankenbett und den medizinischen Geräten hatte ich immer wieder, in unregelmäßigen Abständen, vielleicht ein oder zweimal pro Jahr. Ich mochte ihn nicht, ich wollte ihn nicht, und ich verstand ihn nicht, aber ich akzeptierte, dass es ihn gab. Ich hatte mich genauso an ihn gewöhnt wie an den Schmerz.

An dieser Stelle hätte die Geschichte, die es zu erzählen gab, auch zu Ende sein können. Aber in Wahrheit fing sie jetzt überhaupt erst an.

TEIL II

Zusammenbruch

Nach dem Gewinn des Norseman war ich einige Jahre lang einer der besten Triathleten der Welt und habe verschiedene Langdistanzen gewonnen, aber um zu den ganz, ganz Großen gerechnet zu werden, fehlte mir die Krone von Kona. Einmal bin ich ganz nah dran gewesen und Zweiter geworden, aber zu mehr hatte es auf dem Alii Drive nie gereicht. Dafür war es mir inzwischen ein zweites Mal gelungen, mein Lieblingsrennen in Roth für mich zu entscheiden, und nun, im Jahr darauf, wollte ich unbedingt versuchen, diesen Titel zu verteidigen. Das gelang mir leider nicht, ich wurde nur Dritter. Aber das Dramatischste an jenem Tag in Roth war nicht meine Niederlage auf der Strecke, sondern das, was danach bei der Siegerehrung geschah. Der Veranstalter hatte eine Bühne aufgebaut und ein Podium für die drei Erstplatzierten darauf gestellt. Ich wurde zuerst hochgerufen, winkte ins Publikum und lächelte. Es ging mir gut. Ein dritter Platz bei diesem Rennen war nichts, wofür ich mich schämen musste. Die Leute applaudierten, unter ihnen auch Ulf, seine Frau Kathrin und ihr gemeinsamer Sohn Mark, der sechs Jahre alt war, in die erste Klasse ging und mein größter Fan war. Er wollte der größte Triathlet aller Zeiten werden. Ich war sein Patenonkel und liebte den Kleinen so sehr, als wäre er mein eigener Sohn gewesen. Ich bekam eine Medaille um den Hals gehängt und einen luxuriösen Präsentkorb in die Hände gedrückt. Dann kam der Zweitplatzierte, stellte sich auf die andere Seite des Podiums und wurde ebenfalls geehrt. Währenddessen passierte etwas mit mir, etwas sehr Merkwürdiges. Mir wurde schwindelig, mein Sichtfeld schien sich zu verengen, ich sah die Dinge nur noch verschwommen. Auf meiner Zunge war ein metallischer Geschmack, als hätte ich auf meine Medaille gebissen, wie ich es bei Siegerehrungen manchmal tat. In meinem Kopf ertönte ein hoher, gleichmäßig wiederkehrender Ton, wie ein Tinnitus. Dann wurde die Sicht wieder klarer, mein Gleichgewicht kehrte zurück. Der Ton aber blieb. Ich blickte hinunter zu Ulf und registrierte, wie scharf er mich ansah. Forschend. Ihm war bereits klar, dass etwas nicht stimmte. So gut kannte er mich. Er wurde unruhig. Hätte mich am liebsten da oben runter geholt. Als der Sieger auf die Bühne gerufen wurde, ging auf einmal alles ganz schnell: Ich konnte fast nichts mehr sehen, fing an zu taumeln. Das Summen wurde laut, unerträglich...

Undeutlich erkannte ich vor mir den fensterlosen Raum mit den dunklen, alten Backsteinen, und die blütenweiße Bettdecke, die sich hob und langsam wieder senkte. Die gelbliche Flüssigkeit im Infusionsschlauch bewegte sich langsam, ganz langsam. Der Schlauch, durch den die Atemluft gepumpt wurde, zitterte leicht. Dann hörte die Bettdecke auf, sich zu bewegen. Auf dem Nachttischchen daneben stand eine kleine, weiße Schale, in der sich ein paar frische, rubinrote Rosenblätter befanden. Aus dem hohen, wiederkehrenden Ton, der wie die Wiedergabe eines Herzschlags klang, wurde nun ein hohes, durchgehendes Summen, wie die Flatline eines EKG-Gerätes.

Als ich erwachte, lag ich im Sanitätszelt. Ein Arzt leuchtete mir mit einer kleinen Taschenlampe in die Augen und wollte wissen, ob ich ihn hören konnte. Ich bejahte, und meine Stimme hörte sich an, als hätte ich die letzten 48 Stunden mit Saufen und Gröhlen verbracht.

»Ihr Blutdruck ist ein bisschen niedrig«, befand er. »Sonst sind Sie okay. Ruhen Sie sich noch etwas aus.« Er entfernte sich, und nun sah ich, dass auch Ulf da war. Ich wollte wissen, was passiert war. Er lächelte besorgt und sagte: »Du hast den anderen mal wieder die Show gestohlen.«

Der Präsentkorb war immer mehr in Schieflage geraten, bis schließlich die Ananas hinunter gepurzelt war. Aber allgemeine Aufmerksamkeit hatte ich erst erregt, als der ganze Korb hinunter fiel. Das Obst und die Würste kullerten von der Bühne, die Rotweinflasche zerschellte auf dem Boden und produzierte eine Sauerei aus Scherben und Rotwein. Alle starrten inzwischen zu mir – das Publikum, die Offiziellen, der Moderator, die anderen Starter. Ich hatte die Augen verdreht, so dass nur noch das Weiße zu sehen war, aber ich stand immer noch auf meinen Beinen. Der Anblick ließ die Leute erschauern, eine Frau schrie erschrocken auf. Meine Beine knickten ein. Ulf versuchte noch, rechtzeitig auf die Bühne zu eilen, aber er kam zu spät. Ich kippte vorneüber und brach auf dem Boden zusammen, mitten in das rote Meer aus Scherben und Wein.

»Was ist los mit mir?« wollte ich wissen.

»Wir lassen dich untersuchen.«

Ich versuchte mich hoch zu stemmen, aber Ulf drückte mich zurück auf die Trage. »Bleib liegen, du bist noch zu schwach.«

»Wer sagt das?«

»Drück mal«, forderte er mich auf und legte seine Hand in meine. Ich tat es.

»So stark du kannst.«

Ich drückte fester.
»Mein kleiner Sohn hat mehr Kraft.«
»Vielleicht geht es vorbei«, sagte ich.
»Was?«
»Meine Karriere. Vielleicht hab ich nicht mehr die Körner für so einen Wettkampf.«
»Blödsinn.«
»Die Jüngeren rücken nach, Ulf. So ist das.«
»Mark Allen und Chris McCormack...«
»... waren 37, als sie Kona gewonnen haben, ja, ich weiß. Schön für sie.«

Eva

Auf dem Boden lagen die ausgebreiteten Teile einer Sonntagszeitung, und im Hintergrund lief Evas alter, kleiner Fernseher, als sie die kleine Feile weglegte, mit der sie sich die Finger manikürt hatte, und den Anruf entgegen nahm. Gleichzeitig schenkte sie sich aus einer Papptüte ein Glas Johannisbeerschorle ein. Am anderen Ende war ihre Freundin und Kollegin Britta, die Eva darauf hin wies, dass sie seit zwei Minuten Dienst hatte.

»Was? Kann ja gar nicht sein!«
»Doch, Eva. Du hast heute Schicht.«
»Wieso denn? Svenja hat doch…«
»Ihr habt getauscht.«
»Aber wir haben wieder zurück getauscht!«
»Habt ihr nicht. Jedenfalls steht's nicht so im Dienstplan.«

Eva fuhr sich mit der Hand nervös durch das unfrisierte, strubbelige Haar. Sie blickte abwesend auf den Fernseher, auf dem gerade in einer Magazinsendung die Siegerehrung der Challenge Roth gezeigt wurde, mit dem Zusammenbruch von Alex Magnusson, und dem Hinweis, dass der Triathlet seit dem Wettkampf mit dem Training ausgesetzt habe. Als Eva den Arm wieder senkte, kam sie mit dem Bademantel gegen das Glas Johannisbeerschorle, das bedenklich ins Wanken geriet. Mit einer akrobatischen Bewegung gelang es ihr, das Glas vor dem Umfallen zu bewahren, aber ein wenig von der

Schorle schwappte trotzdem auf den Tisch und tropfte von dort aufs Parkett. Bei ihrer kleinen Rettungsaktion verlor Eva allerdings die Kontrolle über das Telefon, denn um das Glas zu retten, benötigte sie beide Hände.

»Scheiße«, murmelte sie.

»Kann man wohl sagen«, drang Brittas Stimme aus dem am Boden liegenden Hörer. Eva beeilte sich, ihn wieder aufzuheben.

»Du bist dir ganz sicher?« fragte sie.

»Eva, du hast das vor zwei Wochen schon mal gemacht. Wenn die Oberschwester das mitkriegt...«

Eva hörte, wie eine Stimme aus dem Hintergrund sich meldete. Und diese Stimme sagte jetzt: »Was genau soll ich mitkriegen?«

Eva setzte sich erschrocken in Bewegung und eilte zum Bad. »Ich muss mich nur noch anziehen!« rief sie und streifte den Bademantel ab, dessen Ärmel an der Badezimmertür hängen blieb. Erneut segelte das Telefon auf den Boden, schlitterte ins Bad, und währenddessen sagte es mit Brittas Stimme: »Du solltest dich echt beeilen... Eva...? Was machst du eigentlich ständig mit dem Telefon?«

Eva griff nach dem BH und legte ihn mit verblüffender Schnelligkeit an. Das Telefon ließ sie der Einfachheit halber jetzt einfach mal dort, wo es war. Ebenfalls mit erstaunlicher Geschwindigkeit schlüpfte sie in ihren Rock. Im Telefon knisterte es. Und nun meldete sich, klar und deutlich, mit ihrer tiefen, fast männlichen Stimme, die Oberschwester zu Wort: »Frau Berger«, sagte sie, »können wir denn in nächster Zeit wohl mit Ihrem Erscheinen rechnen?«

Eva erstarrte. »Schon unterwegs, Frau Reinke«, flötete sie, »schon unterwegs!« Sie lief aus dem Bad, knöpfte sich die Bluse zu und hörte nicht mehr, dass Britta sie durch das am Boden liegende Telefon bat, vorsichtig zu fahren. Und zwar so eindringlich, wie man es tat, wenn man sich bei jemandem schon in normalen Situationen Sorgen machte, wenn er sich ans Steuer setzte. Unterdessen schlüpfte Eva im Wohnzimmer eilig in ein Paar Sneakers, streifte sich eine Jacke über und leistete sich noch einen blitzschnellen, aber trotzdem kritischen Blick in den Spiegel. Ihr Gesicht war ungeschminkt, ihre widerspenstigen Haare völlig zerzaust. Sie griff mit einer Hand hinein und versuchte sie zu ordnen, merkte aber seufzend, dass das nichts brachte, und fällte den Entschluss, sich dem Problem unterwegs zu widmen. Schnell streifte sie sich noch ihren silbernen Armreif über die Hand, griff nach der Handtasche, die auf dem Tisch lag, und zog sie zu sich her. Dabei wurde ihr klar, dass das Glas mit der Johannisbeerschorle im Weg stand und unweigerlich umkippen würde. Mitten in der Bewegung sprang sie zur Seite, wie ein Torwart beim Versuch, einen unhaltbaren Ball abzuwehren. Dadurch streifte die Tasche das Glas nur leicht. Es schwankte ein wenig, blieb aber stehen. Eva musste sich auf dem Boden abrollen, stand wieder auf, atmete tief durch, ging noch einmal zurück zum Tisch und leerte das Glas auf einen Zug. Sie merkte, dass der Fernseher noch lief. Darauf war jetzt ein stattlicher, charismatischer Endfünfziger zu sehen, ein dunkelhaariger Mann im Maßanzug, der auf einer Bühne stand und mit breitem Lächeln eine Rede hielt. Dazu wurde eine Bauchbinde eingeblendet: *Lubomir Petrov – der nächste bulgarische Ministerpräsident?* Eva griff nach der Fernbedienung, schaltete aus und wandte sich der Wohnungstüre zu. Fast wäre sie in die zuvor auf den Boden getropfte kleine Lache aus Beerenschorle getreten (und vermutlich darauf ausgerutscht), aber auch dies sah sie voraus und lenkte ihren Schritt in eine andere Richtung. Im nächsten Moment schlüpfte sie durch die Türe und eilte das Treppenhaus hinunter.

***

Der Zusammenbruch bei der Siegerehrung hatte sich wiederholt, ein paar Tage später. Und dann noch ein weiteres Mal. Immer ein Anfall aus dem Nichts. Schwindelgefühle, metallischer Geschmack im Mund, Bilder aus dem Krankenzimmer mit den Backsteinen, und dann wurde mir für ein, zwei Minuten das Licht ausgeknipst. Deutschlands führende Sportärzte untersuchten mich. Und fanden nichts. Das kam mir bekannt vor, ich hatte es in epischer Breite schon einmal erlebt. Ulf saß mit mir in meinem kleinen Garten in Schwabing, und wir unterhielten uns darüber, was wir tun sollten.

»Ich will trainieren«, sagte ich.

»Alex, wir müssen erst wissen, was das ist.«

»Die Ärzte finden doch nichts. Wie damals.«

Er bat mich, weitere Tests abzuwarten, denn wenn ich Pech hatte, würde der nächste Anfall kommen, wenn ich bei 60 Stundenkilometern auf dem Rad saß – oder noch schlimmer: beim Schwimmtraining. Ich sagte ihm, ohne Training würde ich bald verrückt werden.

»Der Kopfschmerz«, sagte ich, »du weißt schon, er ist ein kleiner, böser Mann, der mich überall hin begleitet und den ganzen Tag mit einem Knüppel auf mich einschlägt. Aber ich kenne ihn in- und auswendig, er kann mich nicht überraschen. Ich habe gelernt, mit ihm zu leben, und weiß, was ich gegen ihn tun kann. Ich bin stärker als er – aber nur, solange ich trainiere. Wenn ich damit aufhöre, wirft er mich zu Boden, tritt mich mit Füßen, und ich bin ohne jede Deckung.«

»Kleiner, ich glaube, diese beiden Dinge gehören zusammen, der Schmerz und die Anfälle. Und das macht mir Angst.«

»Natürlich gehören sie zusammen«, sagte ich. »Es ist die nächste Stufe. Von was auch immer.«

»Es gibt da einen neurologischen Spezialisten«, meinte Ulf. »Er hat dir sofort einen Termin gegeben.«
»Na, das erinnert mich ja mal so richtig an alte Zeiten«, erwiderte ich zynisch. »Wohin soll's denn gehen? Berlin? Hamburg? Wien?«
»Boston. Nächste Woche.«
»Geht klar. Und jetzt werde ich trainieren.«
»Muss das wirklich sein?«
»Auf jeden Fall.« Ich stand auf.
»Wenn ich könnte«, sagte er, »würde ich dich irgendwo anketten.«
»Keine Chance, alter Mann.«
Er lächelte schief. »So nennst du mich nie wieder.«
»Nur, wenn du aufhörst, *Kleiner* zu mir zu sagen.« Wir sahen uns in die Augen. Ulf war tatsächlich nicht mehr der Jüngste, bald würde er seinen 54. Geburtstag feiern. Und ich war 33. Das beste Alter für einen Triathleten. Wenn er nicht ständig damit rechnen musste, im nächsten Moment zusammen zu brechen.

Ich hatte mir Radsachen angezogen, trug Helm und Sonnenbrille, und die Metallplatten unter meinen Schuhen klickten auf den Steinplatten vor dem Haus, während ich das Fahrrad zur Straße schob. Ulf hatte seinen Autoschlüssel in der Hand und sah aus, als würde er sich gleich verabschieden. Aber dann räusperte er sich auf ungewohnt unsichere Weise, und während er in eine andere Richtung sah, sagte er: »Ich hab da vielleicht noch 'ne ganz andere Idee.«

Ich blieb stehen und sah ihn skeptisch an. Er wich meinem Blick aus.

»Ist sie so beschissen, dass du dich nicht traust, sie auszusprechen?«

»Ich weiß nicht, ob sie beschissen ist. Vielleicht ist sie's, vielleicht nicht.«

»Da hast du dir ja ein richtig motivierendes Intro ausgedacht.«

»Hör sie dir einfach mal an.« Er zögerte erneut.

»Erzählst du sie mir jetzt, oder muss ich dafür bezahlen?«

»Okay, also, es ist so: Du weißt doch, Kathrin beschäftigt sich in ihrer Freizeit mit solchen Dingen.«

»Was denn für Dingen?«

»Na, diese spirituellen Sachen. Sie geht zu Seminaren, in denen meditiert wird. Sie liest Bücher.«

»Ich lese auch Bücher.«

»Ja, klar. Krimis und Science Fiction. Hörst du mir vielleicht mal zu?«

»Ich hör ja zu.«

»Also, und sie sagt… Aber werd nicht gleich sauer, nur weil du's schwachsinnig findest.«

»Ich werd nur sauer, Mann, wenn du mir nicht endlich sagst, wovon du redest.«

Ulf wand sich wie ein Wurm. So kannte ich ihn überhaupt nicht.

Zur selben Zeit stand einige Straßen weiter ein uralter Opel, dessen zahlreiche Beulen von einem bewegten Leben erzählten. Irgendwann einmal war er sonnengelb gewesen, aber der Lack war längst verblasst, und die Kotflügel vorne links und hinten rechts trugen, seit sie ausgetauscht worden waren, andere Farben, sie waren rot und dunkelgrün. In diesem Wagen saß Eva Berger, eine 32-jährige Krankenschwester, deren Job in Gefahr war, weil sie heute schon wieder zu spät kommen würde. Eva war eine Meisterin des Alltags, weil sie Missgeschicke und gefährliche Situationen anzog wie ein Scheißhaufen die Fliegen, aber trotzdem noch am Leben war und sich bester Gesundheit erfreute. Auch heute lief es nicht richtig rund. Irgendetwas war beim Tauschen der Schichten schief gegangen, und jetzt saß sie in ihrem Auto, und es verweigerte ihr seinen Dienst.

»Spring schon an, bitte«, sagte sie mit flehender Stimme und drehte abermals den Zündschlüssel. Der Motor orgelte ein wenig, dachte aber nicht im Traum daran, ihr den Gefallen zu tun. Eva schloss die Augen. Atmete durch. Riss sich zusammen. Panik versuchte, in ihr aufzuwallen. Sie durfte diesen Job nicht verlieren. Aber wenn der Wagen nicht endlich ansprang, würde das passieren. Hundertprozentig. Und das durfte einfach nicht sein. Eva begann zu flüstern, um die Panik in Schach zu halten: »Du bist ein gutes Auto. Ein feines Auto. Eva hat dich richtig lieb.« Sie hielt inne, und auf einmal platzte es laut und wütend aus ihr heraus: »Aber nur, wenn du endlich anspringst, du dämliche Mistkarre! Jetzt komm schon! Nur dieses eine Mal noch!« Sie drehte ein weiteres Mal den Zündschlüssel. Der Motor orgelte, und Eva hielt den Schlüssel gedreht, bis das Orgeln erstarb. Sie schlug wütend mit der Handfläche auf das Lenkrad und kam dadurch unabsichtlich auf die Hupe, die sich laut bemerkbar machte. Eva zuckte erschrocken zusammen, und auch ein gerade vorbei gehender Passant machte einen Satz beiseite. Sie lächelte ihm entschuldigend zu, der Mann ging stirnrunzelnd weiter. Was sollte sie jetzt machen? Mit einer ebenso wütenden wie nachlässigen Geste strich sie sich die Haare beiseite, die ihr ins Gesicht hingen. Und bemerkte nicht, dass sie sich dabei mit dem frisch gefeilten Fingernagel – oberhalb der Schläfe und knapp unter dem Haaransatz – eine ganz kleine Schramme zufügte. Tapfer unternahm sie einen sinnlosen weiteren Versuch, aber das Orgeln erklang jetzt schon schwach und entmutigend. Ein winziger Blutstropfen quoll aus der Wunde und lief über Evas Schläfe, ohne dass sie es mitbekam. Sie öffnete die Fahrertür und warf einen Blick unter sich auf die Straße, um den Eindruck zu bestätigen, den sie bereits hatte: Die Straße war leicht abschüssig. Eva griff nach der Gangschaltung und kuppelte aus. Sie schlug das Lenkrad nach links ein, dann stieg sie aus, beugte sich noch einmal in den Wagen und löste entschlossen die Handbremse. Sie musste gar nicht allzu stark schieben, um den Wagen in Bewegung zu setzen. Langsam glitt er aus der Parklücke auf die Straße.

Ich starrte Ulf an, als hätte er mir gerade vorgeschlagen, mich auf dem Marienplatz nackt auszuziehen und eine Brezn über meinen Schwanz zu hängen. »*Was* soll ich machen?!«
»Ich glaub an sowas ja auch nicht«, entschuldigte er sich. »Aber für deine Schmerzen wurde nie irgendein Grund gefunden. Und mit den Zusammenbrüchen ist es genauso.«
»Das wissen wir noch nicht«, wendete ich ein. »Vielleicht finden sie was in Boston. Deswegen flieg ich doch hin.«
»Wenn aber nicht… dann überlegst du's dir vielleicht mal.«
»Tu ich nicht.«
Er schwieg.
»Wie hat Kathrin das genannt? Karmisches Gepäck?«
»Sie sagt, deine Beschwerden könnten aus einem früheren Leben stammen.«
»Wie soll das gehen? Ich hab noch keinen sterben sehen, der was mitgenommen hat. Außer, seine Familie legt ihm sein Lieblings-Schmusetier ins Grab. Oder ein Handy, für den Fall, dass sie ihn aus Versehen lebendig begraben.«
»Alex, es war eine blöde Idee, sorry. Vergiss es.«
»Was soll das überhaupt sein, eine Rückführung?«
»Ich weiß doch auch nicht. Jemand veranstaltet irgendein Tamtam, und dann hast du Zugang zu dem, was du mal warst. Im Leben davor.«

»Ulf«, sagte ich, »lass uns nicht darüber reden, als würde es das wirklich geben, okay? Das ist Abzocke. Bestimmt schweineteuer.«

»Keine Ahnung.«

»Ich soll mich auf 'ne Couch legen, und jemand beamt mich in ein früheres Leben? In dem ich dann Detektiv spielen soll? Ich mag deine Frau echt gern, Mann. Aber sowas kann ich mir nicht vorstellen.«

»Ich konnte mir auch nicht vorstellen«, sagte Ulf, »dass Faris in Kona gewinnt. Und trotzdem hat er's getan.«

Ich sah ihn eine Weile stumm an, bis ich anfing, mein Rad weiter zu schieben.

»Wenn *ich* den Mist am Hals hätte«, rief er mir hinterher, »würde ich alles probieren.«

Ich blieb stehen.

»Ich würde mir die Finger in die Nase stecken und die hawaiianische Nationalhymne singen, wenn auch nur irgendwer behaupten würde, dass das vielleicht was bringt!«

Ich sagte: »Hat Hawaii überhaupt eine Nationalhymne?«

»Ich steck dir das hier in den Briefkasten«, verkündete er.

Ich drehte mich um. »Was ist das?«

»Kathrin kennt eine Frau, die sowas anbietet.« Er versenkte eine Visitenkarte im Briefschlitz, dann schloss er zu mir auf. »Wenn du schon trainieren musst«, fügte er hinzu, »warum gehst du dann nicht wenigstens auf die Rolle? Und denk an das Shooting. Die kommen um fünf und holen dich ab.« Ulf ging an mir vorüber, ohne sich zu verabschieden. Offensichtlich hatte er gerade die Nase voll von mir.

Eva hatte eine Hand am Lenkrad, die andere am Rahmen der Fahrertür, schob ihre alte Rostlaube die Straße entlang und hoffte verzweifelt, endlich genügend Fahrt aufzunehmen. Aber das Gelände wurde nun ebener und der Wagen wieder langsamer. Keuchend blieb sie stehen und wischte sich mit dem Handrücken übers Gesicht. Dabei verschmierte sie, ohne es zu bemerken, das Blut auf ihrer Schläfe. Drei ältere Männer kamen ihr auf dem Fußgängerweg entgegen und sahen mit sichtlichem Erstaunen zu, wie Eva einen erneuten Versuch unternahm, das Auto in Gang zu bringen.

»Ja, glotzt ruhig blöd!« rief sie ihnen zu. »Ihr könntet mir auch helfen!«

Sie ahnte nicht, dass die drei vor allem deswegen glotzten, weil Evas rechte Gesichtshälfte mittlerweile blutüberströmt war. Endlich wurde die Straße doch wieder ein wenig abschüssiger, und der Wagen wurde schneller.

»Yes!« rief Eva. »Frauen an die Macht!« Sie wollte wieder einsteigen, aber da war ein kleines Schlagloch im Asphalt. Eva stolperte, musste Lenkrad und Karosserie loslassen, und während sie den Sturz auf die Straße gerade so vermeiden konnte, rollte der alte Opel ohne sie davon.

»Oh nein...« murmelte sie entsetzt, dann nahm sie die Verfolgung ihres herrenlosen Fahrzeugs auf. Der Wagen hielt halbwegs die Spur, aber er war langsam, und sie bekam ihn bald wieder zu fassen. Irgendwie hangelte sie sich auf den Fahrersitz und konnte gerade noch rechtzeitig in den Lenker greifen, um die drohende Kollision mit einem am Straßenrand parkenden Porsche zu verhindern. Wenigstens hatte der Opel jetzt endlich die erforderliche Geschwindigkeit. Eva drückte mit dem linken Fuß die Kupplung hinunter, legte den zweiten Gang ein und ließ die Kupplung vorsichtig kommen. Sie dachte daran, dass sie so etwas noch nie selbst gemacht hatte. Nur mitgeschoben und ihrem Bruder dabei zugesehen hatte sie einmal. Deswegen sank ihr sofort der Mut, als der Wagen anfing zu ruckeln und wieder an Fahrt verlor. Aber dann... sprang auf einmal der Motor an und schnurrte wie ein

Kätzchen! Eva konnte im ersten Moment kaum fassen, dass ihr das wirklich gelungen war.

»Wuu-huu!« rief sie und ballte lachend die Faust. Da bemerkte sie, dass etwas auf ihren Rock tropfte. Sie fuhr mit dem Finger darüber und sah, dass es kein Wasser war, sondern etwas Rotes. Was, um alles in der Welt, war hier los? Sie fuhr sich mit der Handfläche über die Stirn, und alles war voller Blut. Eva blickte in den Rückspiegel, und ihr Herz setzte für einen Schlag aus.

»Aaahh!!!«

Sie konnte nicht ahnen, dass es sich nur um eine winzige, unbedeutende Wunde handelte, denn dadurch, dass das Blut so verschmiert war, sah es viel, viel schlimmer aus, als es war.

Es herrschte kaum Verkehr, ich hatte an jeder Kreuzung Vorfahrt. Deswegen hatte ich die Arme auf dem Auflieger, konnte unbesorgt etwas Tempo machen und mich darauf freuen, außerhalb der Stadt bald eine Trainingsintensität zu erreichen, die meinen Schmerz auf altbewährte Weise zurück drängen würde. Mein Atem ging tief und regelmäßig. Selbst in den Kurven nahm ich kein Tempo heraus. Nichts deutete darauf hin, dass gleich eine verbeulte Dreckskarre aus einer Seitenstraße kommen und meine Vorfahrt missachten würde. Dann schoss das bunte Auto ungebremst vor mein Lenkrad, und ich wusste im selben Moment, die Kollision würde unvermeidbar sein. Der Schlenker nach links erfolgte intuitiv – einer nach rechts, hinter dem Auto vorbei, wäre sicher besser gewesen. Es war kaum zu begreifen, dass ich eine Berührung mit dem Opel trotzdem vermeiden und unmittelbar vor seiner Nase herum schlingern konnte. Dafür befand ich mich jetzt auf der Gegenfahrbahn, und wer da so laut hupte, war der Fahrer des LKW, der frontal auf mich zukam. Ein zweites halsbrecherisches Manöver ließ zwar meinen Hinterreifen nach links ausbrechen, aber ich schaffte es trotzdem zurück auf die richtige Straßenseite. Nun konnte ich das Rad endgültig nicht mehr kontrollieren. Zwischen zwei geparkten Wagen raste ich über den Bordstein, was mich aus dem Sattel riss, dann kippte ich eine Böschung hinunter und landete auf dem Rasen, und das Fahrrad auf mir.

Eva brachte ihren Wagen zum Stehen.

»Scheiße«, murmelte sie leise, stieg aus, ließ den Opel mit offener Türe mitten auf der Kreuzung stehen und lief zu der Böschung. Sie rutschte hinunter, mehr oder weniger auf dem Po, bis sie über mir stand.

»Sind Sie tot?!« brüllte sie.

Ich sah zu ihr auf. Weil sie direkt vor der Sonne stand, konnte ich sie nicht richtig sehen. »Noch nicht«, sagte ich. »Aber bestimmt bin ich es bald, wenn Sie weiter so schreien.«

Eva zitterte am ganzen Leib. Aber das war mir egal. Niemand hatte das Recht, dermaßen unterirdisch Auto zu fahren. Ich stand auf, nahm meinen Helm ab und wollte sie so richtig rund machen.

»Sind Sie eigentlich noch… ?« setzte ich an, aber dann hielt ich irritiert inne und sagte: »Sie bluten ja.«

»Ich weiß«, antwortete sie immer noch völlig aufgewühlt. »Ist aber nicht so schlimm.«

»Sicher?«

»Hören Sie, es tut mir so leid. Ist mit Ihnen alles in Ordnung? Haben Sie Schmerzen?«

»Die hab ich immer.«

»Sie müssen sich hinlegen, Sie könnten was gebrochen haben!« plapperte sie aufgeregt. »Oder ein Schleudertrauma! Ich arbeite in der Klinik. Die Leute denken nach einem Unfall oft, sie hätten nichts!«

»Wie heißen Sie?«

»Eva Berger, ich gebe Ihnen natürlich meine Personalien!«

»Eva, wissen Sie, wie oft ich schon gestürzt bin, weil Autofahrer nicht aufgepasst haben?«
Sie schüttelte den Kopf.
»Ich auch nicht. Irgendwann hab ich aufgehört zu zählen. Man lernt, das heil zu überstehen.«
Sie runzelte die blutige Stirn, weil sie mich jetzt erkannte.
»Sie sind dieser Läufer.«
»Triathlet.«
»Ich hab Sie im Fernsehen gesehen. Sie sind zusammen gebrochen.«
Ich grinste sie an. »Trotzdem müssen *Sie* verarztet werden und nicht ich.«
Oberhalb der Böschung ertönte eine Hupe. Jemand beschwerte sich über den Opel, der mitten auf der Kreuzung stand.

Nachdem Eva ihn am Straßenrand abgestellt hatte, setzten wir uns unter die offene Heckklappe. Mit einem feuchten Tuch wischte ich ihr vorsichtig das Blut aus dem Gesicht und sah nun endlich, wie schön sie war. Und offensichtlich war sie jemand, der aus seiner Schönheit kein Aufhebens machte, und so etwas zog mich wie magisch an. Mit einem Pflaster aus ihrem Notfallköfferchen bedeckte ich die kleine Wunde an ihrer Stirn, die so viel Ärger gemacht hatte. Es genügte eben immer eine einzige Schneeflocke, um eine Lawine auszulösen. Es machte sie verlegen, dass ich ihre Wunde behandelte, wahrscheinlich, weil ich es auf so behutsame, fast zärtliche Weise tat.

»Wenn noch irgendwas mit Ihnen ist – Sie melden sich, ja? Ich bin ausgezeichnet versichert.« Sie lächelte unsicher und versuchte mit ihren Worten, die flirrende Stimmung zwischen uns unter Kontrolle zu bringen.

»Mir geht's gut«, sagte ich. »Dem Bike ist auch nichts passiert.«

»Trotzdem, vielleicht haben Sie noch eine Zerrung. Stauchung. Gehirnerschütterung. Ich bin wirklich besser versichert als jeder andere.«

»Und wieso?«

»Weil mir dauernd Katastrophen passieren. Also muss ich perfekt versichert sein. Unfall, Hausrat, Haftpflicht, Rechtsschutz und noch viel mehr – ich hab alles, was es gibt.«

»Und sind Sie dagegen auch versichert?« Ich beugte mich vor und küsste sie zart auf den Mund.

Die Scheiben vom Opel waren im Nu beschlagen, was gut war, denn so konnten die Leute von draußen nicht sehen, was wir darin taten. Jedenfalls bildete ich mir das ein.

»Ich hab doch gar keine Zeit«, stöhnte Eva, während ich ihr den Slip auszog. »Und hier kommen ständig Leute vorbei…« Aber sie konnte und wollte sich nicht wehren. Und solange sie das nicht tat, würde ich nicht aufhören. Es war jedes Mal ein rauschhafter Moment, wenn der Schmerz seine Macht verlor und einfach verging.

»Ich bin sowas von erledigt«, sagte sie leise, während sie unter mir lag und mit weit offenen Augen genoss, was ich mit ihr anstellte. Sie verkrampfte sich vor Lust, und auf einmal hatte sie den Rückspiegel in der Hand. *Kracks!*, schon befand er sich zwischen ihren Fingern. Erschrocken sah sie ihn an. Ich musste lachen. Einen Moment lang wusste sie nicht, ob sie böse sein sollte, dann lachte sie mit.

»Du bist der *master of disaster*!« rief ich. Sie warf den Spiegel in den Fußraum, und ich beugte mich zu ihr hinunter und küsste sie.

***

Die Brauerei war schon lange nicht mehr mein einziger Sponsor. Ich war gut im Geschäft. Ein Hersteller von Energieriegeln hatte mich gerade unter Vertrag genommen. Nun steckte ich in einem Neoprenanzug, stand auf einem Anlegesteg am Ufer des Starnberger Sees in der prallen Nachmittagssonne und hielt einen geöffneten WonderBar in der Hand. Auf meinen Arm sollte mit dickem Filzstift eine Startnummer gepinselt werden, damit alles aussah, als wäre heute Wettkampftag. Bevor die Entscheidung fiel, welche Nummer das sein sollte, hatte es endlose Diskussionen gegeben. Der Produktmanager war dafür, die *1* zu nehmen, um damit zu signalisieren, dass ich mit dem Riegel unschlagbar sei. Der Creative Director der Werbeagentur fand das aber zu platt. Und auch zu elitär, denn die ganz niedrigen Startnummern waren immer für die Profis vorgesehen – der Riegel sollte aber vor allem an Freizeitsportler verkauft werden, die bei Triathlon- und Laufwettbewerben höhere Startnummern gewöhnt waren. Der Produktmanager fand den Einwand bedenkenswert und wollte wissen, welche Nummer dem Kreativen denn vorschwebte. Es sollte auf jeden Fall eine Nummer sein, die etwas Positives ausstrahlte, mit einer coolen Message. Es wurde erst einmal eine Liste angefertigt mit Nummern, die aus verschiedenen Gründen nicht in Frage kamen, wie zum Beispiel die *69* und die *13*. Der Creative Director meinte dann, je mehr er sich einlasse auf die Schwingungen, die von dieser Frage ausgelöst würden, desto mehr würde ihm klar werden, dass es sich bei der Nummer um eine Primzahl handeln müsse, also um eine, die nur durch die *1* und durch sich selbst teilbar war. Denn Primzahlen würden Einzigartigkeit ausstrahlen. Eine Assistentin wurde dazu verdonnert, die ersten Primzahlen nach der *1* aufzuschreiben: *2, 3, 5, 7, 11, 13, 17, 19, 23, 29, 31, 37* und so weiter. Der Fotograf meinte zwischendurch mal locker, er sehe die Startnummer eigentlich nicht als sonderlich wichtig an, kassierte dafür aber nur mitleidige Blicke, die ihm klarmachen sollten, dass er davon nichts verstand. Also warteten wir und drehten Däumchen. Der Kreativdirektor fing an, sich zu fragen, ob die *13* wirklich nicht in Frage kam. Vielleicht wirkte es ja besonders frech, krass und modern, die Zahl zu verwenden, die als Unglückszahl schlechthin galt. Der Produktmanager bremste diesen Ansatz unkonventioneller Denkungsart aber sofort wieder aus. Das kam ja überhaupt nicht in Frage, allein schon, weil es Einzelhändler geben würde, welche die Werbung wegen der *13* aus Aberglaube gar nicht erst aufstellen würden, und Kunden, die sich von der Zahl abgeschreckt fühlten. So und ähnlich ging das hin und her, bis ich sagte: »Wenn das mit der Nummer so wichtig ist – hätte man es dann nicht vorher klären können?«

Die Leute vom Hersteller und von der Agentur guckten kurz zu mir rüber, dann setzten sie ihre Diskussion fort. In meinem Kopf tobte der Schmerz, und anstatt zu trainieren musste ich mir Hirnwichsereien anhören. Und die hatten auch keine Ahnung, wie sehr man bei solchen Außentemperaturen in einem Neoprenanzug schwitzte. Meine Laune sank dem Nullpunkt entgegen.

Irgendwann rangen sie sich dann tatsächlich zu einer Nummer durch, und die Assistentin schrieb mir eine *226* auf den Oberarm. Das war keine Primzahl, sondern die Anzahl der Kilometer, über die eine Langdistanz führte. Außerdem sei sie total dynamisch und positiv, weil sie aus lauter geraden Zahlen bestehe. Von mir aus. Ich wurde nachgepudert, das Shooting konnte also endlich beginnen. Der WonderBar wurde noch einmal ausgewechselt, durch einen neuen, vom Foodstylisten bearbeiteten, weil der andere in meiner Hand schon warm und triefig geworden war. Eine weitere Assistentin ließ eine kleine Videokamera mitlaufen. Der Fotograf fing an, mir Anweisungen zu geben. Ich sollte dynamisch dastehen, den Kopf etwas in den Nacken legen, glücklich drein schauen und tun, als würde ich mit männlichem Genuss in den Riegel beißen. Er knipste die ersten Fotos, sein Assi hielt den Reflektor, und ein gutes Dutzend Leute von Agentur und Herstellerfirma sahen zu.

»Alex, bisschen mehr lächeln«, forderte der Fotograf mich auf. Ich kannte ihn, er war ein sympathischer Kerl, wir hatten schon mal ein Shooting für die Brauerei gemacht. Ich lächelte, auch wenn mir nicht danach zumute war.

»Und jetzt mal etwas entschlossener«, sagte er.

Ich versuchte, entschlossener drein zu schauen, was vermutlich ziemlich beknackt ausgesehen hat.

»Als wollten Sie sagen: Hey, heute hält mich keiner auf, heute ist, verdammt noch mal, mein Tag!« Das war die wichtigtuerische Stimme des Kreativdirektors. Ich hasste es, wenn solche Leute sich bei Aufnahmen einmischten, aber man konnte nichts dagegen tun. Ich versuchte es mit einem etwas grimmigeren Blick.

»Vorher war besser«, sagte der Fotograf.

Jetzt trat auch noch der Produktmanager nach vorne. »Ist das hier denn auch wirklich die richtige Location?« fragte er.

»Es ist genau so, wie Sie es haben wollten«, erwiderte der Produktmanager. »Wasser, Berge, Sonne, herrliche Landschaft.«

Der Fotograf ließ die Kamera sinken, drehte sich um und blickte abwartend zwischen den beiden maßgeblichen Herren hin und her.

»Ja, schon«, meinte der Produktmanager etwas gequält.

»Aber vielleicht haben Sie Recht«, sagte der Kreative. »Möglicherweise wäre etwas Urbanes doch besser. Näher an der Zielgruppe. Straßenschluchten, Hochhäuser…«

»Den Neo trägt man beim *Schwimmen*«, gab ich zu bedenken. »Straßenschluchten sind da selten.«

Der Kreativdirektor sah mich an, als wollte er sagen: *Wer hat dich denn gefragt, du kleiner Pisser?* Der Fotograf wandte sich seinem Assi zu, der ließ den Reflektor sinken. Die Frau von der Maske kam, um mich abzupudern, eine andere kontrollierte, ob meine Frisur noch saß.

»Bei Ihnen vermiss ich auch was«, sagte der Kreativheini, und er meinte mich.

»Ach ja? Und was?«

Der Typ ging langsam um mich und die beiden Damen herum, die mit meinem Kopf beschäftigt waren – als könnte er es auf diese Weise herausfinden. »Körperspannung«, sagte er. »Und Überzeugungskraft.«

Ich schwieg.

»Ich mach mir *auch* ein bisschen Sorgen«, tat nun der Produktmanager kund.

»Wir alle«, fügte der Kreative hinzu.

»Ich weiß«, sagte ich. »Sie haben die Siegerehrung gesehen.«

»Jeder hat die gesehen«, erwiderte der Kreative. »Das ist ja das Problem. Ich habe gleich gesagt, er könnte zum Problem werden.« Er wandte sich dem Produktmanager zu.

Mein Blut fing an zu kochen. Er redete über mich, als wäre ich gar nicht da? Ich schob die beiden Frauen sachte, aber unmissverständlich beiseite. »Wissen Sie was?« sagte ich und lächelte erst den Kreativpenner an und dann den Produktfuzzi. »Kein einziger Triathlon-Profi auf der ganzen Welt isst Ihre behämmerten Riegel. Soll ich Ihnen sagen wieso?«

»Alex, lass gut sein«, versuchte der Fotograf mich zu bremsen.

Aber stattdessen ging ich auf die beiden zu, bis wir drei nur noch eine Armlänge voneinander entfernt waren. Der Kreati-

ve musterte mich finster, der Produktmanager dagegen bekam Angst.
»Weil sie einem alles verkleben. Sie sind widerlich. Bringen sie wenigstens was? Nein, tun sie nicht. Sie können froh sein, dass ich meinen Namen hergebe für den Ramsch. Kriechen Sie sich ruhig weiterhin gegenseitig bis zum Anschlag in den Arsch, aber hier ist für heute Schluss, Leute. Feierabend.« Ich warf den geöffneten Riegel achtlos beiseite.
»Schluss ist, wenn wir es sagen, ist das klar?« zischte der Kreative.
Ich nahm die Schwimmbrille, welche die ganze Zeit lässig um meinen Arm geschlungen war, und setzte sie auf. Dann drehte ich mich um und verschwand mit einem Kopfsprung im See. Als ich auftauchte, schüttelte ich die Haare wie ein nasser Hund und wandte mich noch einmal der Truppe zu, die mit ungläubigen Mienen am Ufer stand.
»Bin ich jetzt überzeugend genug?« rief ich, dann kraulte ich davon, ohne mich noch einmal umzusehen.

***

Eva schloss ihren Spind im Schwesternzimmer ab und ließ sich auf einen Stuhl fallen. »Was für ein Tag«, stöhnte sie erschöpft. Ihr Rock hatte eine große, feuchte Stelle. Sie hatte das Blut heraus gewaschen, aber es war immer noch zu sehen. Auf ihrem Kratzer am Kopf klebte ein kleines Pflaster.
»Ich war mir sicher, sie wirft dich raus«, sagte Britta und setzte sich dazu.
»Ich auch«, erwiderte Eva.
»Du hast bei ihr sowas wie Welpenschutz, irgendwie. Aber dass du sofort mit dem Typen... ich kann's gar nicht glauben.«

»Sowas hab ich noch nie gemacht, Britta. Noch nie!« Eva war von sich selbst am meisten überrascht. Und es war ihr so peinlich!
»Was meinst du jetzt genau? Sex im Auto? Oder Sex, wenn du zu spät unterwegs bist zur Arbeit?« Britta grinste.
»Beides.«
»Ich sag ja immer: frühestens beim zweiten Date. Und ihr hattet nicht mal *eins*. So ein Triathlet fühlt sich bestimmt gut an, oder?«
»Britta!«
»Ich bin nur neugierig. Sag schon.«
Eva senkte verlegen den Blick.
»Ach du Schande«, sagte Britta. »Hat's dich etwa erwischt?«
Eva antwortete nicht.
»Ich fass es nicht – dich hat's erwischt! Puh, er denkt jetzt natürlich, du bist leicht zu haben. Das kannst du aber noch korrigieren.«
Eva hob den Kopf: »Und wie?«
»Hast du seine Nummer?«
Eva nickte.
»Ruf ihn bloß nicht gleich an. Lass ihn *wenigstens jetzt* ein bisschen zappeln. Und wenn ihr euch wiederseht, schickst du ihn am Ende ungevögelt nach Hause.«
Eva nickte ernst und folgsam. Ihre Freundin war in solchen Dingen so viel besser als sie. Eva war froh, dass es Britta gab, denn sie selbst hatte das Gefühl, ständig alles falsch zu machen, und das verunsicherte sie zutiefst, schon bei alltäglichen Dingen war das so, aber vor allem bei den Angelegenheiten, die wichtig waren und bei denen es darauf ankam, im richtigen Moment eine Entscheidung zu treffen. Nur im Job war das anders. Eva war eine wunderbare Krankenschwester. Die Patienten liebten sie für ihre offene, herzliche Art. Sie verstand es, ihnen das Gefühl zu geben, nicht irgendeine Num-

mer zu sein, sondern jemand Besonderes. Das wiederum bewunderte Britta an ihr. Wenn Eva Schicht hatte, tat und sagte sie immer das Richtige, ohne darüber nachdenken zu müssen. Das lag daran, dass sie genau am richtigen Platz war. Hier gehörte sie hin. Was den Rest ihres Lebens betraf, war sie sich da nicht so ganz sicher. Es gelang ihr nicht, eine feste Beziehung zu führen. Sie war hübsch, und ihr liebenswürdiger und mitunter unbeholfener Charme verzauberte viele Männer und weckte in ihnen Beschützerinstinkt. Und wenn einer nett war und nicht aussah wie der Glöckner von Notre Dame, dann ließ Eva sich schon auch mal von ihm verführen. Na ja, das hatte man ja heute deutlich gesehen. Wie hatte sie bloß auf der Stelle mit ihm schlafen können? Nachdem sie sich gerade mal fünf Minuten kannten!

»Wolltest du es wieder gut machen?« fragte Britta.

»Wie bitte?« Evas Gedanken waren abgeschweift.

»Nachdem du ihn über den Haufen gefahren hast: Wolltest du es wieder gut machen und hast dich deswegen…?«

»Nein«, sagte Eva entschieden. Aber auch dessen war sie sich nicht wirklich sicher. Sie wollte nur nicht, dass diese besonders aufregenden Momente eine so profane und unromantische Erklärung bekamen. Nur fragte Britta nicht ohne Grund. Sie wusste, dass Eva dazu neigte, es den Menschen recht machen zu wollen, und sich dafür mitunter auch verbiegen ließ. Nach Brittas Überzeugung war genau dies der Grund dafür, dass Evas Beziehungen immer spätestens nach einigen Monaten in die Hose gingen. Sie versuchte so lange, dem Mann all seine Wünsche zu erfüllen und sein süßes Traumweibchen zu sein, bis sie nicht mehr konnte und feststellen musste, dass die Rolle, die sie spielte, kaum mehr etwas mit ihr zu tun hatte.

***

Am Abend saß ich zu Hause vor der Glotze und schaufelte die üblichen Nudeln in mich hinein, heute spektakulärerweise mit Tomatensoße. Das Telefon klingelte. Am Display sah ich, es war Ulf.

»WonderBar wirft dich raus«, sagte er ohne Einleitung.

»Nur weil ich das Fotoshooting ein bisschen abgekürzt habe?«

»Bist du gerade online? Ich hab dir einen Link geschickt.«

Ich griff nach dem Laptop, auf dem ein Triathlon-Bildschirmschoner lief: ein kleines Strichmännchen, das von links nach rechts erst schwamm, dann Fahrrad fuhr und schließlich lief. Ich rief Ulfs Email auf, klickte den Link an, und dann begann ein amateurhaft wackliges Video zu laufen, das mich beim heutigen Shooting zeigte und den Titel trug: »Alex Magnusson disst WonderBar«. Ich erklärte gerade, dass kein einziger Triathlon-Profi auf der ganzen Welt jemals freiwillig einen WonderBar essen würde. Ich stoppte das Video und sah, dass es bereits über 4.000 Klicks gesammelt hatte, obwohl es erst seit wenigen Stunden hochgeladen war.

»Ich hab noch andere Sponsoren«, sagte ich trotzig.

»Alex, du musst es dir jetzt nicht mit allen verscherzen.«

Ich wurde misstrauisch und wollte wissen, wieso er das sagte. Da wurde es still am anderen Ende der Leitung. Bei Ulf war das ein ganz schlechtes Zeichen, fast schon das schlechteste von allen. Zumal das heute schon zum zweiten Mal passierte. Niemand redete so gerne wie er, dieser Mann war die größte Quasselstrippe, die ich kannte.

»Du glaubst auch, dass man mich abschreiben kann, richtig?«

»Was?!«

»Sonst wär dir das mit dem verschissenen Riegel doch völlig egal.«

»Alex, seit der Siegerehrung sehen die Sponsoren sehr viel genauer hin, das muss dir doch klar sein.«

Ich starrte auf das Standbild auf dem Laptop. Es zeigte mich im Neoprenanzug, mit einem Energieriegel in der Hand, wie ich wütend die Fresse verzog. Der Kerl, den ich da sah, war zum Kotzen. Er hatte sich aufgeführt wie ein Stück Scheiße, weil ihm der verfluchte Kopf so weh tat und sie ihm die Zeit stahlen, in der er hätte trainieren können. Aber den Schmerz konnte niemand sehen, und deswegen wirkte er ganz einfach nur wie ein blöder Kotzbrocken. Und das war ich auch, ein dämlicher, eingebildeter Scheißkerl, der keine Freunde hatte. Der Frauen benutzte und sie anschließend weg warf, und der nie eine brauchbare Beziehung führen würde. Ich konnte froh sein, dass es Ulf und Kathrin gab und ihren kleinen Racker, die mich liebten und mich behandelten, als würde ich zu ihrer Familie gehören. Ich wollte mir gar nicht vorstellen, wie einsam ich ohne die drei gewesen wäre.

***

Eva rieb mit einem Lappen die mittlerweile eingetrocknete Johannisbeer-Lache vom Parkett, als es an der Türe klingelte. Sie blickte auf ihre Uhr. Wer konnte das so spät noch sein? Sie wollte gerade an die Wechselsprechanlage treten, als es auch noch klopfte.

»Eva, ich bin's, Alex«, rief ich gedämpft durch die Türe.

Sie erschrak. Ein kurzer Griff ins Haar, der nichts brachte, dann öffnete sie. Ich drängte mich sofort durch die Türe, nahm ihr den feuchten Lappen aus der Hand, warf ihn beiseite, küsste sie und umfasste ihre Hüften. Mit einem Fußkick nach hinten schloss ich die Türe. Eva war außerstande, meinem Ansturm etwas entgegen zu setzen, und erwiderte den Kuss.

»Wo ist dein Schlafzimmer?« raunte ich.

Sie deutete mit dem Kopf zur Seite. Ich umfasste ihren sensationellen Hintern und hob ihn hoch. Sie umschloss mich mit ihren Beinen und krallte sich in meinen Haaren fest, während ich sie ins Schlafzimmer trug.

Geredet haben wir nicht viel in dieser Nacht. Weil ich sie nicht dazu kommen ließ. Jedes Mal, wenn sie anfing, mich etwas zu fragen, habe ich ihr den Mund mit einem Kuss verschlossen und mich wieder zwischen ihre Schenkel gedrängt. Eva deutete das als Zeichen meiner Leidenschaft, sie wusste nicht, dass ich es vermeiden wollte, mit ihr zu reden. Wenn ich mit einer Frau zu viel redete, bestand die Möglichkeit, mich in sie zu verlieben, und Liebe bedeutete Ärger. Es war mir egal, wenn sie beim letzten Abschied mit Einrichtungsgegenständen nach mir warfen, mir war nur wichtig, aus der Sache heraus zu kommen, ohne mich anschließend nach einer von ihnen zu sehnen. Als Eva in der Morgendämmerung erwachte, war ich schon fort, ich hatte mich leise angezogen und davon geschlichen.

Das hielt mich aber nicht davon ab, am nächsten Tag auf dem Flur der Klinik plötzlich vor ihr zu stehen. Bisher hatte ich nicht zu den Männern gehört, die auf Frauen in Uniformen standen, aber ich musste zugeben: Dieser schlichte, weiße Schwesternkittel sah schon irgendwie atemberaubend an ihr aus. Das hatte was. Ihr Gesicht leuchtete, als sie mich sah.

»Ich hab wohl doch was abgekriegt, als du mich über den Haufen gefahren hast«, sagte ich. »Du musst mich untersuchen.«

Eva wich lächelnd zurück, als ich mich ihr näherte, und versicherte sich mit Blicken nach allen Seiten, dass niemand etwas mitbekam. »Das geht hier nicht«, sagte sie leise.

»Sagt wer?«

Auf einmal stand eine zweite Schwester in einer Tür und sagte: »Ach, guck mal.«

»Meine Freundin Britta«, erklärte Eva.

»Du bist also der wilde Sportler«, sagte Britta. Es war unübersehbar, dass Eva die Situation peinlich war. Ich dagegen lächelte Britta einfach mal gewinnend an, reichte ihr die Hand und stellte mich vor. Ihr Blick sagte mir, dass sie von meiner Erscheinung angetan war, und ich muss zugeben, dass ich Lust bekam, auch ihr an die Wäsche zu gehen. Aber das konnte ich nicht machen, so ein Schwein war ich dann auch wieder nicht. Ich nahm Eva an der Hand, zog sie hinter mir her und behauptete, ich wolle ihr etwas zeigen. Die Tür zur Besenkammer war nicht abgeschlossen, und außer Wischmobs, Eimern, Besen und Putzmitteln war hier niemand. Ich schob Eva hinein, und sie leistete keinen wirklichen Widerstand.

»Alex, bitte«, sagte sie zwar, aber als ich sie gegen die Wand schob und ihr mit einem Ruck den Slip bis zu den Knien hinunter zog, sah sie mich an, als würde ich sie gerade vom allergrößten Elend erlösen.

»Warte«, sagte sie, »vorher möchte ich dir etwas sagen.«

»Ja?«

»Letzte Nacht, als du weg warst, habe ich an meinem Bettlaken geschnuppert und den Duft eingesogen, den du zurück gelassen hast.«

Ich sah sie an, und obwohl ich mich dagegen wehrte, konnte ich nicht anders: Sie rührte mich. Was sie sagte, wühlte ganz tief in mir etwas auf. Erinnerungen, die lange eingesperrt gewesen waren, kamen an die Oberfläche geschwebt.

»Es ist ja so«, fuhr sie fort, mit einer Stimme, die so weich war, dass es im Herzen weh tat, »dass nur Menschen gut

zusammen passen, die sich auch riechen können. Hast du das gewusst?«
»Nein«, sagte ich, »das wusste ich nicht.«
»Ich kann dich jedenfalls sehr, sehr gut riechen, Alex. Das wollte ich dir nur kurz sagen.«
»Okay. Schön.«
»Jetzt kannst du weiter machen.« Sie lächelte verlegen. Ich wusste, ich war es nicht wert, diese wunderbare Frau zu vögeln. Aber ich tat es trotzdem.

Britta war wirklich eine gute Freundin. Breitbeinig stand sie vor der Tür zur Besenkammer und verhinderte, dass die drei peruanischen Putzfrauen den Raum betraten.
»Später putzen, okay?« sagte Britta. »Jetzt nix.«
Von den Gesichtern her ähnelten die drei sich wie Schwestern. Sie hatten kräftige, fast slawisch anmutende Wangenknochen, Augen braun wie Schokodrops, und ihre glatten, dunklen Haare waren zu einem Dutt gebändigt. Sie waren sehr schlank und trugen die mausgraue Uniform der Reinigungsfirma. Trotzdem konnte man sie nicht miteinander verwechseln, denn ihre Körpergrößen hätten kaum unterschiedlicher sein können. Die Kleinste maß kaum 1,50 Meter, die größte war weit über 1,80, und die dritte irgendwo mittendrin. Das hatte ihnen im Krankenhaus den Spitznamen *Die Daltons* eingetragen, aber das wussten sie nicht, denn niemand sagte es ihnen.
»Muss aber jetzt«, sagte die kleinste von ihnen. Sie war die Einzige, die Deutsch sprach, und die beiden anderen wollten von ihr auf Peruanisch wissen, was denn los sei. Sie sagte ihnen, sie wisse es auch nicht. Aus der Besenkammer war ein Geräusch zu hören. Ein Wischmob war umgefallen und hatte dabei einen Eimer mit sich gerissen. Die Putzfrauen konnten diese Geräusche mühelos identifizieren, und es begann in

ihnen zu arbeiten. Sie begriffen: Jemand war da drin, und Britta schien ein Interesse daran zu haben, dass niemand hinein ging. Britta machte ein gleichgültiges Türsteher-Gesicht und sagte gar nichts.

»Gehe zu Oberschwester«, sagte die kleine Putzfrau.

Britta griff in ihren Schwesternkittel und holte einen 20-Euro-Schein hervor. »Ihr marschiert jetzt in die Kantine, trinkt einen Latte Macchiato, esst Kuchen, und dann könnt ihr putzen. Klar?«

Die beiden größeren Putzfrauen sahen die kleine an. Die zögerte kurz. Dann griff sie nach dem Schein.

***

Ich hatte Eva am Abend von ihrer Schicht abgeholt und sie zu mir nach Hause gebracht. Nun öffnete ich die Tür zu meiner dunklen Wohnung, in die vom Treppenhaus ein schwacher Lichtschein fiel, und zog sie an der Hand hinter mir her. Eva kicherte.

»Kann ich mir wenigstens mal kurz deine Wohnung ansehen, bevor wir wieder miteinander schlafen?«

»Auf gar keinen Fall«, sagte ich, schloss die Tür, hob sie wieder hoch und trug sie nach nebenan. Eva ließ es sich amüsiert gefallen, aber während wir das nahezu dunkle Wohnzimmer durchqueren, versuchte sie angestrengt, etwas vom Innenleben der Wohnung zu erspähen.

Wir schliefen miteinander. Danach holte ich uns etwas zu trinken, und Eva sah sich nackt in meiner Wohnung um. Diesem verführerischen Anblick konnte ich nicht widerstehen, und ich fing schon wieder an, sie zu streicheln.

»Hast du denn nie genug?« fragte sie und schmiegte sich in meine Hand.

»Nie.«

»Aber dir geht's nicht nur um Sex, oder?«

Normalerweise sagte ich an so einer Stelle: »*Natürlich nicht*« oder »*Wie kommst du denn darauf?*« Aber ich hatte das Gefühl, dass Eva eine andere Antwort verdient hatte. Nur fand ich keine. Ich wusste nicht, was ich sagen sollte. Sie merkte sofort, dass etwas nicht stimmte, und sah mich fragend an.

»Ich habe«, stammelte ich, »eine andere Beziehung dazu.«

»Zum Sex?«

»Ja.«

»Anders als wer?«

»Anders als die meisten.«

»Was soll denn das heißen? Dass du sexsüchtig bist?«

»Das war ich mal.«

»Und jetzt nicht mehr?«

So standen wir splitternackt voreinander in meinem Wohnzimmer, und ich war im Begriff, mich um Kopf und Kragen zu reden. »Pass auf«, sagte ich, »nehmen wir die Drinks und gehen erst mal wieder ins Bett.«

»Nein«, erwiderte sie resolut. »Erst will ich den Rest hören. Wir sind nackt, also kannst du mir auch die Wahrheit sagen.«

»Diese Logik erschließt sich mir nicht ganz.«

»Egal jetzt. Lass die Hosen runter. Bildlich gesehen.«

Ich hatte mich in eine Sackgasse manövriert, aus der es kein Entkommen mehr gab. »Ich habe Schmerzen«, sagte ich. »Hier drin.« Ich tippte mir gegen den Kopf. »Nicht das, was du als Kopfschmerzen bezeichnen würdest. Nicht das, was *irgendwer* als Kopfschmerzen bezeichnen würde. Es fühlt sich an, als würde er platzen.«

»Wie oft hast du das?« Eva war schlagartig ganz ruhig geworden.

»Immer. Jeden Tag. Morgens bis abends. Seit meinem 16. Lebensjahr.«

»Und wenn du Sex hast, wird's besser?«
Ich nickte. Und konnte sehen, wie es in ihr arbeitete.
»Der Zusammenbruch bei der Siegerehrung, hatte der was damit zu tun?«
»Das weiß ich nicht. Die Zusammenbrüche sind neu.«
»Dann bin ich für dich... eine Art Medikament?« Ihr verletzter Blick wanderte auf den Boden und blieb dort.
Ich fand keine Worte. Was sollte ich denn sagen? So war es ja tatsächlich.
»Mit etwas so Schmeichelhaftem hatte ich nicht gerechnet«, sagte sie, und es war unüberhörbar, wie weh ihr das tat.
Ich stand nur da und sagte nichts. Ein nackter Kerl ohne Worte.
»Und bedeutet das hier noch was irgendwas anderes für dich – ich meine, außer dem Bumsen?«
Wieder musste ich zu lange nach den Worten suchen. Eva ging, ohne mich anzusehen, ins Schlafzimmer, und fing an, sich eilig anzuziehen.
»Was machst du?« Damit war die überflüssigste Frage des Abends gestellt.
»Ich muss gehen«, sagte sie. Eva zog nur das Nötigste an – Rock, Bluse und Jacke. Slip, BH und Schuhe nahm sie in die Hände. Beim Verlassen des Schlafzimmers fiel ihr der Slip hinunter und verhedderte sich an ihrem Fuß. Ärgerlich versuchte sie ihn von sich zu schleudern, was dazu führte, dass er quer durchs Wohnzimmer flog. Auf meinem Bücherregal hatte ich einen kleinen Elefanten aus Teakholz stehen, den ich vom Ironman in Südafrika mitgebracht hatte. Auf seinem stolz empor gereckten Rüssel landete nun Evas Slip. Eva, in erster Linie wütend auf mich und in zweiter Linie wütend auf ihre Tollpatschigkeit, zog das Höschen vom Elefantenrüssel und stapfte barfuß aus meiner Wohnung. Ich starrte noch eine Weile auf die Wohnungstür, die sie zugeschmissen hatte, und

ging davon aus, dass ich sie nicht mehr wiedersehen würde. So waren sie eben, meine Affären. Ich wusste schon, wieso ich den Frauen sonst nie die Wahrheit erzählte. Und ich wusste auch: Das alles war letztlich jedes Mal unvermeidlich, auf die eine oder andere Art. Aber um Eva tat es mir leid. Sie war die liebenswerteste, schusseligste und bezauberndste Frau, die ich je getroffen hatte. Ich ließ mich aufs Bett fallen. Und dann sah ich, dass sie auf dem Nachttisch ihren silbernen Armreif vergessen hatte. Ich konnte mich eines Lächelns nicht erwehren. Auf die Weise würde ich wenigstens Gelegenheit bekommen, mich auf etwas anständigere Weise von ihr zu verabschieden.

***

Schwimmen war nie wirklich mein Ding gewesen. Ich mochte die Atmosphäre vor dem Start und das Gemetzel im Wasser kurz danach, aber außerhalb der Wettkämpfe war mir Schwimmen eher lästig. Zum Kraultraining hatte ich selten Lust und musste mich dazu all die Jahre immer wieder antreiben. Deswegen war es sicher auch meine schwächste Disziplin. Ich war ein herausragender Läufer, ein guter Radfahrer und ein mittelmäßiger Schwimmer. In der Regel schwamm ich trotzdem mehrere Kilometer pro Tag. Aber wenn ich Termine hatte oder etwas besorgen musste, ließ ich auch mal das eine oder andere Training ausfallen. Beim Laufen und Radfahren gab es das nicht, diese Trainingseinheiten waren heilig. Schwimmtraining auf der Bahn war einfach so unglaublich langweilig. 50 Meter hin und zurück und wieder hin und wieder zurück, viele Dutzend Male. Das war so Nerv tötend wie Laufen auf dem Band und Fahren auf der Rolle. Aber ich konnte nur einen kleinen Teil des Trainings im offenen Wasser absolvieren, die Anfahrt zu den nächsten größeren Seen war zu lang. Ich trainierte fast immer im Münchner Dante-

Bad, das auch im Winter über eine geöffnete Außen-Bahn verfügte. Hier traf man immer Kollegen und konnte am Beckenrand ein Schwätzchen halten. Zudem gab es die hübsche Bademeisterin Claudia, mit der ich ab und zu für ein paar Minuten in den Katakomben des Bades verschwand.

Das Training an jenem Morgen lief gut, ich war zufrieden mit meiner Technik und freute mich schon auf die kleine Bademeisterin, mit der ich vorhin bereits ein paar feurige Blicke ausgetauscht hatte. Als der hohe, wieder kehrende Ton kam, der so sehr an ein Gerät erinnerte, das einen Herzschlag wiedergab, habe ich ihn wahrscheinlich zuerst gar nicht bemerkt. Die Geräusche, die ich beim Schwimmen machte, dürften ihn übertönt haben. Schließlich hörte ich ihn aber doch und stellte das Schwimmen sofort ein. Ich befand mich auf einer mittleren Bahn, bis zum Beckenrand waren es einige Meter. Also änderte ich die Schwimmrichtung und hielt mit voller Kraft auf den Rand zu. Aber mein Blick wurde bereits trüb, und es mischten sich die unvermeidlichen Bilder aus dem Krankenzimmer mit den dunklen Backsteinwänden in meine Wahrnehmung. Ich wusste nicht mehr, wo der Beckenrand überhaupt war. Der hohe Ton wurde zur durchgehenden Flatline, was ich in dem Moment, durch alle Bewusstseinstrübung hindurch, amüsant fand, denn jetzt würde mein Herzschlag wohl tatsächlich bald aussetzen, nachdem ich ertrunken war. Ich fragte mich, ob das eigentlich wirklich so schlimm war, oder nicht vielleicht sogar eine ganz gute Sache. Mein Leben war schwer zu führen, der Tod hätte Erlösung bedeutet. Ein paar Menschen würden um mich trauern, aber ich war mir sicher, sie würden darüber hinweg kommen. Gab es etwas, das ich bereute? Ich hätte gerne mehr Freundschaften geführt, zu mehr Menschen, die ich mochte, Kontakt gehalten. Oder ihnen überhaupt gezeigt, dass ich sie gerne hatte. Ich hätte mir gewünscht, Paula noch einmal wieder zu sehen. Und wäre gerne netter zu Eva gewesen. Aber alles in allem war ich stolz auf das, was ich aus meinem Leben gemacht hatte. Ich saß weder in der Psychiatrie, noch hatte ich mich zu Tode gefixt, und ich war auch kein Jammerlappen, der sich ständig über seinen Schmerz beklagte und nichts dagegen unternahm. Ich hatte eine Menge erreicht, es gab wenige auf der Welt, die das, was ich tat, genauso gut konnten. Für all das war ich dankbar, und wenn es jetzt vorbei sein sollte, würde ich mich auch darüber nicht beklagen. Was ich mir am allermeisten wünschte, konnte ich sowieso nicht erreichen: einen Tag ganz ohne Schmerzen, in vollkommener Ruhe. Höchstens mein Wunsch auf Platz 2 wäre noch zu realisieren gewesen: Ich hätte sehr, sehr gerne wenigstens ein einziges Mal in Kona gewonnen. Und nun, da ich wieder die rätselhaften Bilder aus dem Krankenzimmer vor mir sah, hätte ich auch gerne noch heraus gefunden, was es damit auf sich hatte. Und was die Rosenblätter auf dem Beistelltischchen mir sagen sollten. Aber manche Dinge blieben eben ungelöst. Ich konnte nichts mehr sehen, und bewegen konnte ich mich auch nicht mehr. Ich spürte nur noch, wie ich tiefer sank, immer tiefer, und wie mir Wasser in Mund und Nase drang. Jedes Jahr ertranken in Deutschland mehr als 400 Menschen, viele davon in der allernächsten Nähe von anderen. Denn Leute ertranken nicht so, wie man es aus dem Fernsehen kannte. Sie winkten nicht und schrien nicht wild herum. Sie gingen einfach unter, und das sah meist gar nicht bedrohlich aus. In Freibädern sind schon Kinder ertrunken, deren Eltern unmittelbar daneben standen und nichts bemerkt haben. Lebensrettungen aus dem Wasser waren deswegen selten, Bergungen von Toten weitaus häufiger. Das war der letzte einigermaßen klare Gedanke, den ich fassen konnte – bevor Hände nach mir griffen und mich an die Wasseroberfläche rissen. Ich gebe zu, dass sich das im ersten Moment höchst unangenehm und extrem übergriffig angefühlt hat. Wer wagte es, mich beim Sterben zu stören? Aber Claudia, die hübsche Bademeisterin, hatte einen Blick dafür, wer nur gerade mal untertauchte, und wer am Ertrinken war. Mit professionellem Griff schleppte sie mich an den Beckenrand, wo ein Kollege von ihr mich aus dem Wasser zog und in Stabile Seitenlage brachte. Der Kerl wusste, wo man drücken musste, um das Wasser aus mir heraus zu befördern. Ich prustete einen Schwall aus, dick wie ein Laternenpfahl. Über mir war nun auch Claudia.

»Kannst du mich hören?« fragte sie.

Ich nickte.

»Du solltest nicht schwimmen, wenn du nicht okay bist.«

Ich wollte mich bei ihr bedanken, aber ich brachte nur ein unverständliches Krächzen zustande.

Ich wollte Ulf nichts vom Vorfall im Dante-Bad erzählen, aber die Sache hatte sich wohl schnell zu ihm herum gesprochen. Wie gesagt: Man traf dort immer diverse Kollegen, und schlechte Neuigkeiten waren selten aufzuhalten. Ulf kam bei mir vorbei und meinte, es sei allein meine Verantwortung, was ich tun und lassen würde. Aber wenn ich noch einmal Schwimmen oder Radfahren würde, solange ich diese Zusammenbrüche hätte, wäre er raus aus der Show. Dann würde er sofort aufhören, mich zu trainieren und zu managen, und ich könnte sehen, wo ich bleibe. Ich versprach ihm, es sein zu lassen, und vorerst nur zu laufen, obwohl ich nicht wusste, ob ich wirklich in der Lage sein würde, dieses Versprechen einzuhalten.

**

Die Tür zum Schwesternzimmer stand offen. Eva saß darin und machte Pause. Sie blickte auf einen Laptop und biss in eine Wurstsemmel. Wie schön sie war. Und wie traurig sie wirkte.

Ich fragte: »Was siehst du dir an?«

»Ein Video«, sagte sie, als wäre sie nicht im Mindesten überrascht, mich zu sehen. »Es heißt *Alex Magnusson disst WonderBar* und hatte schon über 17.000 Zuschauer. Du siehst blass aus.«

»Schön, dich zu sehen«, erwiderte ich.

»Die Besenkammer hat heut zu«, ließ sie mich wissen.

»Ich wollte nur etwas vorbei bringen.« Ich hielt den silbernen Armreif hoch.

»Danke«, sagte sie distanziert.

Ich betrat das Schwesternzimmer und legte den Armreif auf das andere Ende des Tisches. Dann wusste ich wieder nicht, was ich sagen sollte. Und Eva fühlte sich nicht bemüßigt, das Gespräch am Laufen zu halten.

»Das hat bei mir noch nie geklappt«, würgte ich schließlich hervor. »Tut mir leid.«

»Was hat noch nie geklappt?«

»Eine feste Beziehung?«

Eva antwortete nicht. Sie sah mich nur an und versuchte, aus mir schlau zu werden. Ich griff nach einem Stuhl.

»Hab ich gesagt, dass du dich setzen darfst?«

Ich erstarrte in der Bewegung. »Darf ich?«

»Aber gerne doch. Wie nett, dass du fragst.«

Ich setzte mich hin. Wir saßen an den entlegenen Enden des Tisches. »Mein Leben bedeutet Kampf gegen den Schmerz«, begann ich. »365 Tage im Jahr. Training, Wettkampf, Nahrungsaufnahme und Tiefschlaf. Ab und zu Sex. Es gibt sehr viele Dinge, die ich nicht tun kann: Im Kino sitzen. Gemütlich spazieren gehen. Angeln. Meditieren. Gechillt auf dem Sofa rumhängen. Einen entspannten Abend mit Freunden haben. Den lieben Gott einen guten Mann sein lassen. Ich habe all diese Dinge ausprobiert. Aber es ist dann immer, als würde es mir gleich den Kopf zerfetzen, und ich denke nur: Wann kann ich endlich bitte 30 Kilometer Laufen gehen? 100 Kilometer Fahrradfahren?«

»Und eine Beziehung führen gehört auch zu diesen Dingen?«

»Niemand kann eine Beziehung führen mit einem Typ, der immer mit einem Bein in der Hölle steht. Und der Typ selber kann das schon gar nicht.«

»Aber man braucht doch jemanden«, sagte sie. »Den man lieben kann.«

»Ich habe Freunde und liebe sie dafür, dass sie es mit mir aushalten.«

»Das ist doch nicht dasselbe.«

Ich legte die Ellbogen auf den Tisch und stützte den Kopf auf die Hände. »Du bist toll, Eva. Wirklich toll. Ein bisschen schusselig, aber man kann überhaupt nicht anders, als dich gern zu haben. Du findest einen, und mit dem wirst du dann eine richtig schöne Zeit haben.« Ich klopfte noch zweimal auf die Tischplatte, schenkte ihr ein letztes Lächeln, stand auf und ging.

Grenzenlose Weißheit

In manchen Dingen war ich der typische männliche Single. Den Mülleimer brachte ich immer erst nach draußen, wenn er so überquoll, dass sich auch mit Gewalt nichts mehr hinein pressen ließ, der Deckel nicht mehr schloss und die leeren Joghurtbecher anfingen, auf den Küchenboden zu fallen. Auf dem Rückweg vom Müllcontainer kam ich am Briefkasten vorbei und blieb stehen. Die alberne Visitenkarte hatte ich bisher nicht heraus geholt, sie war in den letzten Tagen bei jeder Leerung auf dem Boden des Briefkastens liegen geblieben. Julia Möller – Spirituelle Begegnungen. Darunter nur eine Handynummer, sonst nichts. *Wenn ich den Mist am Hals hätte, würde ich alles probieren.* Ich holte die Karte heraus und rief an.

Julia Möller war eine attraktive, dunkelhaarige Mittvierzigerin mit warmherzigen Augen und sympathischem, offenem Lächeln, und sie hatte einen festen Händedruck. Sie trug eine schlichte, weiße Bluse und eine Jeans, und ihre nackten Füße hatten rotlackierte Zehennägel. Ich hatte mir sie, und auch ihre kühl und funktionell eingerichtete Wohnung, völlig anders vorgestellt. In der Diele streckte sie mir einen Kleiderbügel entgegen, an den ich meine Jacke hängte.

»Sie sehen gar nicht aus wie…«

»… eine Kräuterhexe?« Ihre Stimme klang belustigt. Ich mochte sie.

»Ich glaube ja nicht an solche Sachen«, sagte ich. »Ist das ein Problem? Ich meine, wenn der Placebo-Effekt nicht mitspielt?«
»Klischee-Vorstellungen haben Sie ja schon mal«, antwortete sie. »Das ist doch ein Anfang.« Sie ging voraus und führte mich in ein Zimmer. Dort sah es anders aus als im Rest der Wohnung. Und endlich so, wie ich es erwartet hatte: Buddhas und andere Figuren standen in den Regalen. Ein Räucherstäbchen glimmte. An den Wänden hingen indische Tücher mit Mandalas darauf. Das Licht war schummrig, aus den Boxen drang gedämpfte Meditationsmusik. Sie deutete auf das Sofa und sagte: »Darf ich du sagen? Dann bekommen wir besseren Zugang zueinander. Ich bin Julia.«
»Alex.«
Das Ambiente fühlte sich so fremd an, dass es mich ein wenig verunsicherte.
»Kann ich dir einen Löwenzahn-Tee anbieten? Um das Solarplexus-Chakra zu öffnen?«
»Löwenzahn. Klar.«
»Ich bin gleich wieder da. Nimm doch Platz.« Sie ging hinaus. Ich setzte mich endlich, und irgendwie fühlte ich mich wie ein kleiner Junge beim Zahnarzt.
»*Was* willst du damit öffnen?« rief ich ihr hinterher. Aber sie hörte mich nicht.

Was *ich* nicht hörte, war mein Handy, das in meiner Jacke in der Diele vor sich hin vibrierte. Eva stand im Schwesternzimmer und versuchte, mich zu erreichen.
»Wenigstens ans Telefon gehen könnte er doch«, seufzte sie und ließ das Handy sinken. Sie versuchte die Wahlwiederholung zu drücken, aber auf einmal war da die Hand von Britta, die es verhinderte. In ihrem Blick schwang Verständnis

mit, aber er forderte Eva trotzdem auf, das lieber sein zu lassen.

»Komm jetzt«, sagte sie. »Wir müssen in den OP.«

Eva nickte traurig, legte das Handy in ihren Spind und knipste die Gedanken an ihr desaströses Privatleben aus, denn jetzt wartete erst einmal die Blinddarm-Operation bei Frau Reinke, und auf die hatten sie beide sich schon den ganzen Tag gefreut.

»Was gibt's Schöneres«, sagte Britta, »als dabei zuzusehen, wie die eigene Chefin aufgeschlitzt wird?«

»Da fällt mir auf die Schnelle überhaupt nichts ein«, antwortete Eva.

***

Ich sank tief ein in Julias Plüschsofa. Vorsichtig nippte ich am frisch aufgebrühten Löwenzahn-Tee. Auf der anderen Seite eines verspielt verschnörkelten Holztisches saß sie auf einem Stuhl, so dass sie ein wenig auf mich herab sah.

»Ja, man bringt Einiges aus dem letzten Leben mit«, sagte sie nachdenklich. »Oft sind es die Dinge, die man sich nicht erklären kann.«

»Wenn man daran glaubt.«

»Wenn ich mit dem Fuß in einen rostigen Nagel trete – macht es dann einen Unterschied, ob ich daran glaube, dass er mich verletzen kann?«

Auf diese rhetorische Frage schwieg ich lieber.

»Schmeckt dir der Tee?«

»Besser, als ich dachte.«

Wir lächelten uns an. Aha, sie mochte mich also auch ein bisschen.

»Manches schleppen wir aber auch schon viel länger mit uns herum«, fuhr sie fort.

»Seit zwei Leben? Oder drei?« Mein Unterton klang ironisch, obwohl ich vorgehabt hatte, nicht unhöflich zu sein. Aber Julia ließ sich nicht im Geringsten aus der Ruhe bringen.

»Es können auch vier oder fünf sein. Oder 20. Wenn man versucht, ein altes Rätsel zu lösen, darf man sich von einer einzigen Sitzung also noch nicht zu viel versprechen.«

Ich winkte lächelnd ab. »Ich verspreche mir *gar nichts* davon. Ich werde also sicher nicht enttäuscht nach Hause gehen.«

»Wenn du möchtest, Alex, kannst du dich jetzt hinlegen.«

Ich zog die Schuhe aus.

»Du wirst gleich in eine leichte Trance gleiten. So leicht, dass wir noch miteinander kommunizieren können.« Ich bemerkte, dass ihre Stimme immer ruhiger wurde. Sie hatte ein angenehmes, weiches Timbre. Ich legte mich aufs Sofa und fragte, ob ich irgendetwas Besonderes machen sollte. Sie bat mich, einfach nur die Augen zu schließen.

»Stell dir einen Ort vor, an dem du als Kind oft gewesen bist.«

Ich schloss die Augen und stellte mir vor, ich wäre im Garten meiner Eltern. Die Vögel gaben ein zwitscherndes Frühlingskonzert, der Rasen war voll mit gelb blühendem Löwenzahn. Meine Füße waren nackt, ich konnte den kühlen Boden spüren. Ich hatte so lange nicht mehr an diese Zeit gedacht. Als es den Schmerz noch nicht gegeben hatte. Als ich nichts weiter gewesen war als ein kleiner, unbeschwerter Junge, der Fußball und Quartett spielen wollte. War das schön hier.

»Kannst du schon etwas sehen?« hörte ich Julia fragen.

Ich sagte ihr, wo ich in Gedanken hin gegangen war.

»Was siehst du alles?«

Ich blickte mich um. Da war der Zwetschgenbaum. Und der Himbeerstrauch, den mein Vater gepflanzt und den meine Mutter später rausgerissen hatte, weil er sich ungehindert überall ausbreitete. Direkt neben mir landete eine Kastanie auf dem Boden und platzte aus ihrer grünen Schale.

»Julia«, sagte ich, »hier ist eine Kastanie vom Baum gefallen. Aber wir haben gar keinen Kastanienbaum. Außerdem ist Frühling.« Nun entdeckte ich: Da lagen noch viel mehr Kastanien, zwischen rotem und braunem Laub. »Oder Herbst?« fügte ich irritiert hinzu. Ich sah nach oben, und es landeten ein paar Schneeflocken auf meinem Gesicht, die sofort schmolzen und meine Wangen befeuchteten. »Es schneit. Trotzdem brennt die Sonne wie im Hochsommer.« Ich zog das T-Shirt aus und ließ es ins Gras fallen.

»Alex, ist da auch das *Haus* deiner Eltern?«

Ich drehte mich um. Natürlich war es da. Ein zweistöckiges, solides Doppelhaus aus den 70er Jahren, dessen eine Hälfte meinen Eltern gehörte.

»Ja, es ist hier.«

»Möchtest du hinein gehen?«

»Warum nicht?« sagte ich und ging darauf zu. Den rostigen Nagel, der mit empor gereckter Spitze im Gras lag, sah ich gerade noch rechtzeitig, um ihm ausweichen zu können. Die gläserne Gartentür stand offen, ich ging hinein. Die Einrichtung meiner Eltern war gediegen und altmodisch. Sehr viel dunkles Holz. Als Heranwachsender hatte ich ihre Möbel grässlich gefunden. Heute fand ich sie gar nicht so übel und respektierte, mit wie viel Liebe sie ausgesucht waren.

Ich rief: »Hallo? Ist jemand da?« Das tat ich nur in meiner Vorstellung, nicht in der Wirklichkeit auf Julias Couch. Ich wandte mich nach allen Seiten um, aber es kam keine Antwort. Auf den Regalen und den Tischen standen Fotos, die mich als Kind zeigten, als Jugendlichen und als Erwachsenen, zum Teil mit meinen Eltern, zum Teil alleine. In der Ecke war die Vitrine mit meinen Medaillen und ein paar kleinen Pokalen – meine frühen Triathlon-Trophäen.

»Hier ist alles wie immer. Ganz normal.«

Julia wollte wissen, ob das Haus einen Keller hatte. Ich bejahte, und sie ließ mich hinunter gehen. Ich mochte den Keller, sein Geruch erinnerte mich an Paulas Haare. Es gelang mir zwar nicht, diesen Duft in meiner Vorstellung wach zu rufen, aber die Erinnerung daran war trotzdem stark. Eva hatte Recht gehabt: Der Geruch war der Schlüssel zu so vielen Dingen. Auch der Keller sah aus, wie ich ihn kannte: In der einen Ecke stand ein alter, halb auseinander genommener Rasenmäher. Daneben mein früheres Hochbett, dessen Einzelteile an der Wand lehnten. Papas früherer Bürosessel, total verschlissen. Ein ausrangierter Kühlschrank. Aber da war auch etwas, das nicht hier her gehörte. Das mich irritierte, ja sogar beunruhigte. Was hatte dieses Loch in der Wand zu suchen? Das große, fast mannshohe, schwarze Loch mit unregelmäßigem, gezacktem Rand, das aussah, als hätte es jemand dort hinein gesprengt?

»Im Keller ist ein Loch in der Wand. Eine Höhle.«

Julia wollte wissen, ob das Loch groß genug war, um hinein zu gehen. Und ob es das war. Ich musste mich nur wenig bücken, und kaum hatte ich meine Füße in die Dunkelheit gesetzt, war ich auch schon von ihr umfangen. Staubig war es hier. Ich strich mit den Fingern über die kalte Wand, und sie wurden schmutzig. Ich staunte, wie intensiv meine Sinneseindrücke waren. Wenn das hier eine leichte Trance war, wie würde dann wohl eine schwere sein? Es war so dunkel, dass ich fast nichts sehen konnte. Ich rief in die Dunkelheit hinein, meine Stimme hallte. So bekam ich eine Vorstellung davon, dass ich mich in einer Art Tunnel befinden musste. Ich tastete mich an der kalten, schmutzigen Wand entlang. Der Boden unter mir war glatt und hart. Allmählich gewöhnten sich meine Sinne an die Dunkelheit. Das hier war tatsächlich ein Tunnel, und er schien mehrere Meter breit zu sein. Ich drehte mich um und versuchte, die Öffnung zum Haus meiner Eltern noch einmal zu erspähen, aber sie war längst nicht mehr zu sehen. Dafür kam aus der Richtung, aus der ich gekommen war, ein leichter Luftzug auf, der schnell stärker wurde. Außerdem näherte sich plötzlich, aus derselben Richtung, ein metallisches Kreischen, das zu bedrohlicher Lautstärke anschwoll. Mein Herz klopfte schneller. Was war hier los? Was war das? Ich wurde erfasst von gleißend hellem Licht, es blendete mich, so dass ich die Augen zukneifen musste, und der Krach drohte meine Trommelfelle zu sprengen! Ich presste mich flach gegen die Wand des Schachtes, und im nächsten Moment schoss etwas sehr, sehr Großes und atemberaubend Schnelles direkt an mir vorbei. Hinter den Scheiben des erleuchteten Zuges flogen Gesichter vorüber, undeutlich zu erkennen, aber sie waren da. Manche blickten zu mir hinaus, und wenn ihre Blicke mich für winzige Momente trafen, erschauerte ich, denn sie sahen tot und leblos aus, getrieben von etwas, das im Begriff war, sie zu zerstören, oder das sie bereits zerstört hatte. Dann war der Zug zu Ende, und er raste durch den Tunnel wie ein riesiges Projektil durch einen gigantischen Gewehrlauf. Drei oder vier Atemzüge später war nur noch ein Nachhall von ihm zu hören.

»Da war ein Zug«, sagte ich mit schwerem Atem.

»Geh einfach weiter«, meldete sich Julia von der anderen Seite meiner Existenz.

Ich löste mich von der Wand und setzte meinen Weg fort. Immerhin wusste ich jetzt, dass der Tunnel nicht so schnell zu Ende sein würde. Ich erwartete nicht, in der nächsten Zeit auf etwas zu stoßen, und war nur darauf gefasst, dass ein weiterer Zug kommen könnte. Stattdessen aber erschien vor mir in der Ferne ein schwaches Licht, und als ich näher kam, schienen leise, klappernde Geräusche von diesem Lichtschein auszugehen. Tatsächlich saß da jemand, und zwar mitten im Tunnel.

Wie konnte er das, wenn doch gerade der Zug hier durch gedonnert war? Ich erinnerte mich daran, dass das hier nicht wirklich geschah, es passierte ja nur in meiner Vorstellung. Der Mann saß auf einem einfachen Holzstuhl, vor einem sehr kleinen, flachen Holztisch. Darauf standen eine altmodische Schreibtischlampe und ein kleiner Morse-Apparat. So etwas hatte ich bisher nur in alten Filmen gesehen. Der Mann tippte pausenlos auf der Apparatur herum, anscheinend übermittelte er eine Nachricht. Er trug eine Schirmmütze, die oben offen war und seine schimmernde Glatze nicht bedeckte. Der Schirm warf einen dunklen Schatten über sein Gesicht, so dass ich es nicht erkennen konnte. Er trug sogar eine Jacke mit Ärmelschonern. Man konnte wirklich sagen: Kein Kostümbildner hätte einen Mann vom Telegraphenamt besser ausstatten können. Aus den Ärmeln ragten dünne Arme und schmale, knochige Finger. Ich hatte keinerlei Ahnung vom Morse-Alphabet, und trotzdem verstand ich auf einmal, was er telegraphierte:

Er ist jetzt hier. Was soll ich mit ihm machen?

Danach hielt er inne, und zum ersten Mal bewegten seine Finger sich nicht. Er wartete auf eine Antwort. Aber es kam keine. Er grunzte unwillig, dann fing er wieder an zu morsen:

Nie übernimmt jemand Verantwortung.

Ich trat noch einen Schritt näher und fragte: »Wem morsen Sie denn da?«

Er antwortete: »Dem Kranich natürlich.« Seine Stimme klang wie eine alte Tür, die in rostigen Scharnieren hin und her schwang. Er schien sie lange nicht mehr benutzt zu haben.

»Das ist ein Codewort, oder?« fragte ich. »Ein verschlüsseltes Sinnbild.«

Er hielt den Kopf noch etwas tiefer gesenkt und sagte: »Sie haben hier nichts verloren. Gehen Sie.«

»Ist gut«, meinte ich. »Bin schon weg.« Ich schickte mich an, weiter zu gehen.

»Der Schacht ist hier zu Ende. Sie müssen umkehren.« Ich deutete voraus in den Tunnel, der von der Schreibtischlampe schwach erhellt wurde. »Aber da geht's doch weiter.«

Wieder fing er an zu morsen:
Er geht mir auf die Nerven.
Erneut wartete er auf eine Antwort, wurde aber auch diesmal enttäuscht.

»Hat Sendepause, der Kranich?« Der flapsige Ton war beabsichtigt, ich wollte ihn provozieren. Doch er antwortete nicht.

»Hören Sie, guter Mann, ich sehe doch die Gleise auf dem Boden, und eben ist hier ein Zug durchgefahren.«

»Bitte«, sagte er in höchst unfreundlichem Ton, »wenn Sie mir nicht glauben…« Er griff nach einer Spraydose und sprühte in die Richtung, in die der Zug verschwunden war. Die rote Farbe schien in der Luft hängen zu bleiben, wie auf einer bis dahin völlig unsichtbaren Wand. Einen Moment lang beeindruckte mich das, aber länger auch nicht. Ich gab ihm zu verstehen, dass ich da schon irgendwie durchkommen würde. Er schlug mit der Faust auf sein Tischchen, so dass die Lampe und der Morse-Apparat bedenklich wackelten.

»Verstehen Sie nicht, dass Sie jetzt umkehren müssen? Verdammt noch mal, verschwinden Sie endlich!«

»Warum wollen Sie das denn unbedingt?«

»Damit Sie endlich aufhören, mich anzusehen! Ist Ihnen nicht klar, wie weh das tut? Jeder Blick von Ihnen ist ein Strahl aus Feuer! Weil ich der Schwellenhüter bin!« Er nahm seine Schirmmütze ab und sah zum ersten Mal zu mir auf. Ich zuckte zurück, der Anblick war furchtbar. Ein Gesicht voller Krater, als hätte er früher die zerstörerischste Akne aller Zeiten gehabt. Außerdem war es teigig und aufgedunsen, was merkwürdig war, denn sein Körper war der eines Magersüchtigen. Der Schwellenhüter stand auf und hatte jetzt einen großen Baseballschläger in den Händen. Ich wich zurück, weil ich befürchtete, er würde damit auf mich einschlagen.

»Hey, hey, langsam«, sagte ich.

Aber er hatte nicht vor, mich zu attackieren. Er drosch mit dem Schläger in die entgegengesetzte Richtung, gegen die unsichtbare Wand, die er zum Teil rot eingesprüht hatte. Der Schläger wurde davon gestoppt, als träfe er auf Beton, und zerbarst in tausend Holzsplitter, die mir als Geschosse um die Ohren flogen, so dass ich mich abwenden und den Kopf mit den Händen schützen musste.

»Julia«, sagte ich, »vielleicht gehe ich lieber wieder. Durch die Wand komme ich nicht durch, und der Typ sieht so dermaßen Kacke aus.«

Ihre Stimme erwiderte: »Jetzt bist du so weit gekommen und hast es noch gar nicht versucht.«

Der dünne, ausgemergelte Schwellenhüter stand vor mir in all seiner Hässlichkeit und warf den Stumpf des Baseballschlägers achtlos beiseite. Der Kerl war kaum kleiner als ich, dürfte aber höchstens die Hälfte gewogen haben.

»Der Zug ist doch auch hier durchgefahren«, wiederholte ich.

»Hier fährt kein Zug.«

»Ich habe ihn gesehen. Und auch den Luftzug gespürt.«

»Was war's denn nun?« fragte er verächtlich. »Ein richtiger Zug oder nur ein Luftzug? Lassen Sie mich endlich in Ruhe und hören Sie auf, mich anzusehen.«

Ich wies ihn darauf hin, dass er etwas im Mundwinkel hängen hatte, eine Graupe oder einen Knorpel. Er griff sich in den Mund, holte einen schief sitzenden, lockeren Zahn heraus, legte ihn auf den kleinen Tisch und sah mich anklagend an.

»Sehen Sie, was Sie anrichten?«

»Ich will nur da durch, das ist alles!« Ich entschloss mich, einfach weiter zu gehen, aber der Schwellenhüter stellte sich mir in den Weg. Täuschte ich mich, oder sah er von Sekunde zu Sekunde immer noch desolater aus? Etwas passierte mit seinem Gesicht, die Krater fingen an zu nässen. Er stöhnte leise. Vor Schmerz?

»Sie mieser Scheißkerl«, sagte er leise, »wenn Sie die Wand auch nur berühren, sind Sie tot.«

»Das passiert alles nur in meiner Vorstellung, okay? Also pluster dich mal nicht so auf.«

Seine Fratze verzog sich, er kam langsam auf mich zu. »Ach, Sie glauben also, da oben auf dem Sofa, bei Frau Holle, da kann Ihnen nichts passieren?« Er lachte höhnisch auf und offenbarte ein Gebiss, so lückenhaft, dass es diese Bezeichnung kaum mehr verdient hatte. Da sackte sein Kopf auf einmal tiefer in den Hemdkragen, und es staubte aus dem Kragen heraus. Auch aus seinen Hosenbeinen und Ärmeln drang Staub. Der ganze linke Arm fiel aus dem Jackenärmel heraus auf den Boden, wo er sich in Staub auflöste, in dicken, kompakten Staub! Der Kopf rutschte noch tiefer, seine Beine gaben nach, der ganze Körper fiel zu Boden und zerfiel dabei mehr und mehr zu Staub. Nur sein Kopf war jetzt noch feste Materie, die Blut unterlaufenen Augen starrten an die Decke des Tunnels, und zum ersten Mal erschien auf seinem langsam zu Staub vergehenden Gesicht ein Lächeln, das man fast schon friedlich nennen konnte.

»Der Kranich«, flüsterte er. »Endlich.« Seine Augen wanderten in den Höhlen, bis sie mich fanden. »Du hast mich erlöst. Von meinen Qualen.«

Ich beugte mich über ihn, aber nun zerfiel der letzte Rest des Schwellenhüters, und seine Kleider lagen leer auf dem Boden. Alles war still, da war nur noch das Geräusch meines Atems. Bis das Morsegerät sich in Bewegung setzte und endlich eine Nachricht sandte. Aber nun konnte ich die Morsesprache nicht mehr verstehen. Das Gerät verstummte wieder. Was für eine Botschaft es auch immer gewesen sein mochte, sie hatte ihren Adressaten verloren.

Langsam ging ich an der unsichtbaren Wand entlang, die nun einen großen, roten Fleck aus Sprühfarbe hatte, und überlegte, was ich als nächstes tun sollte. Die Warnung des Schwellenhüters hatte ich noch im Ohr. Schließlich riskierte ich es trotzdem und berührte sie mit den Fingern. Die unsichtbare Wand bot gewissen Widerstand, aber es gelang meinen Händen, in sie einzutauchen, wie in eine gummiartige, sehr zähe Flüssigkeit. Auch mein Fuß drang in sie ein. Ich versuchte es mit dem Knie, aber das funktionierte nicht. Zuerst verstand ich das nicht. Bis ich kapierte, dass meine Hose das Problem war. Nur ich selbst konnte in die Wand, aber ich würde nichts mitnehmen können. Also zog ich mich aus, und es gab kein Problem mehr. Ich setzte den Fuß auf die andere Seite und schob nun den ganzen Körper durch die gallertartige Masse. Ich blickte zurück. Außer dem roten Sprühfleck war auch von hier aus nichts von der Wand zu sehen. Ich wollte noch einmal zurück greifen, aber das ging nicht. Von dieser Seite aus war sie fest, starr und undurchdringlich. Nun war ich nackt. Hatte alles hinter mir gelassen.

Nach einiger Zeit kam der Ausgang des Tunnels in Sicht. Er endete mitten in den Bergen, an einer steilen und absolut unzugänglichen Stelle. Die Zuggleise ragten aus dem Schacht noch ein paar Meter wie riesige Vampirzähne in die Luft, bevor sie abbrachen. Es war extrem hell, aber vielleicht kam mir das auch nur so vor, weil ich so lange durch die Dunkelheit gewandert war. Ich blickte hinunter in eine tiefe Schlucht. Rings umher ein Gipfel neben dem anderen, manche davon mit Schnee bedeckt. Ich war alles andere als ein erfahrener Kletterer, aber es war ja nur meine Vorstellung, was sollte mir also passieren. Ich versuchte es einfach einmal und begann, an der steilen Felswand vorsichtig hinab zu klettern, auf der Suche nach einfacherem Gelände. Bis ich tatsächlich ein Felsplateau erreichte, und dort war ich nicht alleine. Ein kleiner, weißer Hund spielte auf dem Boden mit einem grauen Stück Stoff, das verknotet und voller Löcher war. Ich ging langsam auf ihn zu. Er hielt inne und knurrte mich misstrauisch an.

»Du bist ja ein ganz Feiner«, sagte ich lockend. »Komm doch mal her.« Ich ging in die Hocke und tat, als würde ich ihn streicheln wollen. »Jaa, so ein Feiner.« Er schien seine Scheu zu verlieren und hechelte mich neugierig an. Ich griff schnell nach dem Stück Stoff, denn nur darauf hatte ich es abgesehen. Der Hund durchschaute meine unlautere Absicht endlich, biss in den Stoff und zerrte knurrend daran. Aber er hatte keine Chance. Ich entwand das Teil seinen Zähnen. Natürlich wollte er es wieder haben. Er bellte mich an und sprang um mich herum. Aber ich ließ nicht mit mir reden und schenkte ihm so lange keine Beachtung, bis er anfing, sich zu langweilen, und zwischen den Felsen das Weite suchte. Ich entknotete den Stoff und band ihn mir um die Taille. Ein primitiver Minirock. Da fiel ein Schatten auf mich, und ich blickte nach oben. Ein großer Vogel landete vor mir, mit langen, staksigen Beinen, langem Hals und leuchtend weißem Gefieder. Ein Tier mit einer stolzen, ja majestätischen Ausstrahlung. Er war fast zwei Meter hoch, sein Schnabel lang und schlank, Kopf und Hals schwarz-weiß gezeichnet. Seine kleinen, dunklen Augen schienen mich zu mustern.

»Ich habe in Biologie nie gut aufgepasst«, sagte ich. »Aber wenn mich nicht alles täuscht, bist du ein Kranich.«

Er bewegte sich kaum. Mir war nicht klar, was ich von ihm halten sollte, ich war auf einen möglichen Angriff gefasst.

»Der arme Kerl«, sagte er, »hätte das nicht sein ganzes Leben lang tun müssen.« Es passierte nicht jeden Tag, dass ein Kranich mit einem sprach. Er tat das ruhig und unaufgeregt, mit der sonoren Stimme eines Mannes im mittleren Alter. Und er benutzte seine Stimme, ohne den Schnabel zu bewegen.

»Habe ich ihn wirklich erlöst?« fragte ich.

»Er hat immer nur gesendet und nicht empfangen. Sonst hätte er es schon lange gewusst.«

Da breitete der Kranich seine Schwingen aus und zeigte die enorme Spannweite seiner Flügel. Ein beeindruckendes Schauspiel. Nun beugte er sich flach über den Boden.

»Na los«, sagte er.

»Wie jetzt?« Ich wusste nicht, was er von mir wollte.

»Steig auf.«

Die Vorstellung, auf den Rücken dieses Vogels zu steigen, war elektrisierend. Ich konnte mir zwar nicht vorstellen, dass es funktionieren würde, aber ich dachte mir, er würde schon wissen, was er tat. Also stieg ich vorsichtig auf, darauf bedacht, ihm nicht weh zu tun.

»Du musst dich schon richtig festhalten. Es wird ein bisschen zugig.«

Ich krallte mich fest in sein Gefieder, das nach einer Mischung aus Olivenöl und Zitronensaft roch. Er richtete sich auf. Ich griff noch etwas fester zu. Der Kranich sprang vom Rand des Plateaus, und wir schossen im Sturzflug in die Schlucht. Ich dachte zuerst mit pochendem Herzen, er habe sich doch übernommen und könne mein Gewicht beim Flug nicht tragen, aber dann flachte die Flugkurve ab, und wir segelten kontrolliert dahin, über den Wald, der den Boden der

Schlucht bedeckte. Sprache kann kaum ausdrücken, was ich in diesen Minuten empfand. Was für ein atemberaubendes Gefühl von Freiheit und Grenzenlosigkeit! Der Flugwind blies mir ins Gesicht und ließ mich alles vergessen. Zum ersten Mal war ich Claudia, der hübschen Bademeisterin, wirklich dankbar dafür, dass sie sie mich aus dem Schwimmbecken gerettet hatte, sonst hätte ich das hier nicht mehr erleben können. Am Horizont ragte eine große, weiß leuchtende Kugel zwischen den Bäumen empor. Sie war mehr als groß, geradezu gigantisch, hatte mindestens die Ausmaße eines Fußballstadions. Der Kranich flog darauf zu. Die Kugel war in Wirklichkeit eine Halbkugel und stand auf einer Lichtung. Wir hielten ungebremst darauf zu, und meine Hände krallten sich noch fester ins Gefieder, weil ich nicht wusste, ob uns ein Zusammenprall bevor stand. Aber wir tauchten in die Kugel einfach ein wie in kalten Nebel. Gleißend helles Licht hüllte uns ein, so hell, dass ich die Augen nur einen winzigen Spalt zu öffnen vermochte. Uns? Der Kranich war fort! Ich schwebte alleine durch das eiskalte, blendend weiße Licht, und alles, einfach alles schien sich aufzulösen: Es gab keine Schwerkraft mehr, keine Materie und auch keinen Raum. Alles war Nichts, und Nichts war Alles.

»Das Licht!« rief ich. »Es tut weh! Und es ist scheißkalt!«

Julia erzählte mir später, ich hätte Schüttelfrost bekommen. Sie legte wortlos zwei warme Decken über mich, aber Sorgen machte sie sich nicht. Solche körperlichen Reaktionen kannte sie, die waren ganz normal.

Die grenzenlose Weißheit um mich herum war erfüllt von einem leisen, gleichmäßigen Brummen, wie von einem Generator. Als ich schon befürchtete, für immer verschluckt worden zu sein, teilte sich das kalte Weiß und gab den Blick frei auf leuchtendes Rot! Ich rannte darauf zu, denn ich konnte die weiße Kugel gar nicht schnell genug hinter mir lassen. Ich stürzte mitten hinein in ein Rosenfeld. Dabei riss ich ein paar Blüten ab, und als ich auf dem Boden lag, hatte ich Rosenblätter in meinen Händen. Ich richtete mich auf und war sprachlos. Wogende, tiefrote Rosen, soweit das Auge reichte, die in der tiefstehenden Sonne leuchteten, ein Farbenspiel der Natur, das von Göttern geschaffen sein musste. Dahinter, am Horizont, erhob sich eine stolze Bergkette mit Schnee bedeckten Gipfeln. Und wenige Schritte neben mir hockte ein Mann mit wettergegerbter Haut. Er schnitt mit einer Gartenschere bedächtig einen Stiel ab und betrachtete lächelnd die Rose, die er in der Hand hielt. Er hatte pechschwarzes, zurück gekämmtes Haar, und sein Gesicht verriet, dass er ein Mann von liebenswürdiger Ernsthaftigkeit war, der schon Einiges erlebt hatte. Nun steckte er die Schere ein, und mit der Rose in der Hand machte er sich auf den Weg zu der kleinen Straße, die das Rosenfeld säumte. Er stieg in einen kleinen, klapprigen Wagen, dessen blauer Lack abgestoßen war und der mich an einen alten Fiat 600 erinnerte, aber dennoch ein wenig anders aussah. Julias Stimme forderte mich auf, zu dem Mann in den Wagen zu steigen.

»Aber ich kenne ihn doch gar nicht«, sagte ich. »Und ich habe fast nichts an.«

Der Mann schob den Zündschlüssel ins Schloss. Endlich setzte ich mich in Bewegung, lief zu der Straße, riss die Beifahrertür auf und setzte mich hinein. Gerade wollte ich anfangen, mich für dieses Eindringen wortreich zu entschuldigen – da wurde mir klar, dass der Mann mich überhaupt nicht wahrnahm. Für ihn war ich nicht hier. Er startete das Auto, legte den ersten Gang ein und fuhr los. Vom nächsten Augenblick an sah ich die Welt durch seine Augen! Überrumpelt blickte ich zum Beifahrersitz. Er war leer. Meine Vorstellung hatte mich mit dem Mann verschmolzen. Es fühlte sich gut an, er zu sein, ich hatte den wohligen Eindruck, mich am richtigen Platz zu befinden, und ich musste nicht darüber nachdenken, wo ich hin fahren sollte, das ging alles wie von selbst. Ich fuhr quer durch dieses Tal der Rosen, ein rotes Feld folgte dem nächsten. Diese vielen Blumen ließen meinen Geist leicht und warm werden, die Kälte der weißen Kugel war schon fast vergessen. Die Straße war schlecht befestigt und hatte viele Risse und Schlaglöcher, deswegen fuhr ich langsam. Eine Gruppe von Frauen kam mir am Straßenrand entgegen. Sie gingen zu Fuß und trugen eine rotschwarze Tracht, die mir einerseits fremd vorkam, weil ich sie nicht kannte – aber ich spürte gleichzeitig, dass der Mann, der am Steuer saß, mit jeder Einzelnen vertraut war, mit der einen mehr und mit der anderen weniger. Jede der Frauen hatte zwei große Körbe mit frisch geschnittenen Rosen bei sich. Beim Vorbeifahren winkte ich freundlich und rief ihnen durch das offene Fenster etwas zu, das ich nicht verstand. Sie antworteten mit einem Lächeln, und hätten sie eine Hand frei gehabt, hätten sie sicher zurück gewunken. Ich steuerte den Wagen auf eine Holzbrücke zu, die über einen Fluss führte. Von der gegenüber liegenden Seite näherte sich eine junge Fahrradfahrerin ebenfalls der Brücke. Als der Wagen die Brücke zu überqueren begann, sah ich, dass darauf ein Mann stand. Er trug einen großstädtisch anmutenden Hut, der nicht in diese Gegend zu passen schien. Deswegen konnte ich sein Gesicht nicht richtig sehen, aber von der schmalen Statur her schien er sehr jung zu sein. Die Fahrradfahrerin kam näher, wir würden mitten auf der Brücke aneinander vorbei fahren. Aber kurz vorher verlor sie die Kontrolle über ihr Rad, und plötzlich trudelte sie auf meine Fahrspur. Ich sah ihr erschrockenes Gesicht und riss das Steuer herum. Dadurch hielt mein Wagen auf die Begrenzung der Brücke zu. Holz splitterte, der Wagen durchbrach das Geländer und flog durch die Luft. Der Flug dauerte nur ein paar Wimpernschläge lang, schien sich aber ins Unendliche dehnen zu wollen, bevor der Wagen auf dem Wasser aufschlug. Ich wurde gegen die berstende Windschutzscheibe geschleudert und dann wieder zurück ins Wageninnere. Von allen Seiten drang Wasser ein, der Wagen lief mit einer Geschwindigkeit voll, die erstaunlich war. Dann war alles stockdunkel. Nichts passierte mehr. Ich sah, hörte und fühlte nichts. Das Ende aller Dinge. Es kam mir sehr, sehr lange vor, bis ich endlich Julias Stimme vernahm:

»Und jetzt lass zurück, was du gesehen hast«, sagte sie ruhig. »Kehr langsam hierher zurück, in deinem eigenen Rhythmus.«

Ich atmete durch, so tief ich konnte, und mein Herzschlag beruhigte sich allmählich. Langsam öffnete ich die Augenlider. Sie flatterten. Ich starrte an die Decke. In mir war völlige Leere, wie auf einem Kaufhausparkplatz am Sonntagmorgen. Julias Hand lag auf meiner Brust, sie lächelte mich an.

»Willkommen daheim.«

»Hi«, sagte ich mühsam.

»Frierst du noch?«

»Ich weiß nicht, wie ich mich fühle.«

»Ich mache dir noch einen Tee.« Sie wollte aufstehen, aber ich legte meine Hand auf ihre, um sie zurück zu halten.

»Ich habe es so deutlich gesehen, als wäre es wirklich geschehen.«

»Das ist es ja auch.«

»Und wenn es nur eine Art Traum war? Wer sagt mir, dass das wirklich mal passiert ist?«

»Hat es sich angefühlt wie ein Traum?«

»Es hat sich angefühlt wie Erinnerung.«

»Der Mann im Auto – du bist eins mit ihm geworden?«

Ich schwieg und wusste nicht, was ich dazu sagen sollte.
»Was es bedeutet, Alex, musst du selbst entscheiden. Ich habe die Reise nur vermittelt, du hast sie gemacht.«

Ich fasste mir an den Kopf und verzog das Gesicht. Julia fragte mich, ob meine Schmerzen mich quälten.

»Sie waren fast weg. Aber jetzt...« Ich überspielte den Schmerz und lächelte sie an. »Weißt du, was mir aufgefallen ist während dieser Reise? Was für eine erotische Stimme du hast.«

Sie lächelte geschmeichelt. Mit der einen Hand strich ich ihr ein wenig durchs Haar, mit der anderen begann ich ihre Hand zu streicheln. Ich lag immer noch unter ihr und spürte, dass sie sich eigentlich wehren wollte gegen das, was ich tat. Ich griff ihr vorsichtig in den Nacken, zog sie sachte zu mir herunter und küsste sie, so zärtlich ich nur konnte, auf den Mund. Julia begann den Kuss zaghaft zu erwidern.

Das Tal der Rosen

Die Rückführung war eine extreme Erfahrung gewesen. Erhebend. Verstörend. Zutiefst beeindruckend. Aber ich wusste nicht, was ich damit anfangen sollte. So echt sich das Ganze währenddessen und auch danach angefühlt hatte – nach ein paar Tagen wurden meine Zweifel immer größer. Wahrscheinlich war das alles nur irgendein Hokuspokus gewesen, und was ich auf dieser Fantasiereise gesehen hatte, nicht bedeutender als ein Traum. Und selbst wenn ich in Julias Zimmer doch einen Einblick in ein früheres Leben genommen haben sollte, was hätte ich nun tun sollen? Ich wusste ja nicht einmal, wo diese Gegend mit den Rosenfeldern sein sollte. Vermutlich war sie nur eine Ausgeburt meiner Fantasie. Die Zusammenbrüche hatte ich weiterhin alle paar Tage. Die Ärzte in Boston fanden auch nichts darüber heraus. Kein Arzt konnte vorhersagen, wann der nächste mich ereilen würde. Deswegen war ich gezwungen, eine Wettkampfpause einzulegen. Im Spätsommer und im Herbst fand nur noch mein Lauftraining draußen statt, das Radtraining erledigte ich auf der Rolle, und aufs Schwimmen verzichtete ich vorerst ganz. Für meine Form war das nicht so gravierend. Ich würde sowieso erst im nächsten Frühjahr wieder anfangen, bei Wettkämpfen anzutreten, und der eine Wettkampf, auf den alles hinsteuern sollte, war Kona, im Oktober. Ein einziges Mal Hawaii zu gewinnen, davon träumte ich noch. Ulf wusste Monate lang nichts von diesen Plänen, und ich verriet sie ihm erst in der Sylvesternacht.

»Ich will dir nicht den Anfang des Jahres versauen«, sagte ich mit dem Champagnerglas in der Hand. »Aber ich werde wieder starten, egal was mit den Zusammenbrüchen ist. Ich weiß, dass du mich dann nicht mehr coachen und managen willst, und das bricht mir das Herz, Mann. Aber ich kann nicht anders.«

Ulf nickte ernst. Er hatte geahnt, dass es so kommen würde, und verstand mich. »Aber eines Tages, Alex, wirst du zusammenklappen in einem Moment, der nicht dafür geschaffen ist. Mitten im See, oder auf einer Abfahrt bei Tempo 80, und niemand wird in der Nähe sein, um dir zu helfen. Den Weg kann ich nicht mit dir gehen, Kleiner, auch wenn ich mich ein bisschen dafür hasse. Aber den Weg kann ich nicht mit dir gehen.« Ihm standen Tränen in den Augen, und ich schätze, mir auch. Wir haben uns in die Arme genommen und uns unfassbar betrunken. Vom nächsten Tag an sind wir getrennte Wege gegangen.

***

Ich trainierte wie früher, als hätte es die Zusammenbrüche nie gegeben, im vollen Bewusstsein, Kopf und Kragen zu riskieren. Das war mir egal. Zwar schwang bei jedem Schwimmtraining und jeder Abfahrt mit, dass es jeden Moment mit mir vorbei sein konnte, aber das Risiko ging ich ein. Ich trainierte härter als je zuvor. Ich wollte in Kona als Erster über die Ziellinie, das war alles, worum es ging. Und es war doch so: Ein langes Leben sah ich sowieso nicht auf mich zukommen. In wenigen Jahren würde ich zu alt sein, um noch als Triathlonprofi durchzugehen. Ich würde immer weniger Sponsoren haben, und eines Tages gar keinen mehr. Was sollte ich dann machen? Mit meinem Leben, mit jedem einzelnen Tag? Ich würde weiterhin 8 bis 10 Stunden am Tag trainieren, denn das war nun einmal mein Alltag im fortwährenden Kampf gegen den Schmerz. Eine andere Option gab es nicht. Nur würde mich niemand mehr dafür bezahlen, und ich würde nach und nach alles verlieren, meine Wohnung, mein Hab und Gut, meine Selbstachtung. Diese Spirale war deutlich voraussehbar und absolut unausweichlich, und an ihrem Ende konnte nur mein Tod stehen, in welcher Form auch immer. Warum also sollte ich jetzt nicht etwas riskieren? Was stand denn schon auf dem Spiel?

Ich hatte Monate lang immer wieder Glück, denn die Zusammenbrüche kamen meistens in Ruhephasen. Zweimal überfielen sie mich beim Laufen, aber ich konnte mich rechtzeitig flach auf den Boden legen. Einmal passierte es auf der Autobahn, und es gelang mir gerade noch, auf der Standspur zum Stehen zu kommen. Im Supermarkt beim Einkaufen bin ich einer älteren Dame in den Einkaufswagen gefallen und habe ihn umgerissen, und die Arme war so außer sich, dass es ihr fast so schlecht ging wie mir.

Im Winter habe ich Dimitri wieder getroffen. Nach seinem 20. gescheiterten Suizidversuch hat er ein Buch herausgebracht, in dem er alle Versuche dokumentierte: »Meine ersten 20 Selbstmorde« hieß das Werk, in dem ein schwarzhumoriger Wind wehte, und es verkaufte sich wie geschnitten Brot, ein richtiger Bestseller. Dimitri meinte, er würde mit den Selbstmordversuchen aber trotzdem nicht aufhören, denn nachdem das erste Buch so gut lief, wollte er natürlich ein zweites heraus bringen. Das konnte er aber nur, wenn er weiterhin Material sammelte.

»Das bedeutet aber doch«, sagte ich, »dass du es bei den nächsten Versuchen nicht mehr ernst meinen wirst. Denkst du, die Versuche sind dann trotzdem noch überzeugend?«
Er senkte die Stimme: »Ab zwölfte Selbstmord, meine Freund, war nixe mehr ernst. Bin ich jetzt Schauspieler in Rolle meines Lebens.« Er zwinkerte mir zu, und ich gratulierte ihm dazu, seine Depressionen überwunden zu haben. Hatte er denn jetzt endlich das Gefühl, in diese Welt zu gehören? Dimitri nickte und sagte, alles sei jetzt super, er habe eine tolle Frau gefunden, die gerade von ihm schwanger sei, er werde also bald eine eigene Familie haben. Was konnte es Schöneres geben?

Es wurde Frühling, und abgesehen von gelegentlichen Vorkommnissen bei meinen Zusammenbrüchen war ich mit meiner Vorbereitung sehr zufrieden. Ich war nie besser und schneller gewesen. Die Leute von der Brauerei waren beruhigt, nachdem ich ihnen die Liste meiner geplanten Starts vorgelegt hatte. Sie planten, mit ihrem Bier ab diesem Jahr in Osteuropa präsenter zu werden, und deswegen baten sie mich, auch noch den einen oder anderen Start in Tschechien oder auf dem Balkan in Erwägung zu ziehen. Ich erklärte ihnen, dass Langdistanzen in Osteuropa dünn gesät waren und mein Zeitplan sehr ausgeklügelt sei. Ich konnte mir aber vorstellen, zwischendrin noch die eine oder andere Kurzdistanz einzustreuen. Das hatte ich zwar lange nicht mehr gemacht, aber ich rechnete mir aus, dass solche Starts meinem Grundtempo zugutekommen könnten, und andererseits wusste ich, sie würden meinen Körper nicht allzu sehr belasten. Die Brauerei war einverstanden, und so suchte ich den Terminkalender nach geeigneten Veranstaltungen ab. Eine der Kurzdistanzen, die ich in Erwägung zog, fand in Varna an der bulgarischen Schwarzmeerküste statt. Bulgarien gehörte zu den Ländern, die mir so fremd waren, als lägen sie auf der anderen Seite des Globus, und deswegen saß ich vor dem Laptop und informierte mich ein wenig darüber. Ich musste schlucken, als ich über eine touristische Website stolperte, die Reisen anbot ins Tal der Rosen, das mitten im Herzen von Bulgarien lag. In diesem Tal wurden über 50 Prozent des weltweiten Aufkommens an Rosenöl hergestellt. Aber vor allem sah es da genauso aus wie in meiner Vorstellung, als ich im Körper jenes Mannes durch all die Rosenfelder gefahren war! Und da waren nicht nur die Felder, es gab auch Bergketten, wie ich sie gesehen hatte, denn das Tal lag zwischen dem Balkangebirge und der Sredna Gora. Mir stellten sich die Nackenhaare auf. Ich hatte etwas vor meinem inneren Auge gesehen, das es tatsächlich gab? Stunden lang surfte ich durchs Netz, nun wollte ich es genau wissen: Gab es auch die Brücke, auf welcher der Unfall sich ereignet hatte? War es möglich, dass die wirklich existierte?

Julia war nicht überrascht, als ich nach Mitternacht bei ihr klingelte. Es gehörte zu meinen Angewohnheiten, bei ihr aufzutauchen, wann immer ich Lust hatte, mit ihr zu schlafen. Wir liebten uns nicht, und es bestand auch nicht die Gefahr, dass wir es tun würden. Aber ich fand sie ungemein sexy, und sie mochte es sehr, einen gutgebauten Mann an der Angel zu haben, der mehr als 10 Jahre jünger war. Sie strahlte mich an und stellte sich ein bisschen in Pose. Julia wusste inzwischen ganz genau, was mir gefiel. Aber nach einem schnellen Begrüßungskuss zog ich sie ins Wohnzimmer und kündigte an, ihr dringend etwas zeigen zu müssen. Ich holte Fotos hervor, die ich ausgedruckt hatte. Sie zeigten das Tal der Rosen und Frauen in rot-schwarzen Trachten. Die beiden wichtigsten Fotos aber hielt ich noch zurück.

»Julia, das ist die Gegend, die ich gesehen habe! Während der Rückführung!«

»Ich dachte, du wolltest davon nichts mehr wissen«, sagte sie schmunzelnd.

Endlich legte ich die beiden letzten Fotos auf den Tisch. Darauf war eine Brücke zu sehen, eine alte Holzbrücke, die über einen Fluss führte. Der Zahn der Zeit hatte schon sichtbar an ihr genagt.

»Das ist die Brücke. Die, auf der ich den Zusammenstoß hatte!«

»Du bist dir ganz sicher?«

»Aber ja! Hier, das Geländer! Der Ausblick! Es gibt keinen Zweifel!« Ich war völlig aus dem Häuschen. »Sie führt über die Tundscha, so heißt der Fluss! Und in der Nähe gibt es eine Stadt, die heißt Kazanlăk!«

»Was willst du jetzt machen?«

»Julia, ich war auf dieser Brücke! Ich hab drüben auf deiner Couch gelegen und bin auf dieser Brücke gestorben! Das war kein Traum, es war Erinnerung! Was werde ich wohl machen? Ich fahre da hin!«

Ja, ich hatte beschlossen, mich auf die Spur meiner vorherigen Inkarnation zu machen. Das hörte sich für mich an wie der irrsinnige Plan eines komplett Durchgedrehten, aber ich hatte keine andere Wahl. Ich musste das tun. Auch wenn es mir vielleicht nicht viel bringen würde. Denn selbst wenn ich Spuren des Mannes finden würde, der ich einmal gewesen war – umwälzende Erkenntnisse erwartete ich mir davon nicht. Es wäre sicher spannend und würde meinen Horizont erweitern, aber den Schmerz in meinem Kopf würde es mir nicht nehmen. Ich hatte vor allem die vage Hoffnung, dass ich durch die Reise etwas verstehen würde, das sich meiner Wahrnehmung bisher noch entzog. Letztlich waren meine Ziele ziemlich diffus und unausgegoren, und es fiel mir schwer, sie zu erklären. Aber das war jetzt völlig egal, ich musste einfach so schnell wie möglich nach Bulgarien!

***

Es war Mai, und die Vögel piepten miteinander um die Wette, als ich mit einer Reisetasche und einem riesigen Fahrradkoffer in Sofia vor dem Flughafen stand und ein Taxi heran winkte. Überall hingen Plakate der politischen Parteien, die für Stimmen bei der bevorstehenden Parlamentswahl warben. Endlich hielt ein Taxi, und der Fahrer stieg aus, um meine Sachen einzuladen.

»Guten Tag«, sagte er, und das mit erstaunlich wenig Akzent.

»Oh, Sie sprechen Deutsch?«

»Habe gelebt in Hildesheim. Sieben Jahre.« Der Taxifahrer wuchtete den Fahrradkoffer mühelos in den Kofferraum. Er war Ende 30 und hatte eine sportliche Statur, wenn man von dem kleinen Bauchansatz absah. Sein buschiger, dunkler Schnurrbart verlieh ihm etwas Verwegenes.

»Ich muss zum Bahnhof«, sagte ich ihm.

»Und dann?«

»Mit dem Zug nach Kazanlăk.«

»Ich mache guten Preis. Billiger als Zug.«

Ich war einverstanden, und so fuhr ich die 200 Kilometer von Sofia nach Kazanlăk mit dem Taxi. Ich wollte wissen, wem der Fahrer bei der Wahl denn die Daumen drückte. Er deutete auf ein großes Plakat, auf dem der Name des Kandidaten sowohl in Kyrillisch als auch in lateinischen Buchstaben stand.

»Lubomir Petrov«, sagte er, »ist sehr populär. Aber gibt auch Viele, die können ihn nicht leiden.«

»Warum nicht?«
»Sie sagen, er gehört ins Gefängnis. Dass er seine ganzen Millionen…« Er fand auf die Schnelle nicht das richtige Wort.
»… ergaunert hat?«
Er nickte und sagte: »Aber er hat Eier. – Eier?«
»Ich versteh schon.«
»Er räumt auf. Macht keine halben Sachen. Immer Vollgas. Land kommt nur voran mit ihm. Alle anderen kannst vergessen.«

Ab und zu musste ich noch an Eva denken, obwohl unsere letzte Begegnung schon über ein halbes Jahr zurück lag. Ich ahnte nicht, dass es ihr genauso ging: Sie saß im Jogginganzug auf dem Sofa vor ihrem kleinen Fernseher, der leise vor sich hin lief, und war deprimiert. Mit einer Hand futterte sie Chips, in der anderen hielt sie ihr Telefon. Britta versuchte am anderen Ende gerade, ihre Freundin zum gemeinsamen Ausgehen zu bewegen, aber Eva fragte nur, wozu das gut sein solle.
»Na ja«, fing Britta an zu dozieren, »Männer, die sich in einer Bar nach dir umdrehen, haben schon einen gewissen therapeutischen Wert. Die dich toll finden.«
»Die kennen mich gar nicht«, sagte Eva.
»Du hast den Sinn der Übung noch nicht verstanden. Mir hilft sowas immer, wenn ich gerade in Weltschmerz bade.«
»Mir nicht.«
»Vielleicht ja doch.«
»Wenn ich zu Hause bleibe, riskiere ich weder Unfälle noch peinliche Situationen.«
Ihr Fernseher gab ein zischendes Geräusch von sich, und im nächsten Moment ging er nicht nur aus, sondern es erloschen auch alle Lampen. Kurzschluss. Eva saß im Dunkeln, was sie regungslos hinnahm.

»Britta, hörst du mich noch?«
»Ja?«
»Ich glaub, ich komm doch mit.«
»Super.«
»Aber vorher muss ich noch einen Anruf machen.«

Die Taxifahrt führte durch eine eher karge Landschaft mit vielen Feldern und kleinen Ortschaften. Aus dem Autoradio kam laute Balkanmusik gescheppert. Hier gab es deutlich weniger Wahlplakate als in der Stadt, aber wenn eines zu sehen war, zeigte es meistens Lubomir Petrov. Ich döste ein wenig vor mich hin, als mein Smartphone ein Signal von sich gab und anzeigte, dass ich einen Anruf von Eva verpasst hatte. Ich wählte die Mailbox an, der Taxifahrer drehte zuvorkommend die Musik leiser. Und da war ihre Stimme, die trotz der ganzen Monate, die dazwischen gelegen hatten, immer noch sehr vertraut klang. Sie war beim Aufsprechen eindeutig sehr unsicher gewesen: »Hallo, Alex, ich… weiß eigentlich gar nicht genau, was ich dir sagen will, aber… ich hab dich eben immer noch sehr gern, und irgendwie glaub ich… oder lass es mich anders sagen. Ich versuche, nicht chaotisch zu sein, wirklich.« Sie machte eine kurze Pause. »Wusstest du, dass mein altes Auto aussieht wie eine Ampel? Doch, wirklich, es hat doch diesen roten und den grünen Kotflügel, und dazwischen ist es gelb. Wie eine Ampel, verstehst du? Rot, gelb, grün. Aber das hatte ich dir eigentlich gar nicht sagen wollen, das kam jetzt nur, weil ich mich nicht traue, dir das andere zu sagen, was ich dir lieber selber sagen würde, also von Angesicht zu Angesicht, aber ich erreiche dich ja wieder nicht, und vielleicht nimmst du ja auch nicht ab, wenn du siehst, dass ich es bin.« Ich hörte, dass sie tief Luft holte. »Also gut: Im Krankenhaus habe ich einmal ein Paar erlebt, die saßen beide im Rollstuhl, er war querschnittsgelähmt, und sie hatte keine Beine mehr.

Die waren so glücklich miteinander, dass ich fast weinen muss, wenn ich an sie denke. Und ich finde, wenn die beiden das können, dann kann ich dir das, was du gesagt hast, als Ausrede nicht durchgehen lassen. Ich hoffe, du meldest dich mal, und wenn du nicht möchtest, dann ist das auch in Ordnung, aber ich würde mich jedenfalls sehr freuen. Hier war die Eva.«

Ich blickte auf die Straße, die wir entlang fuhren. Sonst nervte es mich immer, wenn Frauen sich nach Wochen oder Monaten noch einmal meldeten, weil sie sehen wollten, ob ich meine Meinung vielleicht ändern würde. Aber dieser Anruf war bezaubernd. Eva war so ein Goldstück. In einer anderen Welt, in einer ohne ständige Schmerzen, hätte das mit uns etwas werden können. Dort hätten die Chancen für uns wahrscheinlich sogar richtig gut gestanden.

Nach einer Weile wurde die Landschaft bewaldeter und fühlte sich weicher an. Der Taxifahrer grinste.

»Was ist?« wollte ich wissen.

»Du liebst sie sehr, hä?«

Ich sah ihn nur Stirn runzelnd an.

»Wie du kuckst, muss ein Mädchen sein.«

»Ich hab ihr vor einiger Zeit gesagt, dass aus uns nichts wird.«

»Wieso hörst du's dir dann 20-mal an?«

»Das waren keine 20-mal.«

»Hättest sie mitbringen sollen zum Rosenfest.«

»Was denn für ein Rosenfest?«

Sein Kopf flog verblüfft zu mir herum. »Deswegen bist du gar nicht hier?«

»Hab noch nie davon gehört.«

»Schönste Fest in ganze Land! Viele Touristen. Eine Woche Riesenparty. Ich komme aus Kazanlăk! Nutze Möglichkeit, besuchen meine Familie und bleiben ein paar Tage.«

An der nächsten Raststätte machten wir eine kurze Pause, und ich ging ein paar Schritte beiseite, um Eva zurück zu rufen. Wenn sie bei ihrem Anruf nervös gewesen war, dann war ich es jetzt erst recht. Ich war fast erleichtert, als sich auch bei ihr die Mailbox meldete. Trotzdem hatte ich einen Kloß im Hals und musste mich erst einmal räuspern, bevor ich anfangen konnte: »Hallo, Eva, ich… fand das sehr süß, was du mir aufgesprochen hast. Vielleicht war's ja… doch irgendwie Blödsinn, was ich beim letzten Mal… du weißt schon…« Ich erzählte ihr noch, dass ich in Bulgarien unterwegs war, weil ich hier einer Sache auf den Grund gehen wollte. Da kam der Fahrer mit zwei Pappbechern voller Kaffee auf mich zu, und bevor ich die Verbindung beendete, sagte ich nur noch: »Ich meld mich wieder. Bis bald.« Er blieb vor mir stehen und streckte mir einen Becher entgegen.

»Endlich rufst du sie zurück.«
»Ich hab sie aber nicht erreicht.«
»Das wirst du schon. Mit Milch und Zucker.«
Ich bedankte mich für den Kaffee. Und fühlte mich seltsam.

Die Rosenfelder waren nicht so überwältigend, wie sie in der Rückführung ausgesehen hatten. Der Fahrer erklärte mir, dass Rosen hier nicht gezüchtet wurden, um schön zu sein, sondern für industrielle Zwecke. Deswegen waren sie nicht so prachtvoll wie die, welche man der Liebsten zum Valentinstag schenkte, aber beeindruckt war ich dennoch. Von der Weite und der Großzügigkeit der Felder, vom feinen Duft, der von ihnen aufstieg und der aus den Rosenöl-Manufakturen wehte.

Der Fahrer erzählte stolz, dass dieses Öl dreimal so teuer war wie Gold. Die Essenz der Götter.

Eva hatte ich immer noch nicht erreicht, was zum einen am schlechten Empfang auf der Strecke lag. Aber ein paarmal war ich auch durchgekommen, hatte aber wieder nur die Mailbox erreicht. Der Fahrer spürte, dass mich das nervös machte.
»Liebe ist verschlungene Gewächs«, sagte er. »Weißt du nie, wann blüht, und wann verdorrt. Mit mir und meiner Donka war auch ewig hin und her damals, erst hatte ich andere Frau, dann hatte sie anderen Mann, dann hab ich den Kerl erstochen...«
»Was?!«
Er grinste und gab zu, er habe nur wissen wollen, ob ich ihm überhaupt zuhörte, nachdem ich ständig am Smartphone herum fummelte.

Kazanlăk war das, was man eine schmucklose Stadt nannte. Lärmende, stinkende Straßen, graue, herunter gekommene Fassaden und ein deprimierend hässliches Industrieviertel. Außer dem allgegenwärtigen Rosenöl wurden hier Werkzeugmaschinen hergestellt, und es gab Textilproduktion. Dennoch hatte der Kazanlăker eine zärtliche Beziehung zu seiner Heimat-stadt, nannte sie die *Stadt der Rosen* und war stolz darauf, hier geboren zu sein. Im Ruhrgebiet gab es Leute, die ihre Herkunft auf ähnlich romantische Weise verklärten. Mein Taxifahrer behauptete jedenfalls, Kazanlăk habe den rauen, aber herzlichen Charme einer Frau, deren überwältigenden Liebreiz man erst auf den zweiten Blick wahrnahm. Vielleicht auch erst auf den dritten.

Den Charme des Hotel Sunshine habe ich leider auch nach dem dritten Blick vergeblich gesucht. Die schäbige Absteige mitten in der Stadt hatte auf ihrer Website sehr viel einladender ausgesehen. Der fette, schwitzende Portier versuchte mit monotoner Stimme den Weg zu meinem Zimmer zu erklären, aber ich verstand kein einziges Wort Bulgarisch, und er konnte kein Englisch. Schließlich verschwand er einfach in seinem Büro und überließ mich meinem Schicksal. Ich wanderte mit Fahrradkoffer und Reisetasche auf den Fluren umher, bis ich das Zimmer gefunden hatte, zu dem mein Schlüssel passte. Die Tapete wölbte sich an vielen Stellen, das warme Wasser kam nur lau und brackig aus den Rohren, der Teppich sah aus, als hätte man mit einem Schinken darauf herum gerieben, das Bettzeug war fleckig und die Matratze durchgelegen – aber das alles störte mich nicht. Ich glaube, Ausdauersportler waren so sehr die Härten des Lebens gewohnt, dass sie unter solchen Dingen weniger litten als andere. Wenn ich irgendetwas als störend oder unbequem empfand, rief ich mir manchmal das steile Geröllfeld auf dem Gaustatoppen in Erinnerung, die letzten Kilometer vor dem Ziel des Norseman. Wer das überlebt hatte, hätte es als albern empfunden, sich über ein mieses Hotelzimmer zu beklagen. Das größere Problem bestand darin, dass meine Kopfschmerzen heute noch stärker waren als sonst. Ich schob das auf die Reise und die damit verbundene Luftänderung. Es dauerte keine fünf Minuten, bis ich meine Laufklamotten anhatte. Ich musste dringend trainieren, um dem Schmerz Einhalt zu gebieten.

Mit dem GPS-Gerät an meinem Handgelenk wusste ich, wohin ich zu laufen hatte. An fast allen Ecken der Stadt begannen die Leute damit, Dekorationen aufzuhängen und an den Schaufenstern anzubringen. Es handelte sich ausnahmslos um Rosen-Motive, das Fest der Rosen warf seinen Schatten voraus. Ich lief in Richtung Süden, und sobald ich die Stadt hinter mir gelassen hatte, wechselte ich auf eine Nebenstraße und war wieder umgeben von Rosenfeldern. Ich erhöhte die Geschwindigkeit, bis die Oberschenkel brannten. Das ließ mich erleichtert durchatmen. Diese besondere Arithmetik zwischen Trainingsreiz und Kopfschmerz war für jeden Außenstehenden schwer zu verstehen, aber ich wusste ganz genau, wie ich auf diesem Instrument zu spielen hatte, um Erleichterung zu finden. Je weiter ich Richtung Süden lief, desto mehr fing es in mir an zu kribbeln. Und dann sah ich sie vor mir, am Horizont: die Brücke! Ich blieb stehen, um diesen Eindruck erst einmal aus der Distanz auf mich wirken zu lassen. Ich erinnerte mich an den Blick durch die Windschutzscheibe. Da war die Fahrradfahrerin gewesen, und der Mann mit dem Hut im Hintergrund. Die Fahrradfahrerin hatte die Kontrolle verloren, ich hatte das Steuer herum gerissen und war mit dem Wagen krachend in den Fluss gestürzt. Mittlerweile wusste ich übrigens, was für ein Auto ich in meiner Vorstellung gesehen hatte: Es handelte sich um einen Saporoshez SAS-965. Ich hatte das Auto im Internet gefunden. Es war dem früheren Fiat 600 wirklich recht ähnlich gewesen, verfügte aber eine etwas kürzere Frontpartie. In den 60er Jahren war der Wagen in der Ukraine produziert und vor allem in Ostblock-Länder exportiert worden. In der DDR hatte er sich gegen den Trabant allerdings nie richtig durchsetzen können und war als *Taigatrommel* verspottet worden.

Ich legte den letzten Weg zu der Brücke zurück. Sie sah genauso aus, wie ich sie vor meinem inneren Auge gesehen hatte, nur eben sehr viel älter und abgewrackter. Das Holz wirkte morsch und verwittert. Ich ging zu der Stelle, an welcher der Saporoshez das Geländer durchbrochen hatte, und sah sie mir aufmerksam an. Ich strich mit der Hand darüber, um das Holz zu prüfen, aber da war keine Bruchstelle zu entdecken. Und auch kein Hinweis darauf, dass ein Teil der

Begrenzung irgendwann erneuert worden sein könnte. Die Brücke war in keinem guten Zustand, aber sie schien aus einem Guss zu sein. Ich lehnte mich auf das Geländer und blickte auf die Tundscha. Ein hübscher, ruhig dahin fließender Fluss, dessen Quelle sich nordwestlich von hier im Balkangebirge befand, und der seinen Weg in südöstlicher Richtung fortsetzte bis in die Türkei. Was hatte ich gehofft, hier zu finden? Ich fühlte mich auf einmal mutlos und schwach, und der Kopfschmerz plagte mich. Fürs Erste beschloss ich, den Lauf noch einige Kilometer fortzusetzen und dann in das wunderbare Hotel Sunshine zurück zu kehren.

Die Kleidung, die ich auf der Reise getragen hatte, lag auf dem Bett, und davor auf dem Boden stand die geöffnete Reisetasche. Ich nahm die Basecap ab, gönnte mir ein paar Schlucke Wasser, und währenddessen wurde mir bewusst, dass etwas fehlte. Ich wusste nur noch nicht, was es war. Ich setzte die Trinkflasche ab, sah mich um und erstarrte. Das war doch wohl bitte nicht wahr. Ich lief in das winzige Badezimmer, aber bis auf zwei kleine, fadenscheinige Handtücher, die darin aufgehängt waren, war es völlig leer. Ein Fingerschnippen später stand ich in meinen durchgeschwitzten Laufsachen an der Rezeption und regte mich auf.

»Haben Sie eine Ahnung, was dieses Fahrrad kostet? Dafür kriegen Sie einen nagelneuen Kleinwagen!«

Der fette Portier starrte mich nur stoisch an, als betrachte er ein besonders uninteressantes Fernsehprogramm. Hinter ihm kam ein kleiner Mann mit Halbglatze aus dem Büro, der einen dunkelblauen Anzug trug und hier wohl den Hotelmanager darstellen sollte. Er betrachtete mich ruhig und freundlich und sagte: »Sir, we're not responsible for valuables in your room. For such things we got a safe.« Sein Akzent war gar nicht so übel. Trotzdem starrte ich ihn an, als hätte er mich gerade dazu aufgefordert, einen LKW in einem Schuhkarton zu verstauen.

»What are you trying to tell me? I should've put my bike into the safe?« Dabei deutete ich mit den Armen die Größe des Fahrrades an. Der Hotelmanager blieb völlig gelassen, während der Portier weiterhin drein schaute wie jemand, dessen Gehirn nicht größer als eine Erdnuss war.

»I'm very, very sorry«, sagte der Hotelmanager.

»Let's call the police«, schlug ich vor.

Der Hotelmanager zuckte gelangweilt mit den Achseln, als wollte er sagen: *Klar, warum nicht?*

Ich hatte kurz geduscht und zog mir ein frisches Hemd an, aber ich war immer noch genau so geladen, als es an die Türe klopfte. Ich ließ den Hotelmanager herein, dem ein uniformierter Polizist folgte. Der trug eine schwarze Hose, ein schwarzes Hemd und eine schwarze Kappe. An der einen Seite seines Gürtels hing das Holster mit der Pistole, auf der anderen baumelte ein Funkgerät. Ich wusste nicht, ob es an seinem grimmigen Blick, den wasserblauen Augen oder der Uniform lag, aber er wirkte zigmal cooler als ein deutscher Polizist, jederzeit bereit, gefährliche Kerle zur Strecke zu bringen und die Welt zu retten. Ich dankte ihm auf Englisch für sein Kommen. Er nickte und sah sich gelangweilt in meinem Zimmer um.

»Okay«, begann ich, »this very expensive bike was in a suitcase, and somebody came in and stole it.«

»If you don't give him something, he won't even take a protocol«, raunte der Hotelmanager mir zu.

»Ich muss ihn schmieren, damit er seinen Job macht?« Ich starrte die beiden ungläubig an.

»Welcome to Bulgaria«, erwiderte der Hotelmanager.

Der Polizist gab etwas von sich, das ich nicht verstand.

»He wants to see your passport«, übersetzte der Hotelmanager. Ich griff ins Außenfach der Reisetasche, holte das Flugticket und einen Taschenkalender heraus, aber mehr als das fand ich darin nicht. Wut stieg in mir auf, ich konnte genau spüren, wie sie im Bauch ihren Ausgang nahm und sich im ganzen Körper verbreitete. »My wallet is missing too«, sagte ich. »And my passport.« Ich lief zu meiner Jacke, die auf einem Haken an der Wand hing, und tastete sie ab. Der Polizist beobachtete mich argwöhnisch. »And my fucking cell phone!« ergänzte ich laut und fuhr zum Hotelmanager herum. »Ihr Wichser, was für ein Hotel ist das hier eigentlich?!«
»Sir?« Er blieb betont gelassen.
»Wo haben Sie das ganze Zeug gelagert, das würde mich mal interessieren?« Ich ging auf den Hotelmanager zu, der einen Kopf kleiner war als ich, und bedrohte ihn mit dem Zeigefinger. Er wich keinen einzigen Millimeter zurück. »Sie geben mir die Sachen wieder, oder ich mache Ihren beschissenen Laden zu Kleinholz!« Ich griff mit beiden Händen nach seinem Hemd. Seine einzige Reaktion war ein Blick zur Seite, zum Polizisten. Ich schaute auch in die Richtung. Und sah mitten in die Mündung der Dienstwaffe, die er mir mit ungerührter Miene vor die Nase hielt.

***

Nach fast 24 Stunden in der vergitterten Zelle des Polizeireviers war ich froh, als endlich jemand kam, mit dem ich mich verständigen konnte. Die meiste Zeit hier drin hatte ich mit Liegestützen und Situps verbracht, und mit dem unablässigen Ablaufen der acht oder neun Quadratmeter. Die Polizisten sahen sich das an, und einer nach dem anderen kam offensichtlich zu dem Ergebnis, dass ich sie nicht alle beisammen hatte. Der Mann, der zu mir hinein gelassen wurde, trug einen leichten Sommeranzug, hieß Hans Lütticken und arbeitete für die deutsche Botschaft. Er war nur in Kazanlăk wegen des Rosenfestes, und als er mitbekommen hatte, dass ein deutscher Tourist in einer Zelle fest saß, war er der Sache nachgegangen. Lütticken erfuhr meinen Namen, und der sagte ihm etwas, denn er war jemand, der sich Sportsendungen ansah. Er ließ seine diplomatischen Beziehungen spielen, und nun war er hier, um mich heraus zu holen.

Zur selben Zeit saß Eva mit ihrer Freundin Britta zu Hause auf dem Sofa und spielte ihr die Nachricht vor, die ich auf der Mailbox ihres Handys hinterlassen hatte. Eva war verunsichert. Aber Britta nickte lächelnd und sagte: »Er hat angebissen.«

»Glaubst du?«

»Bist du taub?«

»Aber ich kann ihn nicht erreichen. Ich hab's gestern schon versucht, und heute auch den ganzen Tag.«

»Einer wie der ist doch ständig am Trainieren, oder er wird massiert, oder er schläft wie ein Stein. Der meldet sich schon. Was macht er überhaupt in Bulgarien? Hat er da einen Wettkampf?«

»Du hast doch gehört, er will einer Sache auf den Grund gehen. Ich weiß nicht, was er damit meint.«

Britta seufzte. »Hoffentlich ist das nicht wieder so ein Durchgeknallter wie dein letzter Typ, dieser Computer-Nerd.«

Eva aktivierte noch einmal die Voicemail ihres Handys, und erneut meldete sich meine Stimme: »Hallo, Eva, ich...«

Aber mit einem weiteren Tastendruck stoppte Britta die Funktion wieder und lächelte Eva nachsichtig an. »Wie oft hast du dir das inzwischen angehört?«

»So zwischen 50 und 100 mal?«
Britta wuschelte ihrer Freundin grinsend durchs Haar, und Eva ließ es geschehen, ohne sich zu wehren.

Unterdessen stand ich mit Hans Lütticken vor dem Polizeirevier und ließ mir von ihm einen Umschlag geben.
»Ein provisorischer Ausweis und etwas Bargeld«, sagte er.
Ich bedankte mich und sagte, dass ich ihm das nie vergessen würde.
»Darf ich Sie vielleicht noch um einen letzten Gefallen bitten? Ich müsste ganz dringend einen Anruf machen, nur einen einzigen.«
»Nur wenn Sie mir ein Autogramm geben, für meinen Sohn«, sagte er und holte das Telefon bereits hervor, um es mir zu geben. Erst als ich es in der Hand hielt, wurde mir klar, dass ich Evas Nummern gar nicht hatte. Sie waren eingespeichert in dem Handy, das mir gestohlen worden war. Lütticken meinte, wenn Eva im Telefonbuch stehe, sei das kein Problem. Er ging online mit seinem Mobiltelefon, suchte Evas Festnetznummer heraus und gab mir das Gerät ein zweites Mal.

Britta hatte ihre Freundin überredet, mit ihr zum See zu fahren, einen Spaziergang zu machen und anschließend am Seeufer etwas essen zu gehen. Eva schloss gerade ihre Wohnungstüre.
»Wir fahren mit meinem«, stellte Britta klar.
»Das sagst du jedes Mal.«
»Ich häng halt an meiner Gesundheit«, fügte Britta hinzu, begann, die Treppe hinab zu gehen und fing sich von Eva für ihre Bemerkung einen Klaps auf den Po ein.
»So eine schlechte Fahrerin bin ich gar nicht«, beschwerte sich Eva. »Es passieren nur immer Sachen, auf die ich nicht

vorbereitet bin.« Eva warf den Schlüsselbund in ihre Handtasche und folgte ihrer Freundin. Da hörte sie ein Telefon kleingeln und verharrte zwischen zwei Treppenstufen.

»Das ist bei mir«, sagte sie.

»Das von deinem Nachbarn klingt doch genauso«, behauptete Britta. Das sagte sie nur, weil sie wusste, dass Eva viel zu gutmütig war, um einen Anrufer abzuwimmeln. Wenn sie jetzt an den Apparat ging, musste man befürchten, dass es nichts mehr werden würde mit dem See. Es klingelte ein zweites Mal.

»Ganz bestimmt ist das bei mir.« Eva war sich jetzt völlig sicher.

»Wer immer es auch ist, er quatscht dir auf den AB, und nachher rufst du ihn zurück.«

Der Anrufbeantworter sprang an, und kurz darauf war meine Stimme zu hören: »Hallo, Eva, ich hab leider deine Handynummer nicht mehr, deswegen probier ich's bei dir zu Hause.«

Jetzt kam Bewegung in Eva – sie lief zurück zur Wohnungstüre, riss ihre Handtasche auf und begann wie wild darin herum zu suchen.

»Ganz ruhig, Schätzchen«, sagte Britta.

Eva konnte den Schlüsselbund nicht finden.

»Ich muss mich kurz fassen«, sagte meine Stimme, »aber ich ruf dich auf jeden Fall wieder an.«

»Du hast ihn doch eben noch in der Hand gehabt«, meinte Britta, während Eva wie eine Bekloppte in ihrer Handtasche herum fuhrwerkte.

»Es könnte nur ein bisschen dauern bis zu meinem Anruf«, drang meine Stimme weiter durch die Wohnungstüre, »weil mir hier ein paar Missgeschicke passiert sind.«

Was ihre Handtasche betraf, stand Eva nun kurz vor der Verzweiflung. Sie ging in die Hocke, drehte sie um und schüttete den gesamten Inhalt einfach auf den Boden. Während sie verbissen weiter nach dem Schlüsselbund suchte, musterte Britta mit unverhohlenem Interesse das ausgestülpte Innenleben der Tasche: diverse Lippenstifte, Lidschatten, ein Cremetiegel und ein kleiner Schminkspiegel, der einen Sprung hatte; außerdem ein angebissener Schokoriegel, ein eingeschweißtes Kondom, ein etwas angestoßenes Taschenbuch (*Zwei an einem Tag* von David Nicholls), eine angebrochene Kaugummipackung, ein in Kaugummipapier eingewickelter, bereits benutzter Kaugummi, ein Zeitungsausschnitt, der vom letztjährigen Ironman in Kona berichtete, ein Taschenkalender mit Anti-Atomkraft-Aufkleber auf der Vorderseite – und Evas altes Handy, dessen Akkufach durch den Aufprall auf dem Boden aufgesprungen war.

Britta bemerkte: »Jemand hat mal gesagt: *Das Innere einer Damenhandtasche gehört zu den letzten unerforschten Rätseln der Menschheit.*«

»Mein Handy ist mir gestohlen worden«, berichtete meine Stimme unterdessen im Inneren der Wohnung, »und die letzte Nacht habe ich im Knast von Kazanlăk verbracht. Aber sonst geht es mir gut.«

Endlich fand Eva in dem Durcheinander ihren Schlüsselbund, sprang auf und versuchte aufzuschließen, aber sie war viel zu hektisch. Der Schlüssel brach im Schloss einfach ab. Während sie fassungslos den Stumpf in ihrer Hand anstarrte, war von drinnen zum letzten Mal meine Stimme zu hören:

»Na ja, dann mal bis bald, Eva. Ciao.«

Dann war aus der Wohnung nur noch ein leises Tuten zu hören. Eva lehnte sich stöhnend mit dem Rücken gegen ihre Wohnungstüre.

»Irgendwie bist du sowas wie ein Kunstwerk«, sagte Britta, und sie meinte das überhaupt nicht böse, ganz im Gegenteil.

Ich gab Hans Lütticken unter erneutem Dank sein Smartphone zurück. Er reichte mir einen kleinen Notizblock und einen Stift. Ich skizzierte darauf drei Strichmännchen – einen Schwimmer, einen Radfahrer und einen Läufer. Die Zeichnung war dem Bildschirmschoner auf meinem Laptop nachempfunden.

»Wie heißt Ihr Sohn?«

»Patrick. Er ist neun Jahre alt.«

Unter die Zeichnung schrieb ich: *Patrick, du kannst alles schaffen, was du willst. Dein Alex Magnusson.* Dann gab ich Patricks Vater Block und Stift zurück. Er machte schnell noch ein Foto von uns beiden, bedankte sich und meinte, sein Sohn werde sich sehr freuen. Ich sagte ihm, ich sei froh, ihn bis zum Ende des Rosenfests in der Stadt zu wissen, auch wenn ich hoffte, seine Unterstützung nicht noch einmal bemühen zu müssen.

»Sie haben nur ein bisschen Pech gehabt«, sagte er. »Nicht alle Bulgaren sind Diebe und Vollidioten. Sie lassen sich nicht gern was sagen, sind schnell beleidigt. Aber sie haben ein großes Herz. Und ein Gedächtnis wie ein Elefant. Der Bulgare vergisst nicht, was man ihm mal angetan hat. Aber war man einmal nett zu ihm, hat man ihn für immer zum Freund.«

Ich hätte gerne versucht, nett zu sein zum fetten Portier im Hotel Sunshine, aber dieser Herausforderung war ich nicht gewachsen. Als ich die Lobby betrat, stand er hinter seinem Counter und biss in ein großzügig belegtes Schnitzelbrötchen. Er wunderte sich offensichtlich, mich schon wieder hier zu sehen. Ich schaffte es immerhin, ihn anzusehen, als wäre nichts gewesen.

»Bei mir ist jetzt nichts mehr zu holen, klar? Kein Geld, keine Wertsachen.«

Er starrte mich an, mit vollen, mahlenden Backen.

»Einbrechen zwecklos. Nothing left to steal. Nada. Nixe. Nitschewo.«

Er kaute schweigend weiter. Ich sagte auch nichts mehr, sondern legte nur meine linke Hand nach oben geöffnet auf den Counter und starrte ihn an. Wenigstens noch ein wenig auf die Nerven wollte ich ihm gehen, wenn ich schon nichts tun konnte, um meine Sachen zurück zu bekommen. Und es schien zu funktionieren, denn so richtig gut zu schmecken schien es ihm nicht mehr. Aus dem Büro kam nun der Hotelmanager. Der Portier sah ihn Hilfe suchend an. Der Manager nickte stumm. Daraufhin nahm der Portier einen Zimmerschlüssel von der Wand und legte ihn auf den Counter, mindestens einen Meter von meiner geöffneten Hand entfernt. Ich zog die Augenbrauen hoch, blieb aber sonst völlig unbewegt. Ich sah dem Portier weiterhin ins Gesicht. Er wagte nun nicht mehr, weiter auf dem herum zu kauen, was er im Mund hatte, sondern blickte wieder zum Hotelmanager. Dessen Augen wiederum wanderten zwischen mir und dem Portier hin und her. Es war eine Situation, die Sergio – mit seiner Liebe für Spaghettiwestern – gefallen hätte. Schließlich griff der Portier noch einmal nach dem Schlüssel und legte ihn in meine dargebotene Hand. Meine Finger schlossen sich um ihn. In aller Ruhe wandte ich mich ab und ging die Treppe hoch. Manchmal waren es kleine Siege, die genügen mussten.

Kaum eine Stunde später betrat ich die Lokalredaktion der Trud. Das war die größte bulgarische Tageszeitung. Ich hatte mich schon vorab zu Hause darüber informiert, dass es die Trud nicht erst seit gestern gab, sondern bereits seit 1936. Die Redaktion in Kazanlăk bestand aus einem Großraumbüro, an dessen Eingang es eine Empfangsdame gab.

»Excuse me please«, sagte ich, »you speak English?«

Die Dame schüttelte, professionell lächelnd, den Kopf.

»Deutsch sicher auch nicht?«

Ein Mitarbeiter der Zeitung, ein paar Jahre jünger als ich, blieb neben mir stehen und fragte auf Englisch, ob er mir helfen könne. Ich freute mich, jemanden gefunden zu haben, mit dem ich kommunizieren konnte, und stellte mich vor: »My name is Alex Magnusson.«

»I know«, war alles, was er zunächst sagte. Er genoss das Erstaunen auf meinem Gesicht und stellte sich seinerseits vor: »Petko Sabchev. I'm working as a sports reporter. It's an honor.«

Wow, ich fühlte mich richtig gebauchpinselt. Da befand ich mich mitten in Bulgarien, und hier war heute schon der Zweite, der mich erkannte. Ich fragte ihn, ob er die alte Holzbrücke kannte, die südlich der Stadt über die Tundscha führte. Er nickte, natürlich kannte er die. Ich bereitete ihn darauf vor, dass meine Frage ihm möglicherweise seltsam vorkommen würde, und er versicherte mir, er liebe seltsame Fragen. Also fragte ich ihn, ob es auf dieser Brücke schon einmal einen Unfall gegeben habe. Ein Auto, das in den Fluss gefallen war? Er dachte einen Moment darüber nach und musste dann zugeben, dass er sich an nichts dergleichen erinnern konnte.

»Not now«, präzisierte ich. »Maybe 40 or 50 years ago.«

Er wollte wissen, warum ich mich dafür interessierte. Ich erklärte ihm, dass ich davon ausging, ein enger Verwandter von mir sei damals bei dem Unfall ums Leben gekommen. Er schlug mir vor, einen Blick in alte Ausgaben zu werfen, die seien bis in die 50er Jahre lückenlos vorhanden. Ich sagte ihm, dass ich begeistert wäre, das tun zu dürfen. Petko Sabchev meinte, er müsse zuerst den Chefredakteur fragen. Das tat er, und der Chefredakteur hatte nichts dagegen. Mir müsse aber klar sein, fügte Petko noch hinzu, dass die alten Ausgaben erst ab den 90ern in digitaler Form vorlagen. Das Durcharbeiten noch älterer Ausgaben würde ein harter Job sein. Ich versicherte ihm, dass mir das nichts ausmachte. Er führte mich ins Archiv, wünschte mir noch einen schönen Tag und ließ mich allein. Ich faltete einen Zettel auseinander, auf dem ich mir ein paar Schlagwörter und ihre kyrillisch geschriebenen bulgarischen Übersetzungen notiert hatte: Brücke, Tundscha, Autounfall, Fahrradfahrerin. Dann machte ich mich an die Arbeit, und ich begann mit dem Jahr 1970. Der Grund dafür war der Saporoshez SAS-965. Dieser Wagen war Anfang der 60er auf den Markt gekommen, aber in den Bildern, die ich während der Rückführung gesehen hatte, war er längst nicht mehr neu gewesen. Ich vermutete, dass ein Auto damals auf den schlechten, staubigen Straßen zwar schnell gealtert war, aber dennoch war der Saporoshez mit Sicherheit einige Jahre alt gewesen. Die alten Zeitungen durchzuarbeiten war eine Aufgabe, die ich, das musste ich bald feststellen, stark unterschätzt hatte. Eine in Kyrillisch geschriebene Zeitung hätte genauso gut vom Mars stammen können, ich hatte keine Chance, irgendwelche textlichen Zusammenhänge auch nur zu erahnen. Und meine vier Begriffe in den Texten finden zu wollen, stellte sich als absurdes Unterfangen heraus. Ich musste mich also auf die Fotos konzentrieren und hoffen, dass irgendjemand nach dem damaligen Unfall eines gemacht hatte, das dann abgedruckt worden war. Immer vorausgesetzt natürlich, dass es jenen Unfall damals überhaupt gegeben hatte. Petko Sabchev versorgte mich mit Kaffee, und am späteren Nachmittag brachte er mir sogar belegte Brote vorbei. Lütticken hatte Recht gehabt, die Leute hier waren beileibe nicht nur Diebe und Idioten. Nach einigen Stunden hatte ich mich durch sieben komplette Jahrgänge gekämpft, und es fiel mir allmählich schwer, mich noch zu konzentrieren. Die fremden Schriftzeichen fingen an, vor meinen Augen zu verschwimmen. Und der Kopfschmerz war wieder besonders stark. Ich hatte den Eindruck, dass er sich verschlimmert hatte, seit ich nach Kazanlăk gekommen war, fand dafür aber keine Erklärung. Aber wozu war ich Ausdauersportler? Ich wollte das hier jetzt durchziehen und die Gastfreundschaft der Redaktion nicht auch noch morgen strapazieren müssen. Ich stellte den letzten schweren, sperrigen Ordner des 1976er-Jahrgangs zurück ins Regal und wollte mir den ersten von 1977 vornehmen. Da hörte ich den hohen Ton, der wie die Wiedergabe eines Herzschlags klang, und wusste, dass Bulgarien gleich zum ersten Mal einen meiner Zusammenbrüche erleben würde. Ich hielt mich am Regal fest und tastete mich zurück zu meinem Stuhl. Ich hatte mich längst gewöhnt an diese Momente, aber weil mir dabei immer wieder völlig die Kontrolle entglitt und ich das Bewusstsein verlor, war es trotzdem jedes Mal extrem unangenehm. Die Sicht verschwamm vor meinen Augen, der Gleichgewichtssinn drohte sich zu verabschieden, und da waren die Bilder aus dem Krankenzimmer mit den dunklen Backsteinwänden. Wenn ich doch nur einen Blick auf den Kranken hätte werfen können! Aber das gelang mir auch diesmal nicht. Aus dem unterbrochenen Ton wurde ein durchgehender. Ich versuchte noch auf allen Vieren zum Stuhl zu robben, schaffte es aber nicht mehr.

Ich hatte nicht mitbekommen, dass ich, beim Versuch, mich fest zu halten, mehrere Jahrgangsordner aus den Regalen gerissen hatte. Der Lärm, den ich dabei gemacht habe, hat Petko Sabchev angelockt, der sowieso gerade zu mir unterwegs gewesen war, und er brachte jemanden mit. Als ich das Bewusstsein zurück erlangte und meine Augen sich flatternd öffneten, beugte sich eine junge, bulgarische Frau über mich. Sie hatte mich bereits in Stabile Seitenlage gelegt und prüfte meine Vitalfunktionen.

»Können Sie mich hören?« fragte sie. »Hallo? Verstehen Sie mich?« Sie hatte einen unüberhörbaren bulgarischen Akzent, sprach aber sehr flüssig. Ich nickte. Sie gab mir zu verstehen, dass sie Ärztin war. Hatte ich Schmerzen? Und eine Ahnung, wieso ich zusammengebrochen war? Ich wollte mich aufsetzen. Sie forderte mich auf, liegen zu bleiben, hielt mich mit ihren Händen am Boden und wollte einen Krankenwagen anfordern. Ich prognostizierte mit schwacher Stimme, es werde gleich wieder besser sein. Ein Krankenwagen sei wirklich nicht nötig.

»Sie haben damit schon Erfahrung?«

»Für mich«, sagte ich, »ist das fast so normal wie Zähne putzen. Wieso sprechen Sie so gut Deutsch?«

»Ich habe drei Jahre in Hamburg studiert«, erwiderte sie. »Ich gehörte auch mal zur medizinischen Betreuung bei einem Triathlon. Da habe ich Sie gesehen.«

»This young lady can tell you something«, meldete Petko Sabchev sich zu Wort.

»Ja, das stimmt«, bestätigte sie. »Ich kann ihnen etwas erzählen. Über einen Unfall.«

»Auf der Brücke?« Ich war schlagartig wieder hellwach. »Was wissen Sie darüber?«

Maja war Assistenzärztin in der Städtischen Klinik von Kazanlǎk und die Tochter des Chefarztes. Sie führte mich in ein nahe gelegenes Straßencafé, wo ich mich einmal quer durchs Kuchenbuffet hindurch aß. Nach den Zusammenbrüchen war ich stets unterzuckert und hatte einen Bärenhunger. Maja trank nur Kaffee und sah mir amüsiert beim Essen zu.

»Vielleicht trainieren Sie einfach zu viel? Diese Breakdowns sind doch nicht normal.«

»Kommen wir noch mal auf Ihren Großvater zu sprechen. Er hatte also auf dieser Brücke einen Unfall? Vor 35 Jahren?«

»Erst einmal möchte ich wissen, wieso Sie das so sehr interessiert.«

»Ich sammle Material für eine etwas ungewöhnliche Dokumentation.«

»Ach ja?«

»Über Menschen, die unter außergewöhnlichen Umständen zu Tode gekommen sind. Und wie ihre Angehörigen damit umgehen. Ich hoffe, Sie finden das nicht pietätlos.«

Maja sah mich merkwürdig berührt an. »Ich denke, Sie sind Sportler.«

»Aber ich bin auch bald Mitte 30. Da muss man sich Gedanken machen, womit man sich den Rest des Lebens beschäftigen will.«

»Ich frage mich nur, wieso Sie Petko etwas völlig anderes erzählt haben. Von einem nahen Verwandten, den Sie auf der Brücke verloren haben.«

Da hatte ich mich jetzt in eine Sackgasse hinein manövriert.

»Das war gelogen«, sagte ich.

»Und warum haben Sie gelogen?«

»Ich wollte Zugang zu diesem Archiv. Und ein persönlicher Grund schien mir vielversprechender zu sein als ein professioneller.«

Sie sah mich prüfend an. Irgendetwas an meiner Geschichte gefiel ihr nicht. Sie spürte, dass ich etwas verbarg.

»Maja, was ist Ihrem Großvater damals passiert?«

»Ich möchte gerne hinfahren«, sagte sie. »Ich bin schon lange nicht mehr dort gewesen.«

Sie fuhr ein Motorrad, das sie schon seit ihrer Hamburger Zeit hatte, eine rassige italienische Enduro mit 400 ccm. Damit fuhren wir zu der Brücke, und je näher wir ihr kamen, desto schweigsamer wurde sie. Auf der Brücke legte sie die Oberarme auf das Geländer und blickte mit melancholischer Miene auf das Wasser, das nach Osten floss.

»Hier ist er mit dem Wagen in den Fluss gestürzt«, sagte sie.

»Warum ist das passiert? Gab es einen Zusammenstoß?« Ich lehnte mich ebenfalls gegen die Begrenzung.

Maja schüttelte den Kopf.

»Vielleicht eine Fahrradfahrerin?«

Sie sah mich verwundert an. »Wie kommen Sie jetzt auf so etwas?«

Ich zuckte mit den Achseln. Aber das genügte ihr nicht. Sie wurde wieder misstrauisch.

»Sie wissen doch etwas«, sagte sie. »Haben Sie Informationen, von denen ich nichts weiß?«

Ich verneinte und schob noch eine weitere Lüge hinterher, indem ich behauptete, ein bulgarischer Triathlon-Profi habe mir von dem damaligen Unfall erzählt, aber er habe noch nicht einmal mehr gewusst, in welchem Jahr der Unfall sich ereignet habe.

»Und auf solches Hörensagen hin unternehmen Sie eine so weite Reise? Gibt es in Deutschland keine ungewöhnlichen Todesfälle?«

»Doch, natürlich gibt es die. Aber ich möchte eine Dokumentation drehen mit einem Todesfall in jedem europäischen Land. Ich denke, man erhält dadurch vielleicht Rückschlüsse auf die unterschiedlichen Kulturen.« Es war schon fast erstaunlich, dass die Balken der Brücke unter unseren Füßen nicht anfingen, sich zu biegen – angesichts der haarsträubenden Lügen, die ich zum Besten gab.

»Wo ist Ihr Kamerateam?«

»Das steht in den Startlöchern. Aber ich musste ja erst heraus finden, ob wir hier wirklich eine Geschichte haben, über die wir etwas machen können.«

Allmählich schien sie meine Geschichte zu glauben, es kamen jedenfalls keine prüfenden Fragen mehr. Ich fragte sie, wie ihr Großvater eigentlich hieß.

»Sein Name war Dragomir Buljakov, und als er starb, war er 45 Jahre alt. Er muss ein toller Mann gewesen sein. Einer, der sich eingesetzt hat für andere Menschen. Dem die Welt am Herzen gelegen hat. Jeder hat ihn gemocht. Na ja, fast jeder«, korrigierte sie sich. »Ich bedaure sehr, dass ich ihn nicht mehr kennengelernt habe.«

Es wühlte mich auf, das alles zu hören. Vielleicht sprach sie gerade über den Mann, der ich in meinem vorherigen Leben gewesen war. Was für eine ungeheuerliche Vorstellung! Ich blickte hinunter auf den Fluss, und auf einmal sah ich wieder das Bild vor mir, wie ich in dem Auto sitze, und der Fluss kommt immer näher, ich werde auf die berstende Windschutzscheibe geschleudert, und Wasser kommt von allen Seiten herein geschossen! Maja tippte mir an den Arm und sah mich ahnungsvoll an.

»Brechen Sie jetzt gleich wieder zusammen?«

»Nein, keine Angst«, erwiderte ich und rang mir ein Lächeln ab. »Ich würde gerne Ihren Vater kennen lernen«, sagte ich.

»Ich kann Sie schon miteinander bekannt machen«, antwortete sie. »Aber dann müssen Sie sich untersuchen lassen. Wenn er erfährt, dass Sie den Grund für Ihre Zusammenbrüche nicht kennen, werden Sie ihm nicht entkommen. Papa liebt es, medizinischen Phänomenen auf den Grund zu gehen.« Bei diesen Worten lächelte sie zwar, aber hinter den Worten schien mir eine Traurigkeit verborgen zu sein, auf die ich mir keinen Reim machen konnte.

Das Krankenhaus trug zwar die Ortsbezeichnung ‚Kazanlăk' im Namen, aber in Wirklichkeit war es in Buzovgrad, einem

Örtchen, das sich noch einen knappen Kilometer südlich der Brücke befand. Mit jedem Meter, dem wir ihm näher kamen, schien mein Schmerz schlimmer zu werden. So extrem hatte ich ihn in all den Jahren nur sehr selten erlebt, er war wie ein wildes Tier, das sich in meinem Gehirn festgebissen hatte. Als wir uns über den Parkplatz des Krankenhauses bewegten, hatte ich Mühe, geradeaus zu gehen. Maja bemerkte es und machte sich Sorgen.

»Kopfschmerzen«, erklärte ich. »Möglicherweise müssen wir das hier verschieben.«

»Wenn es Ihnen nicht gut geht, sind Sie hier am richtigen Ort«, sagte sie.

Wir betraten den Eingangsbereich der Klinik. Das Gebäude war Mitte der 50er Jahre entstanden, aber dieses Entrée hier hatte man in den 90ern aufwendig renoviert, es besaß eine fast durchgehende Glasfront und wirkte modern und freundlich. Ein älterer, aber sehr drahtiger und hellwacher Mann mit graumeliertem, vollem Haar kam auf uns zu und begrüßte Maja mit so liebevollen Worten, dass er nur ihr Vater sein konnte. Sie erklärte, sie habe jemanden mitgebracht, der ihn kennenlernen wollte. Krassimir Buljakov stellte sich mir vor. Er sprach gebrochenes Deutsch, weil er seine Tochter einige Male in Hamburg besucht und den Austausch mit ihren damaligen Chefs und Kollegen gepflegt hatte. Buljakov war es ein lebenslanges Anliegen, seinen medizinischen Wissensstand zu erweitern und sein Können zu verbessern. Dafür lebte er. Ich spürte vom ersten Moment an, dass er echtes – und nicht nur routinemäßiges – Interesse an meinem Fall hatte. Medizinische Rätsel waren tatsächlich seine größte Leidenschaft. Er nahm uns mit in ein Behandlungszimmer, drückte mir eine Medikamentenpackung in die Hand und wollte wissen, ob ich die schon ausprobiert hatte. Ich studierte den Waschzettel, der auch auf Englisch abgefasst war.

»Schmerzmittel«, sagte er. »Sehr gut.«

Ich musste ihn enttäuschen. »Den Wirkstoff kenne ich. Der wirkt bei mir nicht besonders.«

»Sie haben schon lange?« fragte er und klopfte sich dabei gegen die Schläfe.

»Schon mein halbes Leben lang. Glauben Sie mir: Dagegen finden Sie nichts. Dutzende Ärzte haben es probiert.«

»Mein Vater gesagt: Oft muss lange suchen, bis findet Gold.«

Wir lächelten uns an. Ich mochte ihn und hatte das Gefühl, dass zwischen ihm und mir ohne große Worte besondere Wertschätzung entstand.

Ich fragte: »Damals, nach dem Unfall auf der Brücke – ist Ihr Vater sofort tot gewesen?«

»Nein. Hier gestorben, in Klinik.«

Maja senkte den Kopf und blickte zwischen ihre Beine auf den Boden, als ihr Vater das sagte.

»Ist er auch Arzt gewesen?«

»Wir hatten Bauernhof«, sagte Buljakov. »*Tatko* war einfache Mann. Aber klug. Hat gewusst, was war wichtig. Und was war nicht.«

»Er war sicher sehr stolz auf Sie. Ein Arzt in der Familie…«

»Beruf war *tatko* egal«, erwiderte er.

»Viele sagen, der eigentliche Bürgermeister sei mein Großvater gewesen«, fügte Maja hinzu. »Wer etwas auf dem Herzen hatte, kam zu Drago, egal was es war.«

Buljakov sagte etwas auf Bulgarisch und wirkte dabei ein wenig aufgewühlt.

»Mein Vater meint, dass mein Großvater sich nie etwas gefallen lassen hat«, übersetzte Maja. »Unrecht war ihm zuwider, und wo es welches gab, hat er etwas dagegen unternommen.«

Buljakov, nun wieder ruhiger, wandte sich mit einem Satz an seine Tochter.

»Ich soll fragen, ob Sie Lust haben, morgen zum Kaffee zu kommen«, übersetzte sie. »Zu uns nach Hause.«

»Es wäre mir eine Ehre«, sagte ich. »Vielen Dank.«

»Wollte ich nicht selbst fragen«, erklärte Buljakov, »damit nicht klingt wie Frage von Dreijährige.« Er grinste. Und ich freute mich. Da konnte der Schmerz in meinem Kopf noch so sehr toben.

***

In der Nacht fand ich keinen Schlaf, und das lag nicht an der beschissenen Matratze. In Schweiß gebadet wie ein Fieberkranker starrte ich an die im Zwielicht liegende Zimmerdecke. Warum war der Schmerz hier stärker als sonstwo? Hatte das etwas zu tun mit Dragomir Buljakov? Weil ich mich jetzt dort befand, wo er damals gelebt hatte? Und wo er gestorben war? Ich wälzte mich hin und her. In der Matratze lag ich gebogen da wie eine Banane, das Bettgestell ächzte bei jeder Bewegung. Ich stand auf, sah aus dem Fenster hinunter auf die schwach beleuchtete Straße und hing meinen Gedanken nach. *Dragomir Buljakov, sag mir doch mal bitte: Bin ich du gewesen? Ist der Chefarzt also nichts anderes als mein Sohn? Und die schöne Maja meine Enkelin?*

Ich war der einzige Mann am Tisch, der kein Jackett trug, weil ich keines mit auf die Reise genommen hatte. Aber wenigstens hatte ich mich für mein bestes Hemd entschieden. Ich saß inmitten der gesamten Familie Buljakov bei Kaffee und Kuchen und fühlte mich ungewohnt unsicher. Außer Maja und Krassimir, dem Familienoberhaupt, der an der Stirnseite Platz genommen hatte, waren da Krassimirs Frau Jovana, eine schlanke, feingliedrige Frau mit feinem Gestus, die nicht zum Plaudern neigte, sondern sehr gewählt sprach. Ihr gemeinsamer Sohn Ilian war in meinem Alter. Im Gegensatz zum Rest der Familie war er ein wenig dicklich und aufgedunsen. Nicht gerade fett, aber man sah schon, dass er seiner Figur keine Aufmerksamkeit zukommen ließ. Ilian war schlecht gelaunt, und ich hoffte für ihn, dass er nur einen miesen Tag erwischt hatte, aber er wirkte wie jemand, der sein Leben nicht ausstehen konnte. Seine Frau Nikolina war um die 30, trug einen Pferdeschwanz, hatte ein süßes Stupsnäschen und ein liebes Lächeln, und insgeheim bedauerte ich sie bereits für ihren Ehemann. Sie hatten zwei Töchter, die siebenjährige Vera und die fünfjährige Yelina. Die beiden mussten in Spitzenkleidchen am Tisch sitzen, langweilten sich und waren ganz sicher nur still und brav, weil es sonst Ärger gegeben hätte. Krassimir erklärte seiner Familie gerade, wer ich war.

»Mein Vater gibt mit Ihnen an«, sagte Maja. »Er erzählt, was für ein berühmter Sportler Sie sind.«

Jovana sprach mich an und deutete auf die zahlreichen Kuchen und Torten, die auf dem Tisch standen.

»Meine Mutter bittet Sie, noch Kuchen zu nehmen«, übersetzte Maja.

»Ich habe zwar schon zwei Stück gehabt«, sagte ich, »aber ich interessiere mich noch sehr für diese Schokoladentorte. Bitte sagen Sie ihr, dass die Kuchen köstlich sind.«

Maja übersetzte, was ich gesagt hatte, und gab mir ein Stück von der Torte. Ilian stellte seinem Vater eine Frage, die Krassimir beantwortete, was Ilian wiederum einen verwunderten Kommentar entlockte. Daraufhin beugte Krassimir sich in meine Richtung und sagte: »Entschuldigung. Nicht höflich, sprechen Bulgarisch.«

Ich beeilte mich, ihm zu versichern, dass das für mich kein Problem sei. Krassimir machte eine auffordernde Geste in die

Richtung seiner Tochter. Maja verstand und begann zu übersetzen: »Mein Bruder hat gefragt, wieso Sie sich für Großvater interessieren. Darauf sagte mein Vater, dass Sie an einer Dokumentation über historische Unfallopfer arbeiten. Worauf mein Bruder wiederum feststellte, sie seien doch ein Sportler.« Ilian beschwerte sich nun bei seiner Schwester, offensichtlich ging es ihm auf die Nerven, dass alles, was er sagte, übersetzt wurde. Nikolina, vom Verhalten ihres Mannes peinlich berührt, versuchte ihn zu bremsen, was seiner Laune auch nicht gerade zuträglich war. Krassimir wollte die etwas gepresste Stimmung, die sich am Tisch auszubreiten drohte, auflockern, hob den Zeigefinger und sagte etwas, auf so ausgestellte Weise, dass es sich nur um ein Bonmot handeln konnte.

»Besser mit Klugen in die Hölle, als mit Narren ins Paradies«, übersetzte Maja. »Mein Vater liebt alte Sprichwörter.«

Was dann folgte, verstand ich, ohne des Bulgarischen mächtig zu sein. Ilian regte sich über den Spruch seines Vaters auf, anscheinend fühlte er sich mit dem Narren gemeint. Krassimir forderte ihn scharf auf, sich endlich zu benehmen. Ilian aber hatte nun genug, warf seine Serviette auf den Tisch, stand auf und ging hinaus. Krassimir stand kurz vor dem Explodieren, aber ein bittender Blick seiner Frau sorgte dafür, dass er sich zusammen riss.

Am späteren Nachmittag begleiteten Maja und Krassimir mich über den Friedhof. Sie erklärte mir, ihr Vater wolle sich bei mir für das Benehmen seines Sohnes entschuldigen, während Krassimir mit einem Gemisch aus Deutsch und Bulgarisch darüber schimpfte, wie dumm und faul Ilian sei und dass man doch wenigstens Englisch können müsse. Wir blieben stehen und wurden still. Vor uns befanden sich die Gräber von Dragomir Buljakov und seiner Frau Biljana Buljakova, die 18

Jahre nach ihrem Mann gestorben war. Krassimir ging auf die Knie und beugte in stiller Meditation das Haupt vor den Toten. Maja blieb neben mir stehen und faltete die Hände. Ich war so aufgewühlt, dass ich kaum atmen konnte. Unablässig starrte ich Dragomirs Grabstein an. Nachdem Krassimir wieder aufgestanden war, sagte ich:

»In zwei Tagen wäre er 80 Jahre alt geworden.«

Krassimir murmelte etwas, und Maja übersetzte: »Mein Vater sagt, durch Sie fühlt er sich *tatko* so nahe wie schon lange nicht mehr.«

»Ist wichtig«, sagte nun Krassimir, »dass wir Vorfahren ehren. Was wir sind, sind wir durch sie. Ohne sie, wir wären nichts.«

Ich nickte zustimmend, während sich Maja einen kurzen Kommentar nicht verkneifen konnte, der anscheinend einen kritischen Inhalt hatte. Ich sah sie fragend an und wartete auf die Übersetzung, die aber nicht kam. Krassimir schenkte Maja einen scharfen Seitenblick. Und ich bedauerte mehr denn je, diese Sprache so gar nicht zu verstehen.

***

Ulf Preussner betrat sein Büro nur für einen Moment, steckte ein paar Trainingspläne in eine Mappe und wollte schon wieder gehen, als er sah, dass der Anrufbeantworter blinkte. Er drückte die Taste, und es meldete sich die Stimme einer ihm unbekannten jungen Frau.

»Hallo, mein Name ist Eva Berger. Man sagte mir, Sie seien der Trainer von Alex Magnusson. Ich möchte Sie nicht belästigen, aber Alex und ich, wir haben ein paarmal versucht, uns telefonisch zu erreichen. Anscheinend ist ihm in Bulgarien das Handy geklaut worden, und er war auch im Gefängnis.«

Ulfs Frau Kathrin rief nach ihrem Mann und meinte, sie müssten langsam los. Er stoppte den Anrufbeantworter und bat sie, schon mal den Wagen zu holen, er werde sofort kommen. Dann ließ er die Aufnahme weiter laufen.

»Er hat doch diese Zusammenbrüche«, sagte Evas Stimme, »und ich dachte mir, vielleicht stehen Sie ja mit ihm in Verbindung und wissen, wo man ihn erreichen kann. Ich mache mir Sorgen.« Dann hinterließ sie noch ihre Telefonnummern und verabschiedete sich. Ulf blieb neben dem Anrufbeantworter stehen. Draußen wartete seine Frau auf ihn. Aber er musste jetzt erst einmal nachdenken. Er fasste sich an die Nasenspitze, das tat er immer, wenn er überlegte, was er tun sollte. Dann griff er nach dem Telefonhörer und drückte die Rückruf-Funktion.

***

Beim Verlassen des Friedhofs sagte Krassimir etwas mit sehr ernster Miene, und Maja wollte von ihm wissen, ob sie das wirklich übersetzen sollte. Er nickte, und so tat sie es.

»Mein Vater vermutet, dass *tatkos* Unfall gar kein Unfall gewesen ist.«

»Wie kommt er darauf? Was sollte es denn sonst gewesen sein?«

Maja blickte ihren Vater an, und er nickte zustimmend.

»Mord«, sagte Maja. »Aber das hat man nie beweisen können.«

Krassimir murmelte entschlossen etwas vor sich hin, und ich vermutete, es sollte bedeuten, dass noch nicht aller Tage Abend sei, oder etwas in der Richtung.

»Herr Buljakov«, sagte ich, »wenn ich Sie bei der Suche nach der Wahrheit irgendwie unterstützen kann, bin ich gerne dazu bereit.«

Er blieb stehen und lächelte mich an. »Nennen Sie mich Krassimir, bitte.« Dann ging er weiter, und wir folgten ihm. Die beiden meinten, in wenigen Tagen beginne das Rosenfest, und das müsse ich unbedingt miterleben, denn es sei ganz wunderbar. Von dem nun folgenden freundlichen Smalltalk bekam ich kaum etwas mit, denn was ich gerade erfahren hatte, arbeitete in mir wie ein Ameisenvolk, das überall nach Nahrung und Baustoff suchte, um aus den verstreut herum liegenden zahlreichen Einzelteilen ein großes Ganzes zu machen.

In der folgenden Nacht war noch weniger an Schlaf zu denken. Der Schmerz gebärdete sich nach wie vor ungewöhnlich übermächtig, und meine Gedanken kreisten unablässig um Dragomir Buljakov und seinen rätselhaften Tod. Ich schloss die Augen und versuchte trotzdem zu schlafen, musste aber einsehen, dass es keinen Sinn hatte. Ich stand auf, wollte aber nicht schon wieder Stunden lang am Fenster stehen und in die Nacht starren. Ich griff nach dem Hemd, das über dem Stuhl hing.

Die Bar, die ich betrat, war fast leer, aber es war auch mitten in der Nacht. Am Tresen, vor einem halb vollen Bier, saß mein guter, alter Bekannter, der Taxifahrer, und sprach mit dem Barkeeper, der auf der anderen Seite stand und Gläser spülte. Ich setzte mich neben ihn und begrüßte ihn. Er freute sich, mich zu sehen.

»Mann mit Schmerz in Kopf, wie geht's?
»Na ja.«
»Trink ein Bier mit mir. Ist nicht so gut wie euer Bier, aber geht schon.«

Ich wollte von ihm wissen, ob es in Kazanlǎk ein Rotlichtviertel gab. Er verstand zuerst nicht, was ich wollte.

»Rotlicht?«
»Nutten.«
Er sah mich verständnislos an. »Du hast zu Hause tolles Mädchen und willst hier rumficken?«
»Das verstehst du nicht.«
Er war enttäuscht von mir, aber das konnte ich jetzt auch nicht ändern. Eine Adresse gab er mir trotzdem. Nur hinfahren würde er mich nicht, das machte er mir unmissverständlich klar.

Das Zimmer war sehr plüschig eingerichtet, und in jeder Ecke gab es schummriges Licht. Das sollte mondän wirken, kam aber nur billig rüber. An der Decke rotierte ein Ventilator. Das Bett quietschte, als ich mit der falschen Leidenschaft eines Verzweifelten die vollbusige Prostituierte vögelte, die regungslos unter mir lag wie eine weiche Luftmatratze. Meine Erregung war stark, aber mit Befriedigung hatte sie nichts zu tun. Das war aber auch zweitrangig, denn die Übung erfüllte ihren Zweck und meine Erwartungen: Der Schmerz in meinem Kopf wurde gedämpft. Ich rollte mich von ihr hinunter und blieb schwer atmend auf dem Rücken liegen.
»I want you one more time«, sagte ich. »Just give me ten minutes.«
»Another hundred Euros«, erwiderte sie ungerührt.
»Of course«, sagte ich und starrte auf den gleichmäßig rotierenden und leicht schwankenden Ventilator.

Ich erwachte, weil die Prostituierte an mir rüttelte. Ich musste blinzeln, denn von draußen schien bereits die Sonne herein.
»You have to go now«, sagte sie und legte meine Kleider auf meinen Bauch. Ich stemmte mich hoch und fing an, mich anzuziehen. Ich fühlte mich wie zerstört.

»Ich danke dir«, sagte ich. »Aber weißt du, nicht einmal die Wirkung von Sex hält hier so lange an wie anderswo. Es muss an dem Ort liegen. An Dragomir Buljakov. Anders kann ich es mir nicht erklären.«
»I told you I don't understand German«, erwiderte sie.
»Ich bin völlig platt«, sagte ich. »Wie eine Fliege, die jemand zwischen den Fingern hat, und langsam, ganz langsam erhöht er den Druck, bis der Chitinpanzer zu brechen beginnt und alles aus der Fliege herausgequetscht wird und sie endlich verreckt. Weißt du, wofür man Chitin benutzen kann?«
»I don't understand.«
»Als Fettblocker. Ein Kollege von mir liebt Süßigkeiten, aber er muss ja sein Gewicht halten, also schaufelt er ständig Chitinpulver in sich hinein. Ich habe ihm gesagt, auf Dauer kann es nicht gut sein, ständig etwas zu tun und es gleichzeitig zu bekämpfen. Das macht Körper und Seele kaputt, er sollte lieber weniger Schokolade fressen. Aber ich mache genau dasselbe, ich habe diesen Schmerz, und mein ganzes Leben ist daraus ausgerichtet, mit ihm leben zu können, ihn zu regulieren. Wenn ich einfach nur aufhören müsste, Schokolade zu essen, hätte ich das längst getan. Aber das kann ich nicht. Hast du schon mal einen Getriebenen gesehen? Einen wie mich? Ich glaube kaum. Sag, können wir noch mal ins Bett gehen? Ich hab noch Geld übrig.«
»You really must go now.«
Ich schloss meine Hose und schlüpfte in die Schuhe. Sie hielt mir bereits die Türe auf und hoffte, ich würde endlich verschwinden.
»Have a nice day«, sagte ich und ging hinaus auf die Straße. Das Sonnenlicht war nicht gut für meinen Kopf, aber die Sonnenbrille hatte ich im Hotel gelassen. Ich beeilte mich, dort hin zu kommen, zog meine Laufsachen an und rannte los. Etwas anderes kam in meinem Zustand nicht in Frage.

Ich lief in nordwestlicher Richtung, dem Balkangebirge entgegen. Das Tempo hielt ich noch höher als zuletzt. Die Oberschenkel begannen zu glühen, und je mehr sie das taten, desto besser ging es mir. Es gab viele Formen von Masochismus, und das hier war eine davon. Irgendwann ließ ich die Rosenfelder hinter mir, durchquerte einen Wald, und dann fingen die Steigungen an, die Ausläufer des Gebirges. Ich hielt die Geschwindigkeit dennoch gleich bleibend hoch, verbiss mich geradezu in das Gelände. Eine derartige Intensität erreichte ich im Training nur ganz selten, solche grenzwertigen Anstrengungen über mehrere Stunden waren sonst Wettkämpfen vorbehalten. Aber heute fühlte es sich an wie ein Wettkampf, und der Preis, der auf dem Spiel stand, war mein Leben. Etwas war in mir von dem Geist, der geboren worden war auf dem Weg hinauf zum Gaustatoppen. An anderen Tagen machte ich mir immer ganz automatisch Gedanken über die Streckenführung und stellte sicher, dass ich vor Sonnenuntergang wieder zurück sein würde. Heute nicht. Heute waren solche Überlegungen völlig gleichgültig, es ging nur darum, immer weiter zu laufen, egal wohin, egal wie weit. Ich verließ die Straße, begann einem Waldweg zu folgen, und rannte den Berg hinauf wie ein Monster, unempfindlich gegenüber den eigenen Gefühlen, dem Schmerz, der Anstrengung, dem Durst. Ich war eine Maschine, die dem Gipfel entgegen rollte, obwohl ihr Motor längst kochte und die Nieten von den Beschlägen platzten. Als mir klar wurde, dass ich das Tempo endgültig nicht mehr halten konnte, beschloss ich, den Gesetzen von Physik und Biologie einfach ins Gesicht zu lachen und trotzdem noch schneller zu werden. Ich holte mehr aus in mir heraus, als in mir war, und fing an zu schreien. Nicht aus Wut. Auch nicht, um mich selbst anzuspornen. Sondern einfach nur, weil es gar nicht anders ging, das Ventil öffnete sich von selbst und verschaffte sich Luft. Ich muss einen wirklich merkwürdigen Anblick abgegeben haben, als ich, auf der allerletzten Rille, diesen einsamen Berg laut schreiend empor gelaufen bin. Und dann blieb ich stehen. Zu meiner eigenen Überraschung. Erst jetzt entlud sich die Anstrengung so richtig in meine Muskeln. Zuerst stützte ich die Arme auf den Oberschenkeln ab, aber das war zu schmerzhaft, und ich legte mich einfach erschöpft auf den felsigen Pfad. Ich war von Kopf bis Fuß klatschnass, mein Atem pumpte Besorgnis erregend, meine Muskeln übermittelten Notsignale. Ich blinzelte gegen die Nachmittagssonne und legte die Finger beider Hände auf meine Stirn, um in Kontakt mit dem Kopfschmerz zu treten. Lag es an dem fürchterlichen Training, oder war es die Entfernung zu Kazanlăk? Jedenfalls war der Schmerz zurück gegangen. Ich fragte mich, ob es nicht besser gewesen wäre, die Heimreise anzutreten. Die Stadt der Rosen tat mir nicht gut. Da hörte ich einen durchdringenden, trompetenartigen Schrei und fuhr erschrocken zusammen. Ich hatte angenommen, hier oben ganz und gar alleine zu sein, und wollte sehen, wer den Krach veranstaltete. Gegen die helle Sonne konnte ich den großen Vogel, der in einigen Metern Entfernung vor mir stand, zunächst nicht erkennen. Aber dann breitete das Tier seine Schwingen aus, hob ab und flog in unmittelbarer Nähe an mir vorbei: ein großer, stolzer, schneeweißer Kranich! Der nun ein zweites Mal seinen gewaltigen Schrei ausstieß und davon flog. Vermutlich habe ich ihm hinterher gestarrt wie einem Gespenst.

Den Rückweg habe ich in gemächlicher Geschwindigkeit zurück gelegt, und als ich endlich nach Einbruch der Dunkelheit zurück war in Kazanlăk, konnte ich nur noch vor mich hin schlurfen. Die Salzkruste auf meinem Gesicht und den Armen war dicker als der Chitinpanzer einer Küchenschabe, und so schwach ich mich körperlich auch fühlte, war ich seelisch doch gestärkt, als ich ins Foyer des Hotel Sunshine wankte. Der Hotelmanager mit der Halbglatze legte meinen Schlüssel auf den Counter und wollte wissen, wie viele Kilometer ich heute gelaufen war. Ich antwortete ihm, es seien 112 gewesen. Er dachte, ich würde scherzen. Da beugte ich mich ein wenig über den Tresen und erzielte damit eine Mischung aus Vertraulichkeit und Bedrohung, als ich ihn fragte, ob ich wirklich aussehen würde wie jemand, der Scherze machte. Er wusste nicht, was er darauf antworten sollte. Ich hob die halb leere Wasserflasche, die ich mir auf den letzten Kilometern gekauft hatte, über den Kopf und leerte den verbliebenen Inhalt auf mir aus. Als die Flasche leer war, fuhr ich mir mit der Hand langsam von vorne nach hinten durchs Haar. Zwischen meinen Füßen bildete sich eine Pfütze. Die ganze Zeit ließ ich den Hotelmanager nicht aus den Augen. Er verzog keinen einzigen Gesichtsmuskel. Ich griff nach dem Schlüssel und ging zur Treppe. Auf halbem Weg dorthin schüttelte ich das Haar wie ein junger Hund, so dass es nach allen Seiten kräftig spritzte. Ich weiß nicht genau warum, aber ich ließ keine Gelegenheit aus, die Leute in diesem Hotel zu provozieren. Wenn ich so weiter machte, würden sie mir ein Schlägerkommando aufs Zimmer schicken und mich aus dem Fenster werfen lassen, aber das war mir egal. Ich gönnte mir noch einen kurzen Blick zurück und sah, dass der Hotelmanager zwar versuchte, sich nichts anmerken zu lassen, aber er strahlte dennoch kaum zu bändigende Mordlust aus.

In der folgenden Nacht habe ich, frisch geduscht und total kaputt, endlich wieder geschlafen wie Dornröschen – tief, ruhig, gleichmäßig und fest.

Was ich angerichtet hatte, sah ich erst am nächsten Morgen, als ich auf dem Bettrand saß und auf meine Füße hinunter blickte. Die sahen nicht schön aus, vor allem der linke nicht.

Wenig später kam ich in die Klinik gehumpelt und war froh, gleich auf Maja zu treffen, die sich gerade mit der Dame am Empfang unterhielt.

»Maja, wie gut, dass ich Sie treffe.«

Als sie mich sah, zog sie die Stirn kraus. »Was haben *Sie* denn gemacht?«

Aber wie sie nun so vor mir stand, war die Verwunderung ganz auf meiner Seite, denn sie trug ein langes, schwarzes Kleid, geschmackvollen Schmuck und eine dezente Hochfrisur.

»Meinen linken Fuß«, sagte ich, »würde ich gerne versorgen lassen.«

Sie spürte, dass mein Blick auf ihrer Aufmachung ruhte, und das schien sie zu verunsichern.

»Wir feiern den 80. Geburtstag meines Großvaters«, erklärte sie, und ich wurde das Gefühl nicht los, dass es sie nervös machte, mich hier anzutreffen. Da näherte sich auch schon der Rest ihrer Familie: Krassimir, seine Frau Jovana, Sohn Ilian mit Ehefrau Nikolina und den beiden Töchtern, und außerdem noch Krassimirs Geschwister, sein etwas jüngerer Bruder Nilo und seine noch jüngere Schwester Gojka. Auch die beiden hatten ihre Ehepartner und Kinder bei sich. Acht Erwachsene und ein halbes Dutzend Kinder, und alle trugen schwarze Anzüge und schwarze Kleider, auch die Kleinen. Die Mädchen hatten kleine Rosensträuße in den Händen. Ich fragte mich, was sie in der Klinik taten. Wollten sie von hier aus eine Prozession zum Friedhof starten? Maja erriet meine Gedanken: Ja, sie hatten sich hier getroffen, um gemeinsam zum Friedhof zu gehen. Es sei alter bulgarischer Brauch, an den besonderen Gedenktagen der Toten einen gewissen Weg zu Fuß zurück zu legen, bevor man den Verstorbenen ehre. Krassimir sah mich, löste sich von seiner Verwandtschaft und kam mit offenem Lächeln auf mich zu. Obwohl ich auf der Stelle stand, erkannte er sofort mit Kennerblick, dass mit meinem Fuß etwas nicht stimmte. Im Gegensatz zu seiner Tochter war er aber die Gelassenheit in Person.

»Fuß kaputt? Wir leider keine Zeit.« Krassimir wandte sich der Dame am Empfang zu und redete kurz mit ihr. Jovana und Nikolina nickten mir unterdessen freundlich zu. Ilians Blick dagegen war so finster, als hätte er mich am liebsten in den Boden gerammt. Er trug einen großen Kranz mit einer goldenen Schleife.

»Mein Vater sorgt dafür, dass Sie von einem Kollegen behandelt werden«, sagte Maja. Ich bedankte mich dafür und meinte, das sei sehr nett. Krassimirs Bruder und Ilians Frau drückten jetzt die Aufzugknöpfe, und die ganze Familie wartete darauf, dass die Aufzüge kamen. Krassimir kam von der Empfangsdame zurück und sagte mir noch etwas auf Bulgarisch.

»Rutsch lieber mit dem Fuß aus als mit der Zunge«, übersetzte Maja. »Altes bulgarisches Sprichwort.«

»Gute Besserung«, sagte Krassimir und ging mit seiner Tochter zu den Aufzügen, deren Türen sich nun öffneten. Maja fühlte sich überhaupt nicht wohl, das sah ich ihr an. Ich sah zu, wie die Familie in den beiden Aufzügen verschwand und sich die Türen wieder schlossen. Die Dame am Empfang rief nach mir und deutete auf die Krankenschwester, die nun den Gang entlang kam und mir schon von Weitem lächelnd zunickte. Ich verstand, dass sie wegen mir gekommen war, und humpelte ihr entgegen.

Dr. Stoikov war nur unwesentlich älter als ich und ließ nicht erkennen, ob der Zustand meines linken Fußes ihn beeindruckte. Er stach die große, tiefrote Blutblase auf, die sich am großen Zeh gebildet hatte, und verband sie. Dann säuberte und desinfizierte er die Ferse, die so wundgescheuert war, dass das rohe Fleisch hervor schaute, und versorgte sie ebenfalls mit einem Verband. Der rechte Fuß bekam an der Ferse nur ein Pflaster. Er verordnete mir ein paar Tage Trainingspause und hatte natürlich keine Ahnung, was er mir damit antat. Höchstens zwei Tage lang würde ich mit dem Training pausieren, und selbst das würde schon schlimm genug sein für mich. Aber an Laufen war heute tatsächlich nicht zu denken. Gehen dagegen war mit den Verbänden kein Problem, nach einer Weile musste ich dabei nicht einmal mehr besonders humpeln. Seit ich die Buljakovs in Trauerkleidung gesehen hatte, war ich unruhig, und es hielt mich nicht in meinem Hotelzimmer. Ich ging in der Stadt auf und ab, sah zu, wie die Dekorationen fürs Rosenfest fertig wurden, und wie auf einem zentralen Platz ein großes Podium aufgebaut wurde. Ich setzte mich in ein Restaurant und aß eine Gjuwetsche, einen bulgarischen Eintopf aus Kalbfleisch, Kartoffeln und Gemüse. Es wurde Abend, aber ich wollte noch immer nicht zurück zum Hotel. Und als ich mich plötzlich vor dem Eingang zum Friedhof wiederfand, war bereits die Nacht herein gebrochen. Die Tür war offen, anscheinend hielt es niemand für notwendig, sie über Nacht abzusperren. Ich fand das Grab von Dragomir Buljakov mühelos wieder, blieb davor stehen und sah es einfach nur an. Lange, sehr lange sogar. Schließlich sagte ich:

»Alles Gute zum Geburtstag. Wer immer du auch gewesen bist. Und was immer ich auch damit zu tun haben mag.« Etwas an dem Grab begann mir jetzt aufzufallen. Etwas fehlte, und das war merkwürdig.

Der Taxifahrer saß in seinem am Taxistand geparkten Wagen und biss in ein belegtes Brot, als ich auf der Beifahrerseite meinen Kopf ins offene Fenster hängte.

»Oh«, sagte er. »Verrückte Mann mit Schmerz in Kopf.«
»Fährst du mich wieder zurück nach Sofia?«
»Hast du deine Zeug erledigt?«
»Schwer zu sagen.«
»Ab morgen Rosenfest. Erst nächste Woche zurück.«
»Und wenn ich was drauflege?
Der Fahrer überlegte. »Hm, kann ich fahren heute Nacht nach Sofia und gleich wieder nach Kazanlăk. Ist dann aber teurer als letzte Mal.«
»Das macht nichts.«
»Aber vorher erzählst du mir, was du hier wolltest.«
»Warum sollte ich?«
»Bin ich neugierige Sauhund«, sagte er grinsend.

Also setzten wir uns in ein Straßencafé und tranken einen späten Kaffee. Immerhin würden wir heute Nacht lange wach bleiben müssen. Ich erzählte ihm die ganze Geschichte meines Schmerzes, was ich in der Rückführung erlebe hatte (diesen Teil fand er besonders spannend) und wie ich am Ende hier in Bulgarien gelandet war. Ich schloss die Erzählung mit dem, was ich heute Abend auf dem Friedhof gesehen, und vor allem mit dem, was ich dort nicht gesehen hatte. Nach dem Besuch der Familie Buljakov hätten frische Blumen auf dem Grab liegen müssen und ein Kranz mit einer goldenen Schleife. Dort hatten aber nur die Blumen gestanden, die auch vorgestern schon dagewesen waren. Ich hatte mich umgesehen: Auf dem Friedhof gab es zwei andere Gräber, die festlich geschmückt waren, weil das Sterbedatum oder der Geburtstag des Toten sich vor kurzem gejährt hatten. Das Grab von Dragomir Buljakov aber, der heute 80 Jahre alt geworden wäre, war nackt und unberührt. Der Taxifahrer verstand nicht, wieso ich nach dieser Entdeckung nach Hause fahren wollte. Da stimmte doch etwas nicht. Er meinte, er an meiner Stelle würde jetzt tun, was getan werden musste, und sich nicht einfach tatenlos aus dem Staub machen.

Keine halbe Stunde später schlich ich mich zurück auf den Friedhof, mit einem großen Spaten in der Hand, und konnte nicht fassen, dass ich das wirklich tun wollte. Der Taxifahrer hatte auch einen Spaten und blieb, im Gegensatz zu mir, ziemlich gelassen. Der Friedhof kam mir nun noch sehr viel dunkler vor, und ich fragte mich, was wir tun würden, wenn jemand vorbei kam.

»Kommt keiner«, sagte der Taxifahrer. »Menschen haben Angst vor Friedhof in der Nacht. Kommen nur Perverse.«

»Du meinst, Leute wie wir?«

Der Grabstein von Dragomir Buljakov befand sich ziemlich in der Mitte des Friedhofs. Nicht einmal Straßengeräusche waren hier mehr zu hören. Der Fahrer zog Handschuhe an, ein zweites Paar warf er mir zu. Dann führte er unerschrocken den ersten Spatenstich und forderte mich auf, nicht blöd herum zu stehen. Ich war doch derjenige, der hier versuchte, einem Rätsel auf die Spur zu kommen. Ich überwand meinen Widerwillen und trieb den Spaten ebenfalls in den Rasen. Den gestrigen Lauf hatte ich noch in den Knochen und war in dieser Nacht nicht gerade der Fitteste. Außerdem schmerzte mein linker Fuß. Dennoch kamen wir gut voran, und nach gut einer Stunde hatten wir den Grabstein entfernt, und mein Spaten traf in zwei Meter Tiefe zum ersten Mal auf etwas Hartes. Kurz darauf hatten wir die Oberseite des Sarges frei gelegt. Der Fahrer stützte sich auf seinen Spaten und wischte sich mit dem Handrücken den Schweiß vom schmutzigen Gesicht.

»Mach ihn auf«, sagte er.

»Ich weiß nicht« erwiderte ich und zögerte.
»Na los«, forderte er mich auf. »Wird bald hell.« Gemeinsam wuchteten wir den Deckel hoch, der sich langsam öffnete, mit einem lauten Knarren, das dafür sorgte, dass sogar die Haare auf dem Oberarm des Fahrers sich aufstellten. Es war aber so dunkel, dass nicht das kleinste bisschen Licht in den Sarg hinein fiel. Da war nur ein schwarzes, gähnendes Loch. Der Fahrer holte eine kleine Taschenlampe hervor, machte sie an, leuchtete hinein, und wir blickten in den Sarg von Dragomir Buljakov, der vor 35 Jahren auf tragische Weise verstorben war.

***

Ulf erinnerte sich an das, was ich ihm vor einigen Monaten über Eva erzählt hatte. Und Eva erinnerte sich sehr genau an alles, was ich ihr über Ulf gesagt hatte. Trotzdem, oder vielleicht gerade deswegen, war die erste Begegnung der beiden von Befangenheit geprägt. Eva erschrak, als sie erfuhr, dass Ulf seit fast einem halben Jahr keinen Kontakt mehr zu mir hatte.

»Er hat damals gesagt: *Ohne den Ulf wäre ich aufgeschmissen.* Was macht er denn jetzt ohne Sie?«

Ulf musste zugeben, dass er es nicht wusste. Es überraschte ihn, dass ich mich in Bulgarien herum trieb, denn dort sei ich nie zuvor gestartet, und dass ich ausgerechnet dort ein Trainingslager aufgeschlagen haben könnte, hielt er für nahezu ausgeschlossen.

»Eva, mir fällt nur ein einziger Grund ein«, sagte er. »Und der wird sich jetzt seltsam anhören. Sehr seltsam. Sie werden vermutlich annehmen, dass ich eine Meise habe oder Sie auf den Arm nehmen will.«

»Sie wissen aber, wie man jemanden neugierig macht«, meinte Eva und hörte sich in aller Ruhe an, was Ulf zu sagen hatte über die Rückführung, die mich im letzten Jahr so umgetrieben hatte, bevor ich mich dann dafür entschieden hatte, das Ganze doch für Humbug zu halten.

»Und warum nehmen Sie an, dass ihn diese Erlebnisse jetzt, Monate später, nach Bulgarien treiben?«

»Ich weiß es nicht«, sagte Ulf, »ich halte es nur für möglich. Als wir auseinander gegangen sind, hat Alex keinen guten Eindruck auf mich gemacht. Ich meine, er ist immer ein Getriebener gewesen – aber seit die Zusammenbrüche kamen, war er eine Kerze, deren Docht auf beiden Seiten brannte. Er rechnet damit, dass es bald mit ihm vorbei ist, und vorher will er es noch einmal richtig krachen lassen, auf Biegen und Brechen, auf Gedeih und Verderb.«

»Und dabei wollten Sie nicht zusehen?«

»Dabei *konnte* ich nicht zusehen.«

Eva verriet verlegen, dass sie ab und zu Tarotkarten legte und Dinge auspendelte. »Sie wissen schon: Ob ich dieses oder jenes tun oder lieber lassen sollte. Ich glaube also nicht, dass jemand eine Meise hat, nur weil er sich einer Rückführung unterzieht.«

»Und nützt das was, Pendeln? Funktioniert es?«

»Ich weiß nicht«, meinte Eva. »Es verhindert jedenfalls nicht, dass mir eine Katastrophe nach der anderen passiert. Alex nannte mich deswegen *master of disaster*.«

»Er mochte Sie«, sagte Ulf. »Und jetzt weiß ich auch wieso.«

»Er hat über mich gesprochen?«

»Alex hat mal gesagt: *Wenn ich nicht diese Axt im Schädel hätte, würde ich sie nehmen und mit ihr ans Ende der Welt gehen.*«

»Wow.« Eva war so gerührt, dass sie feuchte Augen bekam, aber solange dieser fremde Mann bei ihr im Wohnzimmer saß,

wollte sie sich zusammen reißen. Sie kämpfte sich über den Moment hinweg, indem sie anfing zu reden:
»Was tun wir denn jetzt? Warten wir ab, bis wir etwas von ihm hören?«
»Was schlagen Sie vor?«
»Ich habe ein schlechtes Gefühl«, sagte Eva. »Vielleicht ist er zusammengebrochen und nicht mehr in der Lage, sich zu melden. Vielleicht braucht er Hilfe. Am liebsten würde ich hinfliegen und ihn suchen.«
»Bulgarien ist groß«, gab Ulf zu bedenken.
»Ich weiß, von wo er angerufen hat«, sagte Eva. »Aus einer Stadt, ein paar Autostunden östlich von Sofia.«
Die beiden sahen sich an und schwiegen. Bis Ulf fragte, warum sie dann noch hier herum saßen.

***

Neben dem Flughafen von Sofia, auf dem Weg zum Mietwagen, der auf einem Parkplatz stand, kämpfte Eva gegen die Zweifel, von denen sie während des Fluges überfallen worden war.
»Wenn ich mitten in Bulgarien auf einmal vor ihm stehe, das findet er doch dann bestimmt total übergriffig.«
»Eva, was der Alex Ihnen aufs Band gesprochen hat…« Ulf zögerte kurz, bevor er den Satz zu Ende sprach. »So etwas hat er noch zu keiner Frau gesagt.«
Sie war trotzdem nicht beruhigt. In der Vergangenheit war sie so oft der festen Überzeugung gewesen, das Richtige zu tun, und dann hatte sich herausgestellt, dass das Boot, auf das sie sich begeben hatte, von Anfang an zum Kentern verurteilt gewesen war. So ging es ihr ständig, und deswegen war sie im Alltag fast unentwegt verunsichert. Sie versuchte, sich die nackten Fakten in Erinnerung zu rufen: Da gab es einen

Mann, mit dem sie im letzten Jahr eine kurze und letztlich unerfreuliche Affäre erlebt hatte. Seitdem hatte sie von ihm nichts mehr gehört. Dennoch hatte sie sich wieder bei ihm gemeldet, was die meisten ihrer Freundinnen als krassen Anfängerfehler eingestuft hätten. Daraufhin hatte der Mann zurückgerufen und ihr signalisiert, sie vielleicht doch gerne wieder treffen zu wollen. Das konnte daran liegen, dass er sich da unten, alleine auf dem Balkan, gerade einsam fühlte, und vielleicht auch ein bisschen geschmeichelt. Außerdem neigten Männer dazu, gelegentlich ihre alten Trophäen abstauben zu wollen – und nichts anderes war sie doch, eine alte, unbedeutende Trophäe, die lange Zeit unbeachtet hinten im Regal gestanden hatte!

Ulf öffnete mit der Funkfernbedienung des Autoschlüssels die Zentralverriegelung des Mietwagens und wollte einsteigen, als Eva auf der Beifahrerseite stehen blieb.

»Das geht so nicht«, sagte sie.

»Was meinen Sie?« Ulf sah sie irritiert an.

»Ich kann mich nicht neben Sie setzen und da hinfahren.«

Ulf verstand sie falsch. »Wird Ihnen schlecht auf der Beifahrerseite? Es ist nur: Alex hat mir verraten, dass Sie eine, na ja, etwas unsichere Fahrerin sind.«

»Ich bin eine richtig grauenhafte Fahrerin«, gab Eva zu, »auch wenn ich es oft nicht wahrhaben will. Das liegt daran, dass ich mir zum Beispiel mitten beim Spurwechsel überlege, dass es vielleicht doch besser wäre, auf der Spur zu bleiben. Aber davon rede ich nicht.«

»Sondern?«

»Ich habe hier nichts zu suchen. Ich sollte nicht hier sein. Ich fliege zurück.«

»Eva, ich kann Sie nicht daran hindern. Aber *ich* setze mich jetzt in diesen Wagen und suche meinen besten Freund.«

Sie nickte.

»Machen Sie's gut«, sagte Ulf. »Gute Heimreise.«
Er legte seine Reisetasche auf die Rückbank, stieg ein und steckte den Zündschlüssel ins Schloss. Der Motor sprang an. Eva ballte die Hände. Stampfte mit dem Fuß auf. Dann öffnete sie die Beifahrertür und stieg ein. Ulf sah sie lächelnd an, aber Eva blickte nur starr durch die Frontscheibe und sagte kein Wort.

**

Schon früh am Morgen war die Innenstadt brechend voll. Das Treiben erinnerte an große Karnevalsumzüge. Bunt geschmückte Pferdekutschen fuhren langsam durch die Straßen, auf den Fußwegen drängten sich die Zuschauer, viele davon trugen die klassische Tracht der Region, und alle Menschen waren in Festlaune. Kapellen marschierten zwischen den Wagen und spielten mit Trommeln und Blechblasinstrumenten landestypische Musik. Ich drängte mich durch die Menschenmassen, der Taxifahrer hatte Mühe, mit mir Schritt zu halten. In dem Gemenge störte sich niemand daran, wie wir aussahen, obwohl man nach dem Ausheben des Grabes in der vergangenen Nacht annehmen konnte, wir hätten uns ausgiebig im Dreck gewälzt. Ich musste immer wieder daran denken, wie die ganz in Schwarz gekleidete Familie Buljakov gestern in die beiden Aufzüge der Klinik gestiegen war. Die Türen hatten sich geschlossen, und dann waren sie ins Untergeschoss gefahren. Ich konnte nicht vermeiden, dass ich immer wieder Leute anrempelte, aber das nahm mir keiner krumm, sie hatten alle so gute Laune und waren entschlossen, sich die durch nichts verderben zu lassen. Fast kam ich mir vor wie kurz nach dem Start eines Triathlons, wenn man, umringt von strampelnden Leibern, im Wasser kaum voran kam. Eine Trachtengruppe, die musizierend auf der Straße unterwegs war, teilte sich, um einer Motorradeskorte der Polizei Platz zu machen. Eine fast in Schrittgeschwindigkeit dahin gleitende schwarze Limousine mit dunkel getönten Fenstern folgte den Motorrädern. Eskorte und Limousine bewegten sich auf das Podium zu, das gestern errichtet worden war. Es befand sich vor dem feinsten Hotel der Stadt, wie der Taxifahrer mir erklärte. Die Limousine blieb stehen, mehrere Leibwächter kamen heran geeilt. Einer öffnete die hintere Tür des Wagens. Ein Mann in einem anthrazitfarbenen Anzug stieg aus, der Taxifahrer erkannte ihn auf der Stelle.

»Lubomir Petrov!« rief er. »Das ist Lubomir Petrov!«

Alle Menschen rings umher erkannten ihn, Viele riefen seinen Namen. Petrov winkte und lächelte staatstragend in alle Richtungen. Der Taxifahrer schwenkte begeistert seine Mütze. Aber ich interessierte mich nicht für den Politiker. Sollte er von mir aus die Wahl zum Ministerpräsidenten gewinnen oder auch nicht, das war mir egal. Ich drängte mich weiter durch die Menge, und dadurch verlor ich den Taxifahrer. Ich sah noch, wie der populäre Kandidat von einem seiner Bodyguards ermahnt wurde, das Bad in der Menge zu beenden und ins Hotel zu gehen, als auch Lubomir Petrov meinem Blickfeld entschwand.

Die Buljakovs wohnten am westlichen Stadtrand, dort, wo die feinen Häuser standen. Sogar hier konnte man noch hören, wie das Rosenfest in nicht allzu weiter Ferne tobte. Krassimir Buljakov bewohnte ein stattliches Haus, fast konnte man es eine Villa nennen. Es war erst wenige Jahre alt, Krassimir hatte mir beim Kaffeetrinken erzählt, wie er es gemeinsam mit seinem Bruder, der Architekt war, geplant und gebaut hatte. Das Haus stellte eine Mischung dar aus modern und traditionell, es gab viel Glas und offene Stahlträger, aber im Eingangsbereich auch breite Säulen, die an altgriechische Paläste erinnerten. Es war umgeben von einem großen Garten, mit einigen hohen, stolzen Bäumen. An einer Eiche lehnte ein klappriges Fahrrad. Meine Kleider waren so schmutzig wie mein Gesicht, und von der durchgemachten Nacht waren meine Augen blutunterlaufen, ich sah aus wie ein lebender Toter. Aber ich hatte keine Zeit gehabt, ins Hotel zu gehen, mich umzuziehen und zu duschen. Ich konnte nicht länger warten. Die zweiteilige Haustüre zwischen den Säulen, aus burgunderrotem Meranti-Holz, stand halb offen. Im hohen, großzügigen Eingangsbereich des Hauses standen Krassimir, seine Frau Jovana und Tochter Maja. Alle drei trugen Tracht, und Maja stritt gerade heftig mit ihrem Vater, als ich, ohne anzuklopfen, in die Tür trat. Die Buljakovs unterbrachen ihre Auseinandersetzung und erschraken, als sie mich sahen, was nicht verwunderlich war, denn jeder noch so wahnsinnige Massenmörder hätte, im Vergleich zu mir, gewirkt wie ein Chorknabe. Sie wollten wissen, was mit mir los war, und was ich in diesem Zustand in ihrem Haus zu suchen hatte. Ich musterte Krassimir, ging auf ihn zu und sagte:

»Ich will wissen, was mit Ihrem Vater passiert ist.«

Er fragte, ob ich den Verstand verloren hätte.

»Ich habe das Grab geöffnet«, ließ ich die Bombe platzen. »Es ist leer, und etwas sagt mir, dass ich Ihnen da nichts Neues erzähle.«

Krassimir und Maja starrten mich an. Krassimirs Frau fragte auf Bulgarisch nach, was ich denn gesagt hatte. Er unterstellte mir, irrsinnig geworden zu sein. Wie konnte ich es wagen, das Grab seines Vaters zu schänden? Jovana wollte die Polizei holen, aber Krassimir hielt ihren Arm fest.

»Was hat Ihre Familie gestern in der Klink gemacht?« fragte ich.

Krassimir forderte mich auf, sofort sein Haus zu verlassen und sich nie mehr bei ihm blicken zu lassen, und zwar sofort.

»Glauben Sie mir«, antwortete ich ihm, »wenn Sie mir keine Antworten geben, hole ich sie mir selbst.«

Krassimir ließ seine Frau los und ging zu einem Sekretär. Maja begriff, was er vor hatte.

»Alex, gehen Sie!« schrie sie. »Bitte!«

Aber ich dachte gar nicht daran, das Feld zu räumen. Krassimir zog eine Schublade auf, holte eine Pistole hervor und richtete sie auf mich.

»Krassimir!« rief Jovana.

Auch mir fuhr der Schreck in die Glieder, aber ich blieb, wo ich war. Krassimir radebrechte, ich hätte sein Vertrauen missbraucht und lasse ihm keine andere Wahl. Er entsicherte die Waffe.

»Was soll das, Krassimir?« fragte ich. »Was, zum Teufel, soll das jetzt? Ich bin hier nicht der Verbrecher!«

»Sie arbeiten für ihn, nicht wahr?« sagte er, fügte brummelnd die Frage an, wieso ihm das nicht gleich klar gewesen sei, und kam mit der erhobenen Waffe langsam auf mich zu.

»Er meint es ernst, Alex!« rief Maja. »Wirklich! Verschwinden Sie, oder er wird Sie erschießen!«

Krassimir fixierte mich und gab seiner verängstigten Frau eine Anweisung, die ich nicht verstand. Sie verschwand in einem Zimmer, kurz darauf kam sie mit einem Seil zurück. Er wollte mich fesseln! Ich blickte zu Maja hinüber. Sie wollte nicht, dass das hier geschah. Es gab Dinge, die ihr an ihrem Vater zuwider waren, das hatte ich bereits mehrfach gespürt, zwischen den Zeilen verborgen. Zum ersten Mal, als sie mir erzählt hatte, dass ihr Vater es liebte, medizinischen Phänomenen auf den Grund zu gehen. Zum zweiten Mal, als er mir berichtet hatte, sein Vater sei erst in der Klinik gestorben. Und zuletzt, als Krassimir darauf verwiesen hatte, dass man die Toten zu ehren habe. Sie wusste etwas, das ihr zu schaffen machte, und möglicherweise hätte sie dieses Wissen sogar gerne mit mir geteilt. Aber es war der falsche Zeitpunkt, um sie dazu zu überreden. Ich drehte mich um und lief davon, raus aus dem Haus und durch den Garten. Krassimir rief mir hinterher, ich solle stehen bleiben. Er blieb in der Haustüre stehen, folgte mir mit dem Lauf der Pistole und schoss. Das Projektil schlug dicht neben mir in der Eiche ein, als ich nach dem alten Fahrrad griff. Er wollte mich tatsächlich töten! Ein so marodes Rad hatte ich schon lange nicht mehr unter dem Hintern gehabt, es quietschte bei jeder Pedalumdrehung, die Kette war verrostet und hatte ewig kein Schmiermittel mehr gesehen, und außerdem war es zu klein. Ein zweiter Schuss pfiff mir um die Ohren, aber im nächsten Moment war ich um die Ecke verschwunden. Ich quälte das Fahrrad und holte alles aus ihm heraus, was es zu geben bereit war. Schnell näherte ich mich der Innenstadt, der Verkehr aus Passanten in Tracht, die heute mitten auf der Straße gingen, wurde dichter, die lärmende Musik lauter. Die Menschen hakten sich unter und tanzten dem Mittelpunkt des Festes entgegen. Ich musste bald erkennen, dass ich hier nicht mehr weiter kam, und schob das Fahrrad in eine Nebenstraße. Eine junge, dunkelhaarige Frau in rotschwarzer Tracht kam mit feurigem Lächeln auf mich zugetanzt, aber ich hatte, ganz gegen meine Gewohnheit, keine Augen für sie und ihre Reize. Die Feierwilligen waren zwar auch hier zahlreich unterwegs, aber es gelang mir, einen zügigen Slalom um sie herum zu fahren. Bald erreichte ich eine weniger stark frequentierte breitere Straße. Mein Ziel lag jenseits der Stadtgrenzen, und ich musste so schnell wie möglich dort hin, egal wie groß der Umweg war, den das Rosenfest mir auferlegte. Hinter mir quietschten Autoreifen. Ich drehte ich mich um und sah, wie ein silberfarbenes Mercedes-Cabrio um die Ecke bog, mit Krassimir am Steuer! Ich beschleunigte meinen Tritt, das Fahrrad ächzte. Ich umkurvte die Fußgänger auf noch halsbrecherischere Weise. Hinter mir drückte Krassimir immer wieder auf die Hupe, die Leute sprangen erschrocken beiseite. Wie sehr ich mich auch ins Zeug legte, der Wagen kam näher. Ich riss den Lenker zur Seite und schoss wieder in eine Seitenstraße. An der nächsten Einmündung bog ich erneut ab. Dieses Spiel wiederholte ich mehrere Male, ich schlug einen Haken nach dem anderen, immer in der Hoffnung, meinen Verfolger abzuschütteln. Aber Krassimir ließ nicht locker. Einmal steuerte er seinen Kotflügel in einen Mülleimer, der an einer Straßenecke stand, und schleuderte ihn ins Schaufenster eines Krämerladens, das krachend zersplitterte. Kurz darauf kam er mir so nahe, dass seine Stoßstange fast schon mein Hinterrad berührte. Abermals riss ich das Fahrrad in eine Abzweigung und war mir sicher, diesmal würde er die Kurve nicht kriegen. Aber er war auf mein Manöver vorbereitet und hatte keine Mühe, mir auch diesmal zu folgen. Da tauchte vor mir eine der vielen Straßensperren auf, die errichtet worden waren, um die Innenstadt heute vom Autoverkehr frei zu halten. Ich sprang mit dem Fahrrad auf den Gehweg, fuhr an der Sperre vorbei und schlängelte mich weiter zwischen den Passanten hindurch. Krassimir musste eine Vollbremsung hinlegen, hier gab es für seinen Wagen kein Vorbeikommen mehr. Über meine Schulter sah ich noch, wie er wütend auf sein Lenkrad schlug und zusehen musste, wie ich in der Menschenmenge verschwand.

Wenig später ließ ich die Stadt hinter mir und durchquerte mit festem Tritt die Rosenfelder. Hoch über mir zog ein schneeweißer, majestätischer Kranich seine Bahnen, und ich fragte mich, ob meine Sinne mir einen Streich spielten, oder ob dieser Vogel wirklich hier war. Ich fuhr vorüber an einem Mann, der die einfache Kleidung eines Bauern trug und mir vom Straßenrand aus freundlich zulächelte. Sein Gesicht erinnerte mich stark an den Schwellenhüter, der in meiner Rückführung zu Staub zerfallen war, nur sah dieser Mann hier wesentlich gesünder aus. Ich forderte mich dazu auf, mich jetzt zusammen zu reißen, es war überhaupt kein guter Zeitpunkt, den Verstand zu verlieren. Ich trat noch verbissener in die Pedalen, aber für einen solchen Ritt war dieses Fahrrad nicht gemacht, und es antwortete mit den ersten größeren Macken: Zuerst begann das Hinterrad, an der Bremse zu schleifen, dann klemmte die Kette. Ich fragte mich, ob ich es mit der Mühle wirklich schaffen würde bis zum Krankenhaus in Buzovgrad.

***

Zur selben Zeit kämpfte sich auch ein Skoda durch den Verkehr von Kazanlǎk, der gerade aus Sofia gekommen war.

»Ich habe mich gefragt: Was für ein Hotel hat er wohl genommen?« sagte Ulf. »Schließlich kenne ich ihn in- und auswendig.«

»Und?«

»Er macht sich nichts aus Komfort, nicht einmal vor Wettkämpfen. Vielen Triathleten ist es wichtig, in der Nacht vor dem großen Tag absolute Ruhe zu haben. Kein Straßenlärm, keine Baustelle, keine Bars nebenan. Dreifach isolierte Fenster. Keine billigen Klimaanlagen. Sie würden nicht glauben, auf was die alles achten. Alex ist das alles völlig wurscht, teure Hotels betrachtet er als rausgeworfenes Geld. Zur Not reicht ihm eine Isomatte auf dem Flur.«

»Ist er geizig?« wollte Eva wissen.

»Im Gegenteil. Er geht gerne gut essen, und wenn er mal einen Wein trinkt, dann keinen vom Discounter. Nach einem guten Wettkampf schmeißt er gerne eine Lokalrunde nach der anderen. Manche wissen das schon und folgen ihm dann auf Schritt und Tritt.«

»Sie reden von Alex wie von einem Sohn.«

»Das mag jetzt blöd klingen«, sagte Ulf, »aber auf gewisse Weise ist er das auch. Ich bilde mir manchmal ein, ihn erschaffen zu haben. Das tue ich aber nur, weil ich ein arroganter Kerl bin, und es ist auch nicht wahr. Er hat sich selbst erschaffen. Ich habe noch nie jemanden gesehen, der es so verstanden hat, das Schlimmste in seinem Leben in etwas Gutes umzudrehen.«

Ulf hatte sich zu Hause eine Liste mit billigen Hotels ausgedruckt, nun fingen sie an, die abzuarbeiten. Die beiden betraten das Foyer eines Hotels und zeigten dem Mann am Counter ein Foto. Er schüttelte den Kopf. So ging es anschließend in einer ganzen Reihe von Hotels, und Eva bekam die ersten Zweifel an Ulfs Taktik.

»Das Rosenfest ist der touristische Höhepunkt des Jahres«, sagte sie. »Vielleicht waren alle billigen Hotels ausgebucht.«

***

Ich drehte die Pedalen ein wenig hin und her, die Kette lief wieder. Nun näherte ich mich der alten Brücke über die Tundscha, die ich überqueren musste, um nach Buzovgrad zu gelangen. In einer Kurve sah ich, dass hinter mir, in ungefähr einem halben Kilometer Entfernung, eine Staubwolke aufgewirbelt wurde. Ein Wagen jagte mit ungewöhnlich hoher Geschwindigkeit über die mit Schlaglöchern übersäte Straße, und ich wusste, wer das war. Er ahnte, wohin ich wollte, und es schien ihm nicht zu gefallen. Mehr konnte ich aus dem alten Fahrrad nicht heraus holen. Meine einzige Option bestand also darin, jenseits der Brücke querfeldein zu fahren, nur auf diese Weise würde ich ihn abschütteln können. Aber dazu musste ich als Erster über die Brücke, und das würde knapp werden. Das schmutzige Hemd klebte an meinem Körper. Mein linker Fuß nässte – vom Schmerz, den er produzierte, einmal ganz abgesehen. Der Wagen kam schnell näher, und ich war noch lange nicht auf der Brücke. Sonst war weit und breit niemand zu sehen, und deswegen hatte Krassimir wahrscheinlich keine Skrupel, die Waffe aus dem Seitenfenster zu halten und auf mich zu schießen. Der erste Schuss ging daneben. Endlich erreichte ich die Brücke. Der zweite Schuss traf den Rahmen des Fahrrads, das ich dadurch nicht mehr kontrollieren konnte. Das Vorderrad prallte gegen das Geländer, ich wurde aus dem Sattel geschleudert. Der Aufprall auf dem Wasser war schmerzhaft, weil ich keine Zeit hatte, zu reagieren, und mit dem Bauch aufschlug. Ich ging unter, verlor für einen Moment die Orientierung und tauchte wieder auf. Inzwischen war ich von der Strömung unter der Brücke hindurch getrieben worden und sah, dass Krassimir aus dem Wagen gestiegen war und auf der anderen Seite – dort wo ich gefallen war – aufs Wasser hinunter blickte. Die Waffe hatte er noch in der Hand. Er wandte sich um, und es gelang mir gerade noch rechtzeitig, wieder unterzutauchen, bevor er mich sehen konnte. Ich blieb so lange unter Wasser, wie ich konnte, und ließ mich mit der Strömung treiben. Als ich wieder auftauchte und nach Luft schnappte, hatte der Fluss mittlerweile eine Biegung gemacht, und ich hatte keinen Sichtkontakt mehr zur Brücke. Ich zog mich an Land und legte mich erst einmal flach auf den Rücken. Mein Atem pumpte. Aus meinen Kleidern lief das Wasser. Ich war völlig fertig. Aber ich konnte jetzt keine Pause machen. Also stand ich auf, strich mir die Haare aus dem Gesicht und sah mich um. Buzovgrad war nicht zu sehen, aber weit konnte es nicht sein. Humpelnd lief ich los und verschwand zwischen den Bäumen.

Eva und Ulf konnten nicht alle Hotels abfahren, weil einige sich innerhalb der Straßensperren befanden, die konnten sie also nur zu Fuß erreichen. Sie waren nun dort unterwegs, wo das Gedränge am größten war. Eva zeigte vielen Passanten das Foto und deutete mit fragender Miene darauf. Manche sahen kurz hin, aber mehr auch nicht. Eine junge und etwas modernere Trachtengruppe marschierte musizierend die Straße entlang und produzierte poppig angehauchten Balkansound mit einem Gemisch aus Gesang und Rap. Auf einmal war da ein Mann mit einer Mütze, der das Foto sah und es verwundert anstarrte, während Eva, die ihn gar nicht wahrnahm, an ihm vorüber ging. Der Mann sagte etwas zu ihr. Sie bemerkte ihn nun, konnte aber nichts verstehen, weil es viel zu laut war.

»Mann mit Schmerz in Kopf!« brüllte er und deutete auf das Foto. Eva starrte den Taxifahrer ungläubig an, und die beiden gingen mit ihm in eine ruhigere Seitenstraße.

»Sie sind Eva, eh?« fragte er grinsend, und als sie ihn verwirrt ansah, fügte er hinzu: »Hat er von Ihnen gesprochen.«

Sie musste lächeln, als sie das hörte, aber jetzt war keine Zeit für Geplänkel.

»Wo ist er?« wollte Ulf wissen. »Wann haben Sie ihn zum letzten Mal gesehen?«

Der Taxifahrer erzählte, wie er mich im Gewühl verloren hatte, und dass ich einem rätselhaften Problem auf der Spur sei, das keiner von uns beiden verstanden habe.

Tatko

Ich näherte mich dem Krankenhaus nicht von der Straße aus, und das war gut so, denn vor dem Haupteingang stand das Mercedes Cabrio. Ich hielt mich in den Büschen verborgen. Krassimir Buljakov kam aus dem Eingang und starrte angespannt die Straße hinunter. Der Schmerz in meinem Kopf war wieder sehr viel schlimmer geworden – wie immer, wenn ich mich dieser Klinik näherte. Auf der Rückseite des Krankenhauses gab es einen Park, der angelegt worden war, damit die Patienten sich, wenn sie gut genug zu Fuß waren, ein bisschen die Beine vertreten konnten. Er war fast menschenleer, nur eine alte Dame saß im Bademantel auf einer Bank, aber sie ließ sich mit geschlossenen Augen von der Sonne wärmen und bemerkte mich nicht einmal. Die Blumenbeete wurden von Steinreihen begrenzt. Einen davon nahm ich, schlug damit ein Souterrain-Fenster ein und stieg hindurch. Das tat ich vorsichtig, denn ich musste an Dimitri denken und an seine schmerzhafte Begegnung mit dem kaputten Fenster des BMW-Hochhauses. Als ich nun suchend den Gang entlang ging, wurde der Schmerz so stark, dass er mich fast in die Knie zwang. So fürchterlich hatte ich ihn nie zuvor erlebt, das war nach all den Jahren für mich noch einmal eine neue Qualität des Schmerzes. Ich fand das Treppenhaus und ging nach unten. Dabei begegneten mir zwei junge Krankenschwestern, die mich aber kaum registrierten, weil sie in ein angeregtes

Gespräch vertieft waren. Zum Glück, denn wenn sie mich angesehen hätten, wäre ihnen sofort klar gewesen, dass mit mir etwas nicht stimmte. Im Untergeschoss gab es einen Flur, der schummrig beleuchtet war. Ich fing an, mit beiden Händen den Kopf fest zu halten, weil ich fürchtete, er könnte jeden Moment platzen. Ich taumelte und stieß gegen die Wand. Es gab Türen. Die erste ließ sich öffnen und führte in den Heizungsraum. Die zweite sperrte sich ein wenig, ging dann aber auch auf. Darin standen alte Kisten, ausrangierte medizinische Geräte und ein altes, kaputtes Krankenbett. Ein Lagerraum. Dessen Wände aus dunklen Backsteinen bestanden, wie ich sie aus meinen Träumen kannte. Ich ging zurück auf den Flur. Viele Gedanken passten nicht mehr in meinen abartig schmerzenden Kopf, aber diese schon: Was suchte ich hier eigentlich? Warum war ich hier? Und warum tat es so weh, dass ich mich kaum auf den Beinen halten konnte? Ich tastete mich an der Wand langsam weiter. Bis der Schmerz mir noch schärfer in den Kopf schoss und ich einfach nicht mehr konnte. Ich krümmte mich, die Beine gaben nach, ich ging auf die Knie. Ein abgeschlachteter Stier kurz vor dem Gnadenstoß. Ich lehnte mich gegen die Wand und spürte kaltes Metall. Eine weitere Tür. Ich langte nach oben, auf der Suche nach der Klinke, fand sie endlich und drückte sie hinunter. Aber die Tür war verschlossen. Ich brauchte all meine Kraft, um noch einmal auf die Füße zu kommen. Erneut rüttelte und zog ich an der Tür, aber so sehr ich mich auch bemühte, sie ließ sich nicht öffnen. Ich schlurfte zwei Schritte zurück, lief darauf zu und trat dagegen. Aber der Versuch war lächerlich, und der Aufprall entlockte der Tür nur ein müdes, dumpfes Bumpern. Ich versuchte es ein zweites Mal, mit dem gleichen Ergebnis. Diese Tür würde ich nicht aufbekommen. Ich lehnte mich dagegen und fragte mich, warum ich nicht davon lief. Nirgendwo auf der ganzen Welt schien der Schmerz so bestialisch zu sein wie genau hier. Ich atmete laut, mit offenem Mund. Aber da war noch ein anderes Geräusch. Und nicht nur eines, es waren mehrere. Ich hörte ein leises, gleichmäßiges Piepen. Und einen weiteren Ton, ebenfalls regelmäßig wiederkehrend, der mich an das Aufpumpen meiner Fahrradreifen erinnerte. Das Geräusch einer Pumpe! Diese Erkenntnis lud mich noch einmal auf mit Energie, von der ich nicht wusste, woher ich sie noch nahm. Ich musste in diesen Raum! Es war das Einzige, was in meinem Leben noch Bedeutung hatte! Diesmal nahm ich mehr Anlauf und warf mich mit voller Wucht gegen die Tür. Der Aufprall tat außerordentlich weh, aber was kümmerte mich das jetzt noch? Das Türschloss hielt, aber es knirschte ein wenig im Gemäuer, und ich hatte den Eindruck, dass die Angeln sich lockerten. Ich unternahm einen zweiten Versuch, warf mich abermals dagegen. Danach war ich mir nicht sicher, ob all meine Rippen den Aufprall unversehrt überstanden hatten. Aber der Einsatz hatte sich gelohnt, die Tür saß jetzt nur noch locker in den Angeln. Wieder überquerte ich den Flur, um einen dritten Anlauf vorzubereiten. Da öffnete sich die Tür zum Treppenhaus, und Krassimir Buljakov erschien darin, mit der Waffe in der Hand.

»Kommen Sie her!« rief er. »Hände oben!«

Sollte er doch schießen. Ich warf mich wieder gegen die Tür. Die Angeln wurden aus der Wand gerissen, und zusammen mit der Stahltür flog ich in den Raum, der sich dahinter befand. Beim Sturz hörte ich meine Knochen knacken. Benommen drehte ich mich auf den Rücken. Auch hier bestanden die Wände aus großen, alten, dunklen Backsteinen. Mitten im Raum stand ein Krankenbett mit schneeweißem Laken. An einem Ständer hing ein Beutel mit einer gelblichen Infusion. Ein EKG-Gerät zeigte einen langsamen, regelmäßigen Puls an. Und noch langsamer wurde Luft durch ein Beatmungsgerät gepumpt. Es war unmenschlich schwer, noch einmal aufzustehen, ich zog mich am Fußende des Bettes nach oben. Der Schmerz war einfach unglaublich. Hätte man mir ohne Betäubung die Schädeldecke aufgesägt, es hätte nicht schlimmer sein können. Ich musste mit aller Gewalt die Augen aufreißen, um überhaupt noch etwas zu sehen. Und da war er. Ein sehr alter, dünner, runzliger und fast durchsichtiger Mann, der keine Haare und auch keine Augenbrauen mehr hatte. Im Rahmen der eingetretenen Tür erschien Krassimir mit seiner Pistole. Er war erregt.

»Kommen Sie! Sofort!« sagte er.

Ich presste die Hände gegen den Kopf, weil ich verzweifelt hoffte, dann klarer denken zu können. Er wollte wissen, ob ich verletzt war.

»Nein!« rief ich. »Mein Kopf fliegt nur gleich auseinander! Und ich weiß auch wieso! Der Mann, der da liegt, ist Ihr Vater: Dragomir Buljakov! Seit verschissenen 35 Jahren liegt er hier im Koma!«

Krassimir atmete nur schwer, sagte aber nichts.

»Mit Beatmungsgerät und künstlicher Ernährung halten Sie ihn am Leben! Seinen Körper! Denn seine Seele ist längst weg!«

»Nach Unfall war noch bei Bewusstsein«, sagte er. »Kurze Moment. Und hat gesagt: *Krassimir, toi beshe na mosta. Toi iskashe da me ubie.*«

»Was heißt das?«

»Krassimir, er war auf der Brücke. Er wollte mich töten.«

»Wen hat er gemeint?«

»Konnte nicht mehr sagen.«

»Warum, um alles in der Welt, haben Sie ihn nicht sterben lassen?« Ich sah Krassimir überhaupt nicht an, mich fesselte nur noch der Anblick des alten Mannes.

»Habe gehofft, wacht auf, sagt mir Name von seine Mörder.«

»35 Jahre, Krassimir. Fünf-und-dreißig Jahre! Das ist abscheulich! Das ist unmenschlich!«

»Habe gehofft auf Wunder«, erwiderte er. »Aber jetzt muss nicht mehr: Du sagst mir. Für wen bist du hier?«

Weil ich auf seine Frage nicht reagierte, sondern nur unablässig den regungslosen Greis anstarrte, drückte er mir den Lauf der Pistole an die Stirn.

»Krassimir, hören Sie mir zu«, sagte ich. »Das Wunder, auf das Sie gewartet haben, geschieht tatsächlich. Jetzt und hier. In diesem Moment.«

»Du bist hier, um ihn zu töten«, zischte er. »Um Sache zu Ende zu bringen.« Der Druck der Waffe auf meiner Stirn wurde stärker. »Glaubst du, ich weiß nicht? Wer dich geschickt? Sag Name! Sag ihn!«

Ich musste mich auf das Bettgestell stützen, um auf den Beinen zu bleiben. »Es war damals ein Mann auf der Brücke«, presste ich hervor. »Aber ich habe ihn nicht erkannt.«

»Was redest du?!« schrie er. »Warst du noch gar nicht am Leben!«

Ich blickte ihn nun an und sagte: »Doch, das war ich. Denn wir haben mehr miteinander zu tun, als du glaubst. Ich bin die Reinkarnation dieses Mannes. Ich bin die Wiedergeburt von Dragomir Buljakov. Und damit praktisch dein Vater, Krassimir. Du bist mein Sohn.«

Die Wut in seinen Augen war beispiellos. Er holte aus und zog mir die Pistole mit voller Wucht über den Schädel. Ich sackte auf das Bettgestell, fiel zu Boden. Und war weg.

Mein Leben davor

Dieser Duft! Ich saß im Saporoshez und fuhr durch die Rosenfelder. Wie ich das liebte! Im Rückspiegel sah ich die Pflückerinnen in ihren rotschwarzen Trachten. Und auch mich, Dragomir Buljakov, einen Mann in der Mitte seines Lebens, unterwegs nach Hause zu seiner Frau und seinen drei Kindern. Das Leben war hart, an jedem einzelnen Tag. Die Kühe wollten gemolken und auf die Weide geführt werden. Gänse und Schweine wollten gefüttert und gepflegt werden. Im letzten Jahr hatte eine Krankheit die Hühner infiziert, und ich hatte sie alle töten und verbrennen müssen. Im Jahr davor hatte der Kälteeinbruch im Frühjahr einen großen Teil der Ernte vernichtet. Aber auch solche Ereignisse gehörten dazu, selbst wenn sie schwer zu ertragen waren und die Existenz des Hofes bedrohten. Sogar in solchen Zeiten liebte ich das Leben, weil ich eine Familie hatte, die mir Kraft gab, alles durchzustehen und wieder für bessere Zeiten zu sorgen. Meine Frau fragte mich oft, warum ich mir darüber hinaus auch noch die Nöte anderer Menschen zu eigen machen musste. Hatten wir mit den unsrigen noch nicht genug zu tun? Aber wenn ich mitansehen musste, wie einer den anderen übervorteilte oder erpresste, konnte ich einfach nicht still halten. Ich war nicht dafür geschaffen, Ungerechtigkeiten hinzunehmen, und setzte mich immer wieder dafür ein, dass die Verantwortlichen damit nicht durch kamen, auch wenn ich mir damit Feinde machte, die mich und meine Familie bedrohten. Das war meine Natur, anders konnte ich nicht leben. Die Brücke kam näher, und kurz bevor ich sie überquerte, sah ich den Mann mit dem Hut. Ich kannte den jungen Kerl nur zu gut und fragte mich, was er hier wollte, zumal mit dieser lächerlichen Kopfbedeckung. Er hob den Arm und streckte ihn in meine Richtung. Er hielt eine Pistole auf mich gerichtet. Sicher handelte es sich um eine Drohgebärde, die mich dazu bewegen sollte, mich endlich um meine eigenen Angelegenheiten zu kümmern. Offenbar sah er nicht die Fahrradfahrerin, die sich ihm von hinten näherte. Ohne Vorwarnung gab er einen Schuss auf mich ab. Und noch einen. Der erste blieb in der Karosserie stecken, der zweite zertrümmerte die Frontscheibe. Aber noch besaß ich die Kontrolle über das Auto. Die Frau auf dem Fahrrad fuhr an ihm vorbei. Er erschoss sie, ohne zu zögern, durch einen Schuss in den Rücken. Eine Zeugin konnte er nicht gebrauchen. Die tödlich verletzte Frau trudelte mit dem Fahrrad vor meinen Wagen, ich riss das Steuer herum, und wie in Zeitlupe sah ich, dass der Mann einen weiteren Schuss abgab. Das Projektil durchschlug meine Stirn. Der Wagen krachte gegen die Begrenzung der Brücke. Sie zersplitterte, und der Fluss kam mit rasender Geschwindigkeit auf mich zu. Ich blickte durch einen Schleier aus Blut und erwartete den Aufprall auf dem Wasser. Aber stattdessen lag ich plötzlich auf dem Rücken, über mir eine kalkweiße Zimmerdecke. Und zwei Männer, die grüne OP-Kleidung trugen. Der Jüngere war mein ältester Sohn.

»Krassimir«, sagte ich, »*toi beshe na mosta. Toi iskashe da me ubie.*«

»*Koi, tatko? Koi iskashe da te ubie?*«[*]

Ich versuchte mit aller Kraft, noch etwas zu sagen, aber es gelang mir nicht. Der zweite Arzt entfernte sich. Krassimir beugte sich über mich und begann zu flüstern.

»Tatko, zapazete spokoistvie. Shte uspeem, star koren. Obicham te.«**
Dann wurde es dunkel.

* *deutsch: »Wer, Tatko? Wer wollte dich töten?«*
** *deutsch: »Tatko, ganz ruhig. Wir kriegen dich wieder hin, alte Wurzel. Ich hab dich lieb.«*

Schmetterling in der Betonwüste

Der Schmerz war so betäubend stark, dass mein Erwachen eher einem Übergang ins Dahindämmern glich. Meine Hände waren an ein Rohr gefesselt. Ich befand mich in dem Heizungsraum, den ich zuvor kurz inspiziert hatte. Vor mir auf einem Stuhl saß Krassimir und sah mich unnachgiebig an. Ich bat ihn, mir etwas zu trinken zu geben, aber er wollte nur wissen, wer mein Auftraggeber sei. Ich schloss die Augen und drohte, das bisschen Bewusstsein, das ich gerade erlangt hatte, bereits wieder zu verlieren, als ich vor mir ablaufen sah, was ich heute Morgen erlebt hatte: Lubomir Petrov war aus der Limousine mit den getönten Scheiben gestiegen, hatte breit gelächelt und staatstragend in alle Richtungen gewinkt. Über das Bild von ihm legte sich ein zweites – das des jungen Mannes mit dem Hut, der auf der Brücke auf mich geschossen hatte. Ich öffnete die Augen, soweit es eben ging, und schielte auf die Wasserflasche, die neben Krassimir auf dem Boden stand.

»Etwas zu trinken, und ich sage Ihnen, wer der Mörder war.«

Krassimir öffnete die Flasche. Ich sperrte gierig den Mund auf, er ließ etwas Wasser hinein laufen, bevor er die Flasche wieder weg nahm.

»Er sah aus wie dieser Kandidat«, sagte ich. »Lubomir Petrov. Nur jünger.«

»Ha!« rief Krassimir triumphierend aus. »Sie geben also zu!« Er stand auf und wollte den Raum verlassen.

Da sagte ich: »*Shte uspeem, star koren. Obicham te.*«

Krassimir erstarrte und fuhr zu mir herum. »Woher kennen Sie diese Worte? Habe ich in ganze Leben nur einmal gesagt. Und war niemand dabei!«

»Du hast sie *zu mir* gesagt«, erwiderte ich. »Kurz bevor du mich operiert hast.«

Er starrte mich ausdruckslos an. Fast fiel ihm die Waffe aus der Hand.

***

Lubomir Petrov stand auf dem Podium, flankiert von breitschultrigen Leibwächtern in schwarzen Anzügen. Viele tausend Menschen drängten sich auf dem Platz. Er sprach darüber, was das Land in den letzten Jahren durchgemacht hatte, und seine Anhänger hingen an seinen Lippen. Früher sei Bulgarien ein willfähriges Anhängsel von Mütterchen Russland gewesen. Später, nach der Perestroika, seien dann Viele in den Westen gegangen, nach Deutschland, Schweden oder Frankreich, und deswegen sei das Land heute nicht mehr als ein kleiner Spritzer Kot am Hintern von Europa. Die Menge pflichtete ihm lautstark bei, der Taxifahrer rief aufgebracht, ja, ganz genau so sei es. Lubomir Petrov nutzte die gesamte Bühne, ging mit dem drahtlosen Mikrofon vom einen Ende zum anderen, zeitweise mit langsamen, gesetzten Schritten, in anderen Momenten fast schon im Laufschritt. Er gebärdete sich wie ein Rockmusiker, der in einem Stadion spielte, und genau so liebte ihn sein Publikum. Er stellte direkten Kontakt her mit den Leuten in den ersten Reihen und forderte sie auf, diesen Zustand endlich zu ändern. Es sei höchste Zeit, der Welt zu zeigen, was Bulgarien sein könne, höchste Zeit, das geliebte Land zu einem Paradies zu machen, wie es auf der ganzen Welt kein zweites gebe! Jubel brandete auf, die Leute klatschten und schrien ihre Zustimmung heraus. Der Taxifahrer warf hingerissen seine Mütze hoch in die Luft (und sah sie anschließend nie mehr wieder). Petrov setzte ein verschmitztes Lächeln auf und begann mit den Menschen zu flirten, als er sie fragte, ob sie ein so hochgestecktes Ziel vermessen fänden. Seien sie der Ansicht, Bulgarien habe schon immer kleine Brötchen gebacken, und deswegen werde sich das auch niemals ändern? Die Menge brüllte ihren leidenschaftlichen Widerspruch zu ihm nach vorne. Er badete in der Hingabe, die ihm entgegen schwappte, und verkündete mit erhobener Faust, eine solche Politik werde es mit ihm auch nicht geben. In ein paar Jahren werde der Rest der Welt mit offenem Mund dastehen, wenn er sehe, was sie alle gemeinsam aus diesem wunderbaren Land gemacht hätten. Er wolle das von ganzem Herzen, versicherte er. Aber wollten die Menschen hier auf diesem Platz das auch?

»*Daaa!*« grölten viele tausend Kehlen ihre Zustimmung hinaus.

Lubomir Petrov legte die Hand hinters Ohr, als hätte er nicht verstanden, behauptete, er könne sie nicht hören, und wiederholte: Wollten sie das auch?! Jetzt explodierte der Jubel bis an die Grenze der körperlichen Belastbarkeit, die Menge kannte kein Halten mehr. Aber der Kandidat, der in allen Umfragen vorne lag, hatte noch nicht genug. Er brüllte ihnen die Frage entgegen, ob sie auch bereit seien, dafür zu kämpfen. Dabei hob er nun beide Fäuste, und während die Leute sich die Stimmbänder ruinierten, reckten auch sie beide Fäuste in den Himmel.

In der Hotellobby gab Lubomir Petrov anschließend ein paar handverlesenen Fans Autogramme. Seine Bodyguards behielten das Geschehen aufmerksam im Blick und achteten darauf, dass alle anderen Anhänger hinter einem Absperrband gehalten wurden. Dort stand auch Maja und bat einen der Leibwächter, nur für einen winzigen Moment zu ihrem Idol zu dürfen. Sie lächelte ihn süß an und ließ ihren Jungmädchen-Charme spielen. Wenn es sein musste, hatte sie den noch immer drauf. Der Mann hob, ohne eine Miene zu verziehen, das Absperrband und winkte sie durch. Andere wollten ihr folgen, aber der Leibwächter ließ das Band sofort wieder sinken. Maja drängte sich an den anderen Anhängern vorbei, die zu Petrov gelassen worden waren, auch wenn sie sich damit keine Freunde machte. Sie stellte sich ihm vor als Maja Buljakova, die Tochter vom Chefarzt der hiesigen Klinik, und verwies Petrov darauf, er habe ihren Großvater gekannt. Petrovs Sicherheitschef, ein großer Enddreißiger, der eher schmal gebaut war für einen ausgebildeten Leibwächter, empfand Maja als zu aufdringlich und gab ihr unmissverständliche Zeichen, sie möge Abstand zum Kandidaten bewahren. Es war Petrov selbst, der seinen Sicherheitschef bremste und Maja aufforderte, weiter zu sprechen. Sie meinte, sie müsse unbedingt mit Petrov unter vier Augen sprechen, denn ihr Vater sei wahnsinnig. Er halte ihren Großvater seit 35 Jahren künstlich am Leben. Petrov ließ sich nicht anmerken, was er von dieser Information hielt, ging aber mit Maja ein paar Schritte beiseite und wies seinen Sicherheitschef an, ihm die anderen Fans vom Leibe zu halten. Petrov wollte wissen, warum Maja damit ausgerechnet zu ihm kam. Sie verriet mit gedämpfter Stimme, ihr Vater sei in Kazanläk eine große Nummer, keiner hier würde es wagen, etwas gegen ihn zu unternehmen. Petrov aber, wenn er nächste Woche gewählt werde, könne dafür sorgen, dass diese entsetzlichen Dinge endlich ein Ende fänden. In Petrov arbeitete es, er dachte einen Moment lang angestrengt nach, bevor er Maja bat, ihm das alles etwas genauer zu erzählen. Aber nicht hier zwischen all den Leuten.

Petrov ließ Maja von einem Leibwächter in seine Suite bringen und ließ dort nicht lange auf sich warten. Der Mann, der im Begriff war, der mächtigste Bürger des Landes zu werden, setzte sich zu ihr und erkundigte sich charmant, ob man ihr auch etwas zu trinken gebracht habe. Er gab ohne Umschweife zu, sich an den Unfall ihres Großvaters noch gut zu erinnern. Dragomir Buljakov sei damals in Petrovs Heimatstadt Kazanlăk ein bedeutender Mann gewesen. Petrov wunderte sich nur darüber, dass Maja behauptete, er sei gar nicht tot. Wie sollte das möglich sein? Er war doch damals in der ganzen Region betrauert worden, alle Zeitungen hatten darüber geschrieben. Maja erzählte ihm die Wahrheit: Ihr Vater war von dem Gedanken besessen gewesen, dass jemand versucht haben könnte, Dragomir umzubringen. Deswegen hatte er ihn in den Keller des Krankenhauses gebracht, wo niemand ihn finden würde, hatte ihn für tot erklärt und offiziell begraben lassen. Es fiel Petrov schwer, das zu glauben. Konnte man denn einen Menschen 35 Jahre lang im Koma liegen lassen? War das überhaupt möglich? Maja erwiderte, Koma sei noch immer ein wissenschaftliches Rätsel und wenig erforscht. Ihr Vater habe nie die Hoffnung verloren, die Forschung könnte ihm irgendwann neue technische Möglichkeiten an die Hand geben, die entweder dazu führen würden, Dragomir erwachen zu lassen, oder die es erlaubten, seine Gehirnströme zu aktivieren und auf irgendeine Weise lesbar zu machen. Petrov meinte, das erinnere ihn an die Geschichte von Dr. Frankenstein, und äußerte mitfühlend, Maja müsse unter diesen Dingen sehr gelitten haben. Maja erzählte, was die Entscheidung ihres Vaters bedeutet hatte, nicht nur für sie: Die ganze Familie musste sich regelmäßig in diesem Kellerraum versammeln, an Weihnachten, an Ostern, und wenn einer von ihnen Geburtstag hatte. Darauf hatte ihr Vater all die Jahre über bestanden. Als Maja klein gewesen war, hatte es sie da unten immer gegruselt, später als Teenager hatte sie es für eine Weile ganz cool gefunden, weil es keine andere Familie gab, die so etwas hatte. Der Sicherheitschef kam herein und wies Petrov darauf hin, dass der Termin mit dem Stiftungsvorsitzenden gleich beginne, aber Petrov wies ihn freundlich, aber unmissverständlich ab. Dafür hatte er jetzt keine Zeit. Maja fuhr aufgewühlt fort: Ihr Großvater musste jeden Tag mehrmals gewendet werden, damit er sich nicht wund lag. Außerdem musste man ihn intravenös ernähren, ihm regelmäßig die Fingernägel kürzen und seine Exkremente entsorgen. Seine Haare musste man seit einigen Jahren nicht mehr schneiden, weil sie ihm irgendwann ausgegangen waren. Petrov fragte forschend, ob das Klinikpersonal Kenntnis davon habe. Maja verneinte. Niemand außer der Familie wusste, dass unten im Keller ein lebender Toter lag. Auch wenn sie nicht ausschließen konnte, dass im Laufe der Jahre der eine oder andere vielleicht einmal etwas mitbekommen hatte. Petrov stand auf, lächelte Maja äußerst gewinnend an und versprach ihr, sich so bald wie möglich darum zu kümmern. Er reichte ihr die Hand und bedankte sich für ihr Vertrauen. Maja wiederum dankte ihm sehr dafür, sich das alles angehört zu haben. Sie hätte sonst nicht gewusst, an wen sie sich hätte wenden sollen. Ein Leibwächter geleitete sie zum Ausgang der riesigen Suite. Doch sie bekam noch mit, wie Petrov seinem Sicherheitschef zu verstehen gab, der Termin mit dem Stiftungsvorsitzenden müsse verschoben werden. Es gebe jetzt etwas, das weitaus dringender sei.

***

Eva und Ulf hatten das Hotel Sunshine endlich gefunden. Der fette Portier schwieg, als Eva ihm das Foto vor die Nase hielt, verzog sich direkt zum Hotelmanager ins Büro und meinte, der durchgeknallte Sportler werde da draußen von zwei Landsleuten gesucht. Der Manager ging an den Counter und ließ die Deutschen wissen, der von ihnen gesuchte Mann sei tatsächlich Gast in diesem Hotel, man habe ihn hier aber schon seit gestern nicht mehr gesehen. Das war genau die Art von Nachricht, die Eva und Ulf befürchtet hatten, weil sie darauf hindeutete, es könne etwas Schlimmes passiert sein. Was sollten sie jetzt tun?

»Wenn Leute irgendwo zusammen brechen«, meinte Eva, »dann werden sie meistens gefunden, und solange sie noch leben, landen sie bei uns – im Krankenhaus.«

***

Lubomir Petrov nahm die Sonnenbrille ab, während er mit selbstbewussten Schritten den Kellergang entlang kam. Er hatte seine Sicherheitsleute bewusst angewiesen, ihm nicht ins Untergeschoss zu folgen. Er blieb stehen, denn nun wusste er nicht mehr, wo er suchen sollte. An einer Stelle lehnte ein großes Brett an der Wand, wo eigentlich eine Tür hätte sein sollen. Petrov schob das Brett beiseite, betrat den Raum dahinter und konnte kaum glauben, was er sah. Dragomir Buljakov lag in einem Krankenbett, angeschlossen an Geräte, versorgt von einer Infusion. Petrov schüttelte lächelnd den Kopf. Da lag doch tatsächlich der alte Quertreiber, kaum zu glauben. Er ging langsam um das Bett herum, weil er den Alten richtig in Augenschein nehmen wollte. Petrov sprach zu Dragomir, als würde der ihn hören können, und erinnerte daran, wie sehr sie beide einander verachtet hatten. Aber nun gleiche Dragomir kaum mehr dem kraftvollen, unbezwingbar scheinenden Mann, der er einst gewesen sei. Er sei nur noch eine ausgemergelte, zerknitterte, hässliche Hülle mit der Gesichtsfarbe eines tiefgekühlten Hühnchens. Damals sei er zwar nur ein Bauer gewesen, aber dennoch ein einflussreicher Mann, und er wiederum war der junge Sohn eines Manufakturbesitzers, der viel Geld mit der Produktion von Rosenöl verdiente. Petrov hatte nie verstanden, warum Dragomir sich gegen seinen Vater gestellt hatte. War es wirklich wegen der niedrigen Löhne und der angeblich so schlechten Arbeitsbedingungen? Oder ist Dragomir einfach nur neidisch gewesen? Er hatte es jedenfalls so weit getrieben, dass es am Ende gar keine andere Möglichkeit mehr gegeben hatte, als ihn von der Brücke zu schießen. Ja, damals sei Lubomir ein ganz schön wilder Hund gewesen, der keiner Schlägerei aus dem Weg gegangen sei und der – zugegeben – auch einigen Mist gebaut hatte. Aber jetzt solle Dragomir ihn einmal ansehen. Nächste Woche werde er zum Ministerpräsidenten gewählt und der große Hoffnungsträger des Landes sein. Dragomir dagegen sei ein hirntoter Greis, nur noch zusammen gehalten von Mullbinden und Gleitcreme. Petrov zog sich den einzigen Stuhl heran, der im Raum stand, und setzte sich neben das Bett. Irgendwie sei es ja sogar schön, ihn wieder zu sehen. Er habe Dragomir damals eigentlich gemocht und sogar ein bisschen bewundert. Wenn er nur nicht geglaubt hätte, seinem Vater an den Karren fahren zu müssen. Das konnte Lubomir doch nicht zulassen. Sich mit den Falschen anzulegen sei eben von allen Fehlern, die man machen könne, immer der allerschlimmste. Petrov stand wieder auf, sah sich die Geräte an und fragte sich, wo man das jetzt wohl alles ausstellen musste. Er entschied sich dafür, erst einmal das Kabel des Beatmungsgerätes aus der Steckdose zu ziehen. Da bemerkte er, dass noch jemand den Raum betrat. Krassimir Buljakov. Seine Pistole hatte er sichtbar im Gürtel stecken. Er fragte

Lubomir Petrov mit ruhiger Stimme, was er denn hier unten tat, im Keller des Krankenhauses. Petrov blieb ebenfalls ruhig, zumindest äußerlich, und behauptete, er sei gekommen, um einen ganz alten Freund zu besuchen. Petrov wunderte sich nun, dass Dragomir noch immer beatmet wurde, obwohl er doch den Stecker gezogen hatte. Krassimir deutete auf das Gerät, das Petrov eben abgestellt hatte, und meinte, das sei gar nicht angeschlossen. Ganz im Gegensatz zu der Kamera da oben, die alles aufgezeichnet habe. Krassimir deutete auf ein winziges Gerät, das an der Decke installiert war und einen kleinen, rot leuchtenden Punkt aufwies. Das aufgezeichnete Material, erläuterte Krassimir, könne innerhalb von Sekunden an sämtliche Fernsehsender im In- und Ausland übermittelt werden. Innerhalb einer halben Stunde wäre es europaweit überall in den Nachrichten. Petrov war jetzt doch sichtlich angespannt. In ihm arbeitete es fieberhaft. Ich betrat nun den Raum. Die Platzwunde an meiner Schläfe, die Krassimir mir beigebracht hatte, wurde von einem Pflaster verdeckt, und ich stützte mich auf einen Gehstock, um mich trotz der Schmerzen auf den Beinen halten zu können. Petrov wollte ungehalten wissen, wer ich war. Krassimir erwiderte mit finsterem Lächeln, das würde Petrov ihm sowieso nicht glauben. Ich musterte Petrov so aufmerksam, wie es mir in meinem Zustand möglich war, und verlor den letzten Zweifel. Er war der Mann mit dem Hut gewesen.

Ulf stand am Empfang, und Eva, die sich einen Becher aus dem Kaffee-Automaten geholt hatte, trat hinzu. Die Dame fand meinen Namen im Computer und gab den beiden zu verstehen, Alex Magnusson sei gestern hier behandelt worden, heute bisher aber noch nicht. Auskunft darüber, weswegen der Patient hier gewesen sei, durfte sie natürlich nicht geben. Eva hob enttäuscht den Kaffeebecher und rempelte einen hochgewachsenen, schlanken Mann im schwarzen Anzug an, der gerade mit einem kleinen, dunklen Aktenkoffer die Klinik betreten hatte. Der allergrößte Teil des Kaffees landete mitten auf ihrer Bluse. Obwohl der Mann an dem Zusammenstoß nicht schuld gewesen war, bat er höflich um Verzeihung und reichte ihr ein Taschentuch. Eva entschuldigte sich ihrerseits und bedankte sich für die freundliche Geste. Der Mann lächelte noch einmal, dann ging er weiter. Eva blickte entsetzt an sich herunter und fing an, auf der Bluse herum zu rubbeln.

»Ich bin so ein Schaf«, sagte sie. »Wie seh ich denn jetzt aus?«

»Es ist nicht so schlimm«, meinte Ulf.

»Ich hätte Sie warnen sollen«, fügte sie hinzu. »Sowas passiert mir ständig.« Eva folgte den Hinweisschildern für die Toiletten, um sich dort schnell frisch zu machen.

Lubomir Petrov wollte wissen, ob die kleine Kamera mit einem Computer verbunden war. Krassimir bestätigte diese Annahme. Petrov hakte nach: Befand sich der Computer hier irgendwo im Gebäude? Krassimir nickte, winkte aber gleichzeitig ab und meinte, da könne Petrov lange suchen. Auf Petrovs Gesicht breitete sich ein fast schon heiteres Lächeln aus: Wer redete denn von *suchen*? Seine Leute seien bereits dabei, das Gebäude mit CL20 zu präparieren. War uns beiden das ein Begriff? Krassimir warf mir einen fragenden Seitenblick zu und übersetzte. Auch ich hatte von CL20 noch nie etwas gehört. Der designierte Ministerpräsident erläuterte, dass es sich um den stärksten Sprengstoff der Welt handelte, weit vor TNT oder C4. Die NASA hatte ihn entwickelt. Sobald Petrov das Gebäude verlassen habe, werde diese kleine Kamera da oben, mitsamt der daran angeschlossenen Festplatte, in die Luft fliegen, zusammen mit dem ganzen beschissenen Gebäude. Krassimir übersetzte beunruhigt, womit Petrov

gedroht hatte, und ich erinnerte mich daran, was der Taxifahrer auf der Fahrt von Sofia nach Kazanlăk gesagt hatte: *Lubomir Petrov räumt auf. Macht keine halben Sachen. Immer Vollgas.*
Petrov gab Krassimir zu verstehen, dass er immer derjenige sei, der am Ende gewinne. Und dass er keine Gefangenen mache. Er ging in Richtung Tür, Krassimir stellte sich ihm entgegen. Petrov zog zielsicher die Pistole aus Krassimirs Gürtel, entsicherte sie und schoss ihm, ohne zu zögern, aus unmittelbarer Nähe in den Bauch. Dann stieß er ihn, wie ein lästiges Objekt, beiseite, und Krassimir sackte auf den Boden. Ich wollte mich ihm ebenfalls entgegen stellen. Petrov schoss erneut, das Projektil durchschlug mein rechtes Bein.

Die Besuchertoiletten für Damen und Herren lagen unmittelbar nebeneinander. Eva wollte die Damentoilette betreten, um ihre Bluse zu säubern, und sah durch die halb offene Tür zur Herrentoilette den Mann mit dem Aktenkoffer, den sie gerade eben angerempelt hatte. Was er tat, ließ Eva kurz stehen bleiben. Er holte ein mit einer Plastiktüte umwickeltes Paket aus seinem Köfferchen und ließ es in den Abfallkorb fallen, in dem sonst die Papiertücher landeten, mit denen man sich nach dem Waschen die Hände trocknete. Eva wunderte sich kurz ein bisschen, ging dann aber weiter in die Damentoilette und begann, sich der Reinigung ihrer Bluse zu widmen.

Petrov hatte seine Sonnenbrille wieder auf und verließ die Klinik durch einen Hinterausgang, vor dem die drei dunklen Limousinen mit den Leibwächtern auf ihn warteten. Einer von ihnen öffnete ihm eine hintere Wagentür, als auch der große, schmale Sicherheitschef angelaufen kam, der das Krankenhaus gerade durch den Haupteingang verlassen hatte. Er warf den leeren Aktenkoffer in ein Blumenbeet und hatte nur noch ein kleines, schwarzes Gerät mit einer kurzen Antenne in der Hand. Petrov und er stiegen in den Fond desselben Wagens, und im nächsten Moment setzten sich alle drei Fahrzeuge in Bewegung.

Wenn man von der Brücke über die Tundscha kam und zur Klinik wollte, streifte man das beschauliche Buzovgrad nur am nördlichen Rand und durchquerte dann ein Waldstück, bis das Gebäude vor einem auftauchte. Auf dieser Straße war ein rotweißes Motorrad unterwegs, gelenkt von einer jungen Frau, deren schwarzes Haar unter dem Helm hervor quoll und im Fahrtwind wehte. Als Maja die drei Limousinen auf sich zukommen sah, ahnte sie bereits, dass es sich um Lubomir Petrov und seine Leibwächter handelte, und sie konnte kaum erwarten, zu erfahren, ob der Plan aufgegangen war, den sie mit ihrem Vater geschmiedet hatte.

Ich zog eine feine Blutspur hinter mir her, als ich gebückt in den Empfangsbereich humpelte, die Hände auf Eintritts- und Austrittswunde gepresst. Die Dame am Empfang erschrak.

»Hören Sie!« rief ich ihr zu. »Die Leute müssen sofort alle raus hier! Das Gebäude fliegt in die Luft!«

Sie starrte mich ratlos an und fühlte sich offensichtlich von mir bedroht, als ich mich mit blutigen Händen auf ihren Tresen stützte.

»*The clinic will be blown up! You have to evacuate the building! Now!! Do you understand me?!*«

Zwei Frauen, vermutlich Angehörige von Patienten, betraten das Krankenhaus und wagten nicht, die Blutspur zu übertreten, die ich hinterlassen hatte, gerade so, als hätte ich damit einen Bannkreis gezogen. Krankenschwestern, Patienten und weitere Besucher wurden von meinem Geschrei angelockt, und es war keiner unter ihnen, der mich nicht für einen Wahnsinnigen hielt.

»*Come on!*« brüllte ich mit heiser werdender Stimme. »*Evacuate the building! Please!*« Ich drehte mich um zu den Leuten, die mich unangenehm berührt anstarrten, und herrschte sie an. »*Get the fuck out of here!* Worauf warten Sie denn noch? Raus hier! Alle!«

Auf einmal stand Ulf vor mir und sagte: »Was ist mit dir? Du blutest!« Er sah mich außerordentlich besorgt an.

Ich starrte ihm ins Gesicht und hatte keine Ahnung, was ich davon halten sollte, ihn vor mir zu sehen. Hatten Schmerz und Blutverlust ihren Tribut gefordert? Hatte ich jetzt doch den Verstand verloren? Die Empfangsdame drückte auf einen Knopf und sprach in ihr Mikrofon. Sie forderte den Sicherheitsdienst an.

»Der ganze Laden fliegt jeden Moment in die Luft«, sagte ich keuchend. Aber ich war mir auf einmal nicht mehr sicher, ob ich das nicht alles geträumt hatte. War ich wirklich Alex Magnusson, einer der besten Triathleten der Welt? Oder ein bulgarischer Bauer, der sich einmal zu oft mit anderen Leuten angelegt hatte? Oder war ich einfach nur der Junge, der gerne an den Haaren des Mädchens schnupperte, das in der Schule vor ihm saß? Mein Blick wanderte durch das Eingangsportal nach draußen, auf die Straße. Dort stieg jemand von einem Motorrad, und als er den Helm abnahm, sah ich, dass es Maja war. Eine Frau, die ich in der Redaktion der Tageszeitung Trud kennen gelernt hatte. Oder war sie meine Enkelin? Maja kam in die Klinik gelaufen, sah mich und all das Blut, und ihr Mund weitete sich vor Entsetzen.

»Alex, um Gottes willen, was ist passiert?«

»Er fantasiert«, sagte Ulf. »Jemand muss diese Wunde behandeln, er verliert jede Menge Blut!«

»Dafür haben wir jetzt keine Zeit.« Ich schob ihn beiseite. »Maja, das mit Petrov ist völlig aus dem Ruder gelaufen!«

»Ich habe seine Limousinen gesehen«, sagte sie.

»Hör zu: Die Klinik muss sofort komplett geräumt werden. Er hat hier irgendwo eine Bombe gelegt, und die wird jeden Moment gezündet!«

Maja starrte mich entgeistert an, und auf einmal sah ich, wie sich hinter ihr Eva näherte. Sie hatte ihre schmutzige Bluse ausgezogen, und in dem Spaghettiträger-Top, das sie darunter getragen hatte, sah sie einfach wunderschön aus. Kraftvoll, aber auch zerbrechlich. Die Bluse hatte sie nun in der Hand, und es war schwer zu sagen, wer von uns beiden den anderen wohl mit der größeren Fassungslosigkeit angesehen hat. Maja dagegen brauchte nur einen winzigen Moment, um zu verarbeiten, was ich ihr gesagt hatte. Sie lief zum Empfang und griff über den Tresen. Die Empfangsdame schob ihren Bürostuhl erschrocken nach hinten. Maja langte nach dem Mikrofon, drückte eine Taste und schob einen Regler hoch bis zum Anschlag. Die Geräuschkulisse der Empfangshalle war nun über die Lautsprecher deutlich zu hören, es gab eine kurze, unangenehme Rückkopplung, bevor Maja den Regler wieder ein Stück hinunter schob. Sie forderte alle Personen in der gesamten Klinik auf, unverzüglich das Gebäude zu räumen, stellte klar, dass es sich um keine Übung handelte, und wiederholte die Aufforderung noch einmal in voller Länge. Ärzte und Betreuungspersonal sollten ihre Operationen und Behandlungen sofort einstellen und die Patienten nach draußen bringen, die nicht gut zu Fuß waren. Das alles habe auf der Stelle zu geschehen, weil sich in der Klinik eine Bombe befand! Die umstehenden Gäste, Patienten und Pflegekräfte schrien nun zum Teil auf, und innerhalb weniger Augenblicke fingen alle an, sich im Zustand großer Verwirrung auf den Ausgang zuzubewegen. Maja wiederholte ein weiteres Mal: Es handelte sich um keine Übung! Im Gebäude befand sich eine Bombe, die jeden Moment gezündet werden konnte! Inmitten der Menschen, die zum Ausgang liefen, stand Ulf und konnte nicht fassen, was um ihn herum passierte. Und dann sagte Eva:

»Ich glaub, ich weiß, wo die Bombe ist.«

Ich glotzte sie an wie eine Erscheinung, von den Wolken zu uns auf die Erde herabgestiegen. Sie war der Schmetterling in der Betonwüste. Die Friedenstaube im Kriegsgebiet. Der Diamant auf dem Grunde des Meeres. Die Erinnerung inmitten des Vergessens.

Sekunden später zerrte ich die zu einem Paket verschweißte Plastiktüte aus dem Papierkorb der Herrentoilette, während Maja hinter mir stand und ein provisorisches Tuch um mein Bein band, das die Blutung eindämmen sollte. Eva half ihr dabei. Ich wollte wissen, wie man so etwas entschärfte, aber darauf hatten weder Ulf noch die Frauen eine Antwort.

»Das muss weg hier!« rief ich, klemmte mir das Paket unter den Arm und humpelte an den dreien vorbei. Auf dem Flur war die Hölle los. Menschen eilten in Bademänteln auf den Ausgang zu, Krankenschwestern schoben Rollstühle mit Patienten, alle wollten nur raus, so schnell wie möglich.

»Mein Motorrad steht direkt vor der Klinik«, sagte Maja.

Sie wollte mir die Bombe abnehmen, aber das ließ ich nicht zu. Stattdessen hielt ich ihr die offene Handfläche entgegen.

»Gib mir den Schlüssel! Dein Vater braucht Hilfe, er liegt im Keller! Petrov hat ihn angeschossen!«

Maja gab mir den Schlüssel und blieb entsetzt stehen. Eva und Ulf hielten weiter mit mir Schritt.

»Helft ihr!« rief ich ihnen zu.

Maja begann zur Treppe zu rennen. Ulf folgte ihr.

»Aber du bist schwer verletzt!« rief Eva.

»Schmerz ist mein ständiger Begleiter«, erwiderte ich. Diesen Satz hatte ich schon einmal gesagt, vor sehr langer Zeit. Ich machte, dass ich aus der Klinik kam, das war jetzt das einzig Wichtige. Die meisten Leute, die nach draußen geflohen waren, liefen nun die Straße entlang. Ein paar steuerten ihre Autos vom Parkplatz. Ich stieg auf die Enduro und klemmte mir die Bombe zwischen die Beine. Mein rechtes Hosenbein war getränkt von Blut, und das Bein schmerzte, aber darauf konnte ich jetzt keine Rücksicht nehmen. Der Kickstarter musste nun einmal mit rechts hinunter getreten werden. Ich drehte am Gas, und schon schoss ich vorbei an all den Bademänteln und weißen Kitteln. Zwischen meinen Schenkeln die Bombe. Ich überholte die Autos, die vor der drohenden Explosion flohen, und keine Ahnung hatten, dass die Bedrohung, vor der sie Reißaus nahmen, näher war denn je. Ich fuhr so schnell, dass ich die Maschine gerade noch kontrollieren konnte, und es dauerte nicht lange, bis die drei Limousinen mit den getönten Scheiben in Sicht kamen, die mit gemächlichem Tempo dahin fuhren. Ich drosselte meine Geschwindigkeit, überholte den hintersten Wagen, und als ich mit dem mittleren auf gleicher Höhe war, schnurrte das hintere Seitenfenster hinunter. Lubomir Petrov sah mich an und sagte etwas zu dem Mann, der neben ihm saß. Der Angesprochene trug einen schwarzen Anzug mit weißem Hemd, war aber eigentlich etwas zu schlank für einen Bodyguard. Er griff in sein Jackett, um etwas hervor zu holen, aber Petrov bremste ihn und deutete auf das kleine, schwarze Gerät, das der Mann in der anderen Hand hielt, und das für Petrov jetzt erst einmal Priorität zu haben schien. Das Gerät hatte eine kurze Antenne und sah aus wie ein Walkie Talkie. Der Mann drückte auf dem Gerät eine Taste. Und dann noch eine zweite. Etwas sagte mir, dass er nicht mehr viele Tasten drücken würde. Dass jeden Moment die letzten Körnchen durch die

Sanduhr laufen würden. Ich gab Gas, zog an den Limousinen vorbei und brachte sehr schnell etwa 100 Meter zwischen mich und die drei Karossen. Mit einer Hand zog ich das Paket zwischen den Beinen hervor und warf es hinter mich auf die Straße. Es kullerte ein wenig umher und blieb liegen, unmittelbar neben dem Mittelstreifen. Niemand erfuhr jemals, wie viele Ziffern Petrovs Sicherheitschef noch gedrückt hat, bevor er die ganze Kombination eingegeben hatte. Die Explosion erfolgte genau in dem Moment, als die mittlere Limousine über das Paket fuhr. Sie wurde in Stücke gerissen, und ihre Einzelteile flogen über die Wipfel der Bäume wie Raketen.

Eva stand vor dem Krankenhaus und starrte die Straße entlang, als sie den Knall hörte und der Boden durchgerüttelt wurde wie bei einem Erdbeben. Sie hielt sich die Hand vor den Mund, Tränen liefen ihr über die Wangen. Ulf kam nach draußen gelaufen.

»Ich habe die Bombe gefunden«, sagte sie leise, »und ihn damit in den Tod geschickt.«

Er versuchte ihr klar zu machen, dass alle jetzt tot wären, wenn sie nicht gewusst hätte, wo die Bombe versteckt gewesen war. Eva ging in die Hocke hinunter, kauerte sich zusammen und weinte. Ulf stand daneben und wusste, dass es nichts gab, womit er sie trösten konnte. Maja kam aus dem Eingang, mit Blut an Händen und T-Shirt. Sie hatte ihrem Vater Erste Hilfe geleistet, und er schien außer Lebensgefahr zu sein, hatte wohl großes Glück gehabt. Sie fing an, die verwirrt umher laufenden Patienten wieder einzusammeln, die nach dem Knall nicht wussten, was sie jetzt tun sollten. Ulf versuchte eine ganze Weile vergeblich, Eva zum Aufstehen zu bewegen. Bis ein Geräusch sich näherte, das Maja erstarren ließ. Den Sound ihrer Enduro hätte sie unter tausend Fahrzeugen heraus gehört. Ich brachte die Maschine vor der Klinik zum Stehen, versuchte taumelnd abzusteigen, und während das Motorrad auf die eine Seite kippte, stürzte ich entkräftet auf die andere. Maja pfiff auf den Fingern, rief zwei Pfleger her, die gerade die Klinik verließen, und forderte sie auf, sofort eine Trage her zu bringen. Durch den Schleier vor meinen Augen nahm ich noch verschwommen wahr, wie Eva sich über mich beugte und die Arme um mich schloss. Die Bewusstlosigkeit, die mich einzuhüllen begann, nahm mir die Möglichkeit, ihre Umarmung zu erwidern, aber das war egal: Hauptsache, sie war hier, und wir waren am Leben.

Iskuplenie

Ich hatte fast zwei Liter Blut verloren und kam für drei Tage auf die Intensivstation. Maja leitete meine Behandlung, und Eva und Ulf durften mich besuchen. Der Schuss war glatt durch meinen Oberschenkel gegangen, ich würde in wenigen Wochen wieder trainieren können. Am vierten Tag wurde ich in ein normales Krankenzimmer verlegt und konnte wieder halbwegs gehen, sogar ohne Krücke. Maja brachte mir einen schwarzen Anzug, ein weißes Hemd, schwarze Schuhe und eine rote Krawatte, denn heute sollte ein Festtag sein. Eva und Ulf waren ebenfalls von ihr eingekleidet worden, denn zu einem hohen Anlass durfte man nicht in Freizeitkleidung erscheinen. Sie hatte Eva ein langes, dunkelblaues Kleid geliehen, die beiden hatten dieselbe Konfektionsgröße. So schön hatte ich Eva nie zuvor gesehen, und ich konnte nicht damit aufhören, ihr Komplimente zu machen. Wir betraten den Aufzug und fuhren ins Untergeschoss. Die Tür, die ich heraus gebrochen hatte, war noch nicht repariert worden. Im Kellerraum mit den Backsteinwänden war die Familie Buljakov vollzählig erschienen, aber nur die Erwachsenen. Die Kinder fehlten, und ich war froh darüber. Krassimir saß in einem Rollstuhl. Der Anzug verdeckte seine Bandagen. Er sah mitgenommen aus, bewahrte aber Haltung. Neben ihm stand auf der einen Seite seine Frau Jovana und auf der anderen sein Sohn Ilian. Daneben dessen Ehefrau Nikolina sowie Krassimirs jüngere Geschwister Nilo und Gojka und deren Ehepartner. Mit Maja, Eva, Ulf und mir waren wir nun komplett. Wie immer, wenn ich hier unten war, wurde der Schmerz in meinem Kopf übermächtig und raubte mir fast den Atem. Wir begrüßten uns alle mit gedämpften Stimmen. Ilian schob das Brett vor den Türrahmen, damit wir uns ungestörter fühlen konnten. Jovana ging reihum mit einer Porzellanschale, die bedeckt war mit frischen Rosenblättern. Jeder nahm ein paar davon. Krassimir nickte in meine Richtung, zum Zeichen dafür, dass ich beginnen möge. Ich ging auf Dragomir zu, langsam. Jeder einzelne dieser wenigen Schritte war Teil einer Prozession. Seine Brust hob und senkte sich noch immer im stets gleich bleibenden Rhythmus. Ich blieb vor ihm stehen.

»Ich weiß, es ist schwer zu glauben«, sagte ich, »aber ich bin einmal du gewesen. In deinem Körper hat früher meine Seele gewohnt. *Unsere* Seele. Durch dich strömt immer noch Blut. Deine Fingernägel wachsen. Und dennoch schreit dein Körper seit vielen Jahren stumm nach Erlösung. *Iskuplenie*, wie es auf Bulgarisch heißt. Wir sind heute hier, um sie dir zu geben.«

Krassimir fügte auf Bulgarisch hinzu, jedem hier sei klar, dass nur einem die Ehre zustehe, das zu tun, was endlich getan werden müsse. Die Frauen der Familie Buljakov konnten sich ihrer Tränen nicht mehr erwehren und weinten in ihre Taschentücher. Auch Maja verbarg das Gesicht immer wieder hinter den Händen. Selbst Krassimir, Nilo und Ilian rangen um Fassung. Ich berührte die Hand des ausgemergelten Greises. In dem Moment wurde der Schmerz noch unerträglicher. Ich konnte mich kaum auf den Beinen halten, aber Ilian trat zu mir, um mich zu stützen. Die anderen kamen nun näher, verteilten sich rund um das Bett von Dragomir und verstreuten die Rosenblätter auf ihm, so dass er und das ganze Bett davon bedeckt waren.

»Dragomir Buljakov, *tvoya mir ti davam*«, sagte ich leise. »Ich schenke dir deinen Frieden.«

Ich hielt seine Finger fest, und mit der anderen Hand schaltete ich das Beatmungsgerät ab. Er tat seinen allerletzten Atemzug. Dann herrschte absolute Stille. Und ich sackte zusammen wie eine Marionette, der man die Fäden abgeschnitten hatte.

***

Ein besonders langer, traumloser Schlaf sorgte oft dafür, dass man jegliches Zeitgefühl verlor. So ging es mir, als ich die Augen langsam öffnete. Ich war benommen und brauchte einen Moment, um zu begreifen, dass ich mich wieder im Krankenzimmer befand. Etwas schien anders zu sein als sonst, und es war eigentlich unglaublich, dass ich es zuerst gar nicht realisierte. Ein Schatten fiel auf mich, und die Frau, die ihn warf, setzte sich zu mir ans Bett.

»Hey«, sagte sie.

»Selber hey«, sagte ich mit einem Stimmchen, das so dünn war, dass ich mich erst einmal räuspern musste.

»Wie fühlst du dich?« Eva griff nach meiner Hand.

»Ging mir nie besser«, behauptete ich. »Was ist denn passiert?«

»Als du das Bewusstsein verloren hast? Ilian hat dich aufgefangen. Du warst völlig weggetreten. Die Neurologen haben dich untersucht, aber mit deinem Kopf ist alles in Ordnung.«

»Du weißt gar nicht, wie recht du hast«, sagte ich.

Eva blickte mich fragend an. Ich hob den Arm und legte den Zeigefinger an meine Schläfe.

»Weißt du, was da drin los ist?«

»Schmerzen?«

»Eben nicht. Es tut nichts weh.«
Ihr Blick wurde ungläubig. »Gar nichts?«
»Nicht das geringste Bisschen.«
»Und wie ist das?«
»Unfassbar.«

Eva schlug die Decke zurück, legte sich neben mich und blickte mit mir zusammen an die Zimmerdecke. Diesmal war es meine Hand, die ihre suchte und fand.

»Meinst du, es gibt irgendeine Möglichkeit, diesen Moment fest zu halten? Und auszudehnen bis in alle Ewigkeit?«

Meine Worte ließen Eva lächeln. Und wir beide taten nichts weiter, als uns an der Hand zu halten und an die Decke zu starren.

***

Tags darauf wurde ich aus der Klinik entlassen. Das Bein verheilte gut, weder der Knochen noch wichtige Sehnen hatten etwas abbekommen. Anschließend sind wir noch zwei Wochen lang zu Gast in Krassimirs Haus gewesen. Für die anstehende Fahrt nach Sofia hatte ich Maja bei der dortigen Taxizentrale anrufen lassen. Das Ganze war ein bisschen knifflig, weil ich den Fahrer nie nach seinem Namen gefragt hatte, aber Maja fand seine Handynummer heraus, und es gelang mir, ihn dazu zu überreden, uns hier abzuholen und nach Sofia zu bringen. Ich wollte unbedingt, dass er das machte, und als ich ihm einen guten Preis bot, sagte er zu.

»Du bist hier immer willkommen«, sagte Krassimir, als unser Gepäck bereits im Kofferraum verstaut wurde. »Du gehörst jetzt zur Familie.« Wir nahmen einander in die Arme. Dabei musste ich ein wenig vorsichtig sein, weil seine Schussverletzung noch immer empfindlich war.

»*Vsichko novo e dobre zabraveno staro*«, verkündete er.

»Die besten neuen Dinge sind gut vergessene alte«, übersetzte Maja. »Ein bulgarisches Sprichwort.«

»Was auch sonst?« sagte ich.

»Mein Vater immer gesagt: Ich bin die Wurzel, ihr seid die Triebe«, gab Krassimir mir noch mit auf den Weg. Ich lächelte verstehend, denn nun begriff ich endlich den Satz mit der *alten Wurzel*, den Krassimir verwendet hatte, um dem schwer verletzten Dragomir beizustehen. Maja kam, und ich nahm sie fest in die Arme, denn auf ihre Gesundheit musste ich bei der Umarmung keine Rücksicht nehmen.

»Ich könnte dich Opa nennen.« Sie grinste.

»Untersteh dich.«

Maja blickte hinüber zu Eva, die mit dem Taxifahrer am Kofferraum stand. »Und dass du sie ja heiratest«, sagte sie. »So eine findest du kein zweites Mal.«

Ich blickte ebenfalls zu Eva, die gerade damit beschäftigt war, eine brummende Fliege zu verscheuchen, und dabei, ohne es zu bemerken, Wasser aus der offenen Flasche verschüttete, die sie in der Hand hielt.

»Ja«, nickte ich, »das glaube ich auch.« Eva fing meinen Blick auf und lächelte verlegen, während sie mit der Hand über den nassen Ärmel strich.

Eva und ich saßen hinten, und so war es vor allem Ulf, der dem Mitteilungsbedürfnis des Taxifahrers ausgesetzt war. Der Mann war noch immer sehr betroffen über den feigen Anschlag, der sein Idol Lubomir Petrov aus dem Leben gerissen hatte. Das ganze Land sei verzweifelt, und man wisse nicht einmal, wer es gewesen sei. Eine Bombe. Mitten auf der Straße. Wo gab es denn so etwas?

»Was war mit leere Grab?« wechselte er endlich das Thema. »Hast du rausgefunden?«

»Der Tote liegt jetzt da, wo er hingehört«, erwiderte ich.

»Und wo ist ganze Zeit gewesen?«

»Er hatte noch etwas zu erledigen.«

Er schüttelte den Kopf und sagte: »Verrückte Mann mit Schmerz in Kopf.«

***

Ich war kaum zurück in Deutschland, als ein Freund von mir verstarb, kurz vor der Fertigstellung seines zweiten Buches. Beim Überqueren einer Kreuzung war er vor eine Trambahn gelaufen. Dimitri war sofort tot gewesen. Bei der Beerdigung habe ich einen alten Bekannten wieder getroffen: Michael, den Pfleger aus der Psychiatrie, der mich damals zum Laufen gebracht hatte. Ich fragte ihn, ob er etwas dagegen hätte, wenn ich ihn umarmte. Das hatte er nicht. Ich dankte ihm für das, was er damals für mich getan hatte, und sagte ihm, ohne ihn wäre mein Leben mit Sicherheit völlig anders verlaufen.

»Ich habe dir nur einen kleinen Stupser gegeben«, sagte er, und dann erzählte er mir, dass er *Once Upon A Time In Norway* vier oder fünf Mal im Kino gesehen hatte, und auch die DVD zu Hause sei schon x-mal gelaufen. Wir fragten uns, wie wir Dimitris Tod einzuordnen hatten. Er hatte sich doch gar nicht mehr umbringen wollen. Das sei doch alles nur noch Show gewesen. War einer dieser gefälschten Selbstmordversuche schief gegangen? Oder hatte er das Leben am Ende doch nicht mehr ertragen? Ich vermutete eher, dass es nichts weiter als ein Unfall gewesen war. Denn ein Zusammenstoß mit einer Trambahn war für einen Selbstmordversuch von Dimitri doch gar nicht spektakulär genug. Wie auch immer: Wir hatten ihn gern gehabt und waren uns einig, dass die Welt ärmer sein würde ohne ihn. Erst als ich zusah, wie sein Sarg in die Erde hinunter gelassen wurde, erinnerte ich mich an etwas, das er mir einmal gesagt hatte:

»Irgendwann kommt Lücke, dann muss Elch den Mut haben und über Straße gehen.«

***

Es ist mir nie gelungen, in Hawaii zu gewinnen. Seit der Zeit in Bulgarien ist es dafür zu spät gewesen, denn den legendären Trainingseifer, für den ich in der Szene berühmt gewesen bin, habe ich danach nie wieder aufbringen können. Zweieinhalb Monate nach der Rückkehr aus dem Tal der Rosen habe ich in Roth meinen Rücktritt vom Profisport bekannt gegeben. Aber eines sollte in diesem Zusammenhang nicht unter den Tisch fallen:

Natürlich hat Hawaii eine Nationalhymne! Und ich habe sie in meinem Leben viele Male gehört. Vor der Siegerehrung wird sie in Kona von den Einheimischen stets inbrünstig gesungen. Im Jahr 1874 ist »Hawaiʻi ponoʻī«, so heißt das Lied, entstanden, und es ist eine Gemeinschaftsarbeit gewesen. Der damalige hawaiianische König David Kalakaua hat es getextet, sein deutscher Kapellmeister Henri Berger war der Komponist. Die Hymne erinnert ein wenig an das britische *God Save The Queen* und besang den Ruhm von Kamehameha, dem allerersten König von Hawaii. Das wirklich Verrückte daran ist aber: Der deutsche Kapellmeister war ein direkter Vorfahre von Eva *»master of disaster«* Berger, der Frau, der meine tiefe Liebe gilt, genauer gesagt war er ihr Ur-Ur-Ur-Großvater. Ich finde, das beweist einmal mehr: Alles im Leben ist irgendwie miteinander verbunden. Jeder einzelne Mensch hat mit jedem anderen etwas zu tun, wenn auch über noch so viele Ecken. Egal, wohin wir reisen, überall treffen wir Brüder und Schwestern.

Mit diesen philosophischen Gedanken beginnt der erste Reiseführer, den ich gerade schreibe. Ich nenne ihn *Es war einmal in Hawaii*. Er soll der erste Band einer fortlaufenden Serie werden, und sie sollen alle mit *Es war einmal...* beginnen. Das scheint mir angemessen zu sein, denn letztlich hat sich mein Leben entwickelt, wie es sonst nur Märchen tun.

Der Schmerz in meinem Kopf ist niemals mehr zurückgekehrt.

ENDE

Mein ganz besonderer Dank gilt...

... Janine Ohlsen, die mich durch meine eigene Rückführung begleitet hat, auf respektvolle, einfühlsame Weise und mit herausragender Kompetenz. Es war aufwühlend und unvergesslich, und ich bin sehr dankbar, dass ich das bei Dir erleben durfte.

... Alexandre Rito, dem Design-Hexer von der Algarve, der auch diesmal wieder ein hinreißend schönes Buchcover geschaffen hat.

... Yvonne Holthaus, meiner Schwester im Geiste, die mir vor der Fertigstellung des Skripts ein paar sehr wertvolle Tipps gegeben hat.

... Andreas Spector, der für die Übersetzung der bulgarischen Textelemente gesorgt – und mir sogar eine traditionelle und eine moderne Variante angeboten hat. (Ich habe mich für die moderne entschieden.)

... Gernot Aschoff, der mich zum Schreiben meines ersten Romans »Azahrú – Wer den Weg verliert« inspiriert hat, und ohne den es deshalb vernutlich auch diesen Roman hier nicht geben würde.

... dem Triathlonsport, der viele Jahre lang meinen sportlichen Ehrgeiz und meine Abenteuerlust gleichermaßen befriedigt hat. Die entscheidenden Ideen zu »Mein Leben davor« kamen mir übrigens beim Lauftraining.

Leseprobe

aus dem dritten Roman von Richard Mackenrodt

»Die kleine Insel am Ende der Welt«

erscheint bei EDITION TAKUBA im Sommer 2015

Das schwärzeste Schwarz

Die Männer trugen Schwarz. Ausschließlich. Von Kopf bis Fuß. Sonnenbrillen. Jacketts. Hemden. Krawatten. Hosen. Schuhe. Socken. Ein Schwarz, das die Augen irritierte, ohne dass der Betrachter den Grund dafür benennen konnte. Selbst ihre Slips und Unterhemden waren schwarz, obwohl den Blicken verborgen. Und die Haare: Zweimal pro Woche mussten sich die Männer beißend riechenden Farbkleister auf den Kopf schmieren lassen, und – nicht zu vergessen – auf die Augenbrauen. So stand es im Arbeitsvertrag. Zudem hatten sie sich alle fünf Stunden zu rasieren, solange sie im Dienste des Unternehmens auftraten. Selbstverständlich waren auch sämtliche Geräte, die sie bei der Arbeit benutzten – Smartphones, Tablets, Bluetooth-Headsets – schwarz wie die Nacht.

Schwarz war nicht gleich Schwarz. Ein schwarzer Gegenstand konnte im hellen Sonnenlicht zum fahlen Grau werden, und schwarzer Samt an einem sonnigen Strand leuchten wie der Vollmond um Mitternacht. In Wirklichkeit war Schwarz eine Farbe, die es gar nicht gab. Wer von Schwarz sprach, beschrieb nichts weiter als die Abwesenheit subjektiver Farbreize. Das Finsterste im gesamten Universum waren die sogenannten Schwarzen Löcher. Sie warfen keinerlei sichtbares Licht zurück und waren damit tatsächlich völlig dunkel. Der oberste Chef der beiden schwarz gekleideten Männer hatte sich mit diesen Dingen lange und intensiv beschäftigt. Er wollte, dass die Außendarstellung von Nero Black Enterprises so schwarz war wie nur irgend möglich. Er träumte vom *Black-Hole-Black*. Dass dieses Ideal unerreichbar war, störte ihn nicht. Er war beseelt davon, dem Unmöglichen denkbar nahe zu kommen, bei allem, was er auf den Markt brachte und bei allem, womit Nero Black Enterprises in Erscheinung trat. Er hatte sich mit den Forschern einer texanischen Universität in Verbindung gesetzt, denen es gelungen war, den schwärzesten Stoff herzustellen, den die Welt jemals gesehen hatte. Dieses ultraschwarze Material bestand aus einem Miniaturwald von Nanoröhrchen und reflektierte nur 0,0045 Prozent des Lichtes, das darauf fiel. Die Röhrchen bestanden aus eng zusammengerolltem Kohlenstoff und waren so winzig, dass 400 davon nebeneinander in ein menschliches Haar gepasst hätten. Nero Black hatte alles aufgekauft, was die Texaner ihm liefern konnten. Das Rohmaterial war anschließend in Deutschland bearbeitet worden, er hatte daraus Kleidungsstücke herstellen lassen für alle Mitarbeiter, die außerhalb der Firma auftraten, etwa bei Messen und Presseterminen, und auch für das Wachpersonal. Das alles hatte ein Vermögen gekostet. Ein Wachmann von Nero Black Enterprises trug bei seiner Arbeit Klamotten am Leib, die so teuer waren wie ein nagelneuer Mittelklassewagen mit allen Extras. Ein halbes Dutzend Wachleute sicherten den Firmenhauptsitz am Münchner Stadtrand, und das taten sie Tag und Nacht, denn es galt nicht nur, die teuren Geräte im Inneren des Gebäudes zu beschützen, sondern viel mehr noch die unfassbar wertvolle tiefschwarze Fassade, die ebenfalls von den Texanern angefertigt worden war.

Nero Black hasste es, irgendetwas dem Zufall zu überlassen. Überraschungen verabscheute er fast genau so sehr wie das Licht der Öffentlichkeit, dem er sich mit bemerkenswerter Konsequenz zu entziehen verstand. Die Gazetten hätten eine Menge Geld dafür bezahlt, um etwas in Erfahrung zu bringen über diesen Mann, der unbeobachtet die Fäden zog und einen Welterfolg nach dem anderen auf den Markt brachte. Wie sah er aus? Was war er für ein Mensch? Was hatte er für ein Privatleben? Gab es ihn überhaupt? Man kannte nur seinen Namen und das NBE-Logo, das eine stilisierte Zeichnung seines Gesichts zeigte. Und so berühmt sein Name auch sein mochte: Nicht einmal der stimmte. Denn der Mann, der selbst so etwas war wie ein Schwarzes Loch, hieß natürlich nicht Nero Black, sondern war auf die Welt gekommen als Phillip Emanuel Schwarz. Er war 31 Jahre alt und so unscheinbar, wie ein Mann nur sein konnte. Klein und schmächtig. Blass. Mit einer unauffälligen Brille auf der Nase, deren dünnes Metallgestell natürlich schwarz war.

Auch er trug stets nur schwarze Kleidung aus texanischem Kohlenstoff. Eine Zeit lang hatte er sogar seine straßenköterfarbenen Haare schwarz gefärbt, aber das war ihm dann doch zu albern gewesen. Schließlich wusste sowieso niemand, wer er war. Seine Villa im Süden der Stadt war extrem gut gesichert. Niemand hatte eine Ahnung, wer dort wohnte, auch nicht der Lieferservice, der ihn mit Lebensmitteln versorgte. Hier hatte er alles, was er brauchte. Wenn er nicht arbeitete, zog er Bahnen durch den Swimming Pool, spielte mit dem Gerät, das er ‚Zauberstab' nannte, las ein Buch oder sah sich einen Film an, in seinem eigenen Kino, das über eine riesige Leinwand und einen kinofähigen Digitalprojektor verfügte, und in dem – ja – ein einziger schwarzer Kinosessel stand. Phillip Schwarz hatte keine Freunde, und er wünschte sich auch keine. Er hatte die Einsamkeit zu einer Kunstform erhoben, er lebte sie aus auf geradezu inbrünstige Weise, weil er der festen Überzeugung war, dass diese Art zu leben besser zu ihm passte als alles andere. Wenn er das Grundstück hin und wieder verließ, dann stets nur durch einen unauffälligen Hintereingang, und anschließend fuhr er mit seinem Elektro-Fahrrad davon, wie ein ganz normaler Typ von nebenan. Schwarz hatte keinen Chauffeur und, bis auf eine Ausnahme, auch keine Bediensteten. Der einzige Mann, der außer ihm das Grundstück jemals betrat, war Hatchiko Matsumoto, ein 52-jähriger Japaner, der noch kleiner, schmächtiger und blasser war als er selbst. Matsumoto kümmerte sich dienstags und freitags um den Garten, reinigte den Pool und putzte das Haus. Den Hausherrn bekam Matsumoto dabei niemals zu Gesicht.

Wenn Phillip Schwarz mit dem E-Bike unterwegs war und anderen Menschen begegnete, benahm er sich unauffällig und kein bisschen exzentrisch. Er trat zurückhaltend auf, aber nicht wortkarg. Er besuchte Kunstausstellungen, und manchmal führte er dort mit Gleichgesinnten fachkundige Gespräche. Er flog in der Economy-Klasse nach Monte Carlo, um sich dort, von einer Hotelsuite an der Strecke, das Formel-Eins-Rennen anzusehen. Oder er begab sich, bekleidet mit einem Schutzanzug, in die Niederungen der Münchner Kanalisation und durchstreifte sie einen Nachmittag lang. Solche Dinge tat er nicht, um sich zu entspannen – und auch nicht, weil er vielleicht nicht ganz bei Trost gewesen wäre – sondern ausschließlich, um sich Inspiration zu holen für neue Spiele. Oder für Updates zu bereits bestehenden Spielen. Denn Nero Black Enterprises war einer der bedeutendsten Hersteller von Computerspielen, und Phillip Schwarz das große Mastermind dahinter. Er tat nichts aus purem Vergnügen. Vergnügen war nicht Teil seiner Existenz. Schwimmen ging er, um seine körperliche Kraft zu erhalten und den Geist frei zu bekommen für neue Ideen – nicht, weil es ihm Spaß gemacht hätte. Filme sah er, um ein Gefühl dafür zu bekommen, was inhaltlich und stilistisch bei der Jugend, die seine Spiele kaufte, gerade angesagt war. So funktionierte er. Alles verfolgte einen Zweck, nichts geschah ohne tieferen Sinn. Manchmal fragte er sich, warum er so war und wieso er das eigentlich alles tat. Er hatte mehr Geld verdient, als er jemals ausgeben konnte. Es bereitete ihm auch längst keine Befriedigung mehr, Erfolg zu haben. Ganz im Gegenteil sogar: Er hasste die Vorstellung, dass Hunderttausende vor irgendwelchen Konsolen, Tablets oder Handys saßen und mit seinen Spielen auf raffinierte und grafisch ach so anspruchsvolle Weise ihre tumben Gewaltfantasien auslebten und ihren Geist verdorren ließen. All diese Menschen hielt er für Schwachköpfe, und sich selbst für schuldig, ihnen auch noch das letzte bisschen Individualität aus den Köpfen zu saugen. Trotzdem steckte er all seine Kraft in die Weiterentwicklung der Spiele, und seine Fangemeinde dankte es ihm. Der geheimnisvolle Nero Black war eine Kultfigur, voller Begeisterung trugen die Leute T-Shirts mit Motiven aus seinen Spielen, und natürlich mit dem berühmten Firmenlogo von NBE, das in der Mitte sein stilisiertes Konterfei mit schwarzer Sonnenbrille trug.

Kathrin Schmidtbauer war Nero Blacks persönliche Assistentin und die einzige Person im gesamten Unternehmen, mit der er in Kontakt stand. Die meiste Zeit saß sie vor ihrem Computermonitor, und wann immer er es für nötig hielt, loggte er sich ein und erteilte ihr schriftliche Anweisungen. Phillip Schwarz wollte nicht, dass in der Firma irgendjemand auch nur seine Stimme kannte. Natürlich hatte er leitende Angestellte, und es gab auch einen Aufsichtsrat, aber mit all diesen Leuten kommunizierte er nicht direkt. Die einzige Schnittstelle war Kathrin Schmidtbauer. Sie nahm für ihn an allen wichtigen Sitzungen teil und übermittelte seine Kommentare. Kathrin empfand diese Art der Zusammenarbeit noch immer als skurril, hatte sich aber daran gewöhnt. Und warum hätte sie sich beklagen sollen? Sie wurde gut bezahlt, musste keinen schwarzen Kohlenstoff tragen, weil sie nicht in der Öffentlichkeit auftrat, und die Kollegen in der Firma waren größtenteils in Ordnung. Phillip Schwarz schätzte derart unkomplizierte Menschen, und er mochte vor allem Kathrins Stimme, die so weich und melodisch war. Denn er schickte ihr zwar immer nur schriftliche Nachrichten, sie aber sprach zu ihm, wenn sie antwortete. Mit keiner Stimme war er so vertraut wie mit ihrer. Kathrin hingegen kannte ihren Chef zwar nicht persönlich und hielt ihn für einen verklemmten Sonderling, aber irgendwie mochte sie ihn trotzdem und entwickelte für ihn fast so etwas wie mütterliche Gefühle, obwohl sie nur wenige Jahre älter war. Wenn sie zu ihm sprach, nahm sie schon lange kein Blatt mehr vor den Mund, und er hatte sie dafür noch nie zurecht gewiesen.

An diesem Morgen stellte Kathrin eine Leitung her, damit ihr Chef hören konnte, was die beiden Mitarbeiter vom Gelände der morgen beginnenden Games Convention zu berichten hatten. Das schwarz gekleidete Duo war verabredet mit Lisa Bürger, die mit ihrer Firma Messebau B&B für den Aufbau des Messestands von Nero Black Enterprises zuständig war.

Lisa war spät dran und deswegen etwas unruhig, denn schließlich würde sie gleich nach dem Termin zum Flughafen fahren müssen. Deswegen fiel ihr der Zehnjährige nicht auf, der auf einem Skateboard umher fuhr, und vor allem entging ihr, dass er während der Fahrt einen großen, rosafarbenen Kaugummi auf den Asphalt spuckte. Auf dem Weg zur Halle war Lisa eingerahmt von ihrer jungen Assistentin Simone und den beiden gutgebauten Kerlen in Schwarz. Ihre Jacketts trugen Aufnäher von der Größe eines Tennisballs, die das NBE-Logo mit dem verschatteten, stilisierten Gesicht des Firmenchefs zeigten. Also mussten sie dem supercoolen Image der Firma entsprechen bis unter die gefärbten Haarspitzen.

»Der Stand ist so gut wie fertig«, sagte Lisa.

»Aber Sie werden nicht hier sein? Und Ihre Geschäftspartnerin auch nicht?« In den Fragen des größeren der beiden Männer schwang Verwunderung mit. Seine Miene aber blieb hinter der pechschwarzen Sonnenbrille absolut regungslos.

»Es wird alles perfekt sein«, antwortete Lisa und bemühte sich, besonders viel Ruhe und Überzeugungskraft in ihre Stimme zu legen. »Auch ohne unsere Anwesenheit. Frau Eggers wird uns würdig vertreten.«

Lisas Assistentin deutete ein Nicken an. Die Männer in Schwarz ließen nicht erkennen, was sie von Lisas Worten hielten. Der Vibrationsalarm ihres Mobiltelefons fing an zu brummen. Lisa sah auf dem Display, wer mit ihr sprechen wollte, entschuldigte sich kurz bei den beiden Männern, wischte über den Touchscreen, nahm das Gespräch an und sagte ohne jede Begrüßung: »Ich ruf dich gleich zurück.« Sie legte auf, steckte das Gerät wieder ein, und ohne es zu ahnen, steuerten die vier Personen nicht nur auf den Eingang der Halle, vor dem große Plakate von der bevorstehenden Messe kündeten, sondern auch direkt auf den rosafarbenen Kaugummi zu, der wie eine Monster-Amöbe lauernd auf dem Boden lag...

Der Stand von Nero Black Enterprises war sehr groß und hauptsächlich in Schwarz gehalten, was nicht wirklich überraschend war. Es gab aber auch ein paar Grautöne, und analog zu den angepriesenen Spielen sogar ein paar sparsame Farbreflexe. Das Logo mit dem Sonnenbrillen-Gesicht war omnipräsent, in allen möglichen verschiedenen Größen, und vor allem auf dem Hintergrund des Standes prangte es gigantisch, fast vier Meter hoch. Oberhalb davon stand *NBE* geschrieben, darunter *Nero Black Enterprises*. Über den Stand verteilt waren eine ganze Reihe von Konsolen, PC's und Tablets installiert, bereit für den spielwütigen Ansturm der Messebesucher, dem es ab morgen Früh standzuhalten galt. Ein paar Männer und Frauen wuselten herum, sie alle waren durch eine Weste mit dem Rückenaufdruck *Messebau B&B* als Lisas Leute erkennbar.

»Heute«, erläuterte Lisa, »werden nur noch Kabel verlegt und Geräte getestet.« Sie lächelte die Männer in Schwarz gewinnend an und fragte sich, wieso die beiden auch in der Halle ihre Sonnenbrille aufbehielten. Sie wusste noch nicht, dass es dafür tatsächlich einen Grund gab.

»Herr Black ist ein wenig verwundert«, sagte der kleinere der beiden.

»Und worüber?«

»Weil Sie morgen nicht zur Eröffnung kommen. Und Ihre Geschäftspartnerin auch nicht.«

Lisa sah ihn irritiert an. »Das kann er doch noch gar nicht wissen. Ich habe es Ihnen ja gerade eben erst gesagt.«

»Trotzdem weiß er es.«

»Woher?«

»Herr Black ist uns zugeschaltet.«

»Wie kann das sein?« Lisa war verblüfft.

Der kleine NBE-Mann legte die Kuppe seines Zeigefingers auf den Steg seiner Sonnenbrille, der die beiden Gläser miteinander verband. Lisa beugte sich vor, als hätte sie vorgehabt, ihn zu küssen. Nun sah sie, exakt in der Mitte der Brille, die winzige Linse und dicht daneben den noch etwas kleineren Audio-Eingang.

»Das gibt's doch nicht«, sagte sie leise.

Die NBE-Männer verzogen keine Miene. Das hatten sie geübt. Im Keine-Miene-Verziehen hatten sie nach ihrer Einstellung bei NBE eine mehrtägige Schulung durchlaufen, und sie beherrschten es perfekt. Simone, die Assistentin, begutachtete die Sonnenbrille des Größeren und stellte fest, dass auch sie über eine integrierte Mini-Kamera verfügte.

»Na gut, Herr Black, oder wie immer Sie auch in Wirklichkeit heißen«, sagte Lisa, »ich spreche dann also zu dieser Sonnenbrille. Hier ist Lisa Bürger, Messebau B&B. Es gibt einen guten Grund dafür, dass ich morgen nicht hier sein werde. Meine Teilhaberin heiratet, und weil ich auch ihre beste Freundin bin, muss ich dabei sein. Ich nehme an, das verstehen Sie.«

Der größere der beiden Männer legte die Hand über den kleinen Knopf, den er im Ohr hatte, um die Außengeräusche besser abzuschirmen. Dann fragte er: »Wann genau wird Frau Buffonacci heiraten?«

»Mittags«, sagte Lisa.

»Sie könnten also morgens noch hier vorbeischauen.«

»Das wäre so«, antwortete Lisa, »wenn die Hochzeit in München stattfinden würde. Oder am Tegernsee. Frau Buffonacci heiratet aber auf einer kleinen sizilianischen Insel.« Während sie das sagte, bekam Lisa das Gefühl, dass mit ihrem rechten Schuh etwas nicht stimmte. Sie blickte hinunter. Einer dieser kleinen, offiziellen Messe-Flyer klebte unter ihrer Fußspitze. Lisa scharrte mit der Sohle ein wenig über den Steinboden, aber das nützte nichts, der Flyer schien wie angetackert zu sein und blieb wo er war.

Ein paar Kilometer entfernt saß Phillip Schwarz, in einen schwarzen Bademantel gehüllt, auf seiner luxuriösen schwarzen Toilette, und während er sich entleerte und anschließend vollautomatisch gesäubert wurde, ohne einen Finger rühren zu müssen, starrte er auf den in die schwarze Wand eingelassenen 80-Zoll-Bildschirm, auf dem er sehen konnte, wie Lisa Bürger mit dem Stück Papier unter ihrer Fußsohle kämpfte. Er ahnte, von welcher kleinen sizilianischen Insel die Rede gewesen war. Aber er wollte es genau wissen.

Kathrin Schmidbauer beobachtete, wie sich auf ihrem Bildschirm eine Nachricht vervollständigte. Sie lautete: »*Fragen Sie bitte, um welche Insel es sich handelt.*« Kathrin sprach in ihr Headset: »Herr Black möchte gerne wissen, von welcher Insel die Rede ist.«

In der Messehalle lauschte der NBE-Mann, was der Knopf im Ohr ihm übermittelte, dann wiederholte er Kathrins Frage. Lisa wunderte sich darüber, dass ihr unsichtbarer Auftraggeber es so genau wissen wollte, gab aber freundlich Auskunft: »Das entzückende, winzige Eiland hat 400 Einwohner, ist sechs Stunden vom Festland entfernt und heißt Linosa.« Lisas Smartphone begann wieder zu vibrieren, aber diesmal reagierte sie nicht darauf. Wieder scharrte sie mit dem Schuh hin und her. Sie hasste Abreisetage, an denen morgens noch etwas zu erledigen war, und dieser verdammte Flyer unter der Sohle fing an, sie wahnsinnig zu machen.

Unterdessen blickte Kathrin Schmidtbauer erwartungsvoll auf ihren Monitor. Der kleine Schriftbalken blinkte aber nur vor sich hin, ohne einen neuen Text auszuspucken. Ein Kurier trat mit einer Sendung an Kathrins Schreibtisch und wollte eine Unterschrift von ihr haben. Sie bat ihn mit einer Geste, noch einen Moment zu warten, denn sie hatte ein untrügliches Gespür dafür, ob ihr Chef noch etwas zu sagen hatte, und wusste, da würde noch etwas kommen. »Herr Black?« sagte sie mit aufforderndem Unterton. Nun fing der kleine Balken endlich an, sich rasch zu bewegen, und es bildete sich eine kurze Nachricht: »*Wünschen Sie Frau Bürger eine gute Reise.*« Der Kurier sah interessiert zu, eine solche Art der Kommunikation hatte er noch nicht gesehen.

Während der große Mann in Schwarz die guten Reisewünsche übermittelte, hielt Lisa ihren rechten Schuh in der Hand und hatte Mühe, den mittlerweile reichlich zerknitterten, schmierigen Flyer zu entfernen. Darunter befand sich der breit getretene Kaugummi, der inzwischen fast die Ausmaße eines Bierdeckels hatte. Sie wandte sich an ihre Leute und fragte, ob jemand ein Teppichmesser hatte, mit dem man den Kaugummi abschaben könnte. Der kleine Mann in Schwarz hielt ihr wortlos ein schwarzes Taschenmesser hin. Lisa nahm es dankend entgegen, amüsiert über das stetige, offensichtliche Bemühen der beiden, immer ganz besonders cool zu wirken.

»Sie beide«, fragte Lisa lächelnd, »haben Sie eigentlich auch Superkräfte?«

... Auf einmal spannte der kleinere von beiden seine Armmuskeln an. Der andere tat es ihm gleich. Die Körper der beiden Männer schienen an Volumen zuzunehmen, als würden sie aufgeblasen werden. Die Hemden spannten an den Oberkörpern, bis sie aufzureißen begannen, erst an der Brust und dann auch am Bauch. Die Kragenknöpfe wurden weggesprengt, mitsamt den Krawatten, die durch die Luft segelten. Als nächstes platzten, nahezu gleichzeitig, die Hosen der Männer. Im nächsten Moment rissen sie sich mit wenigen Bewegungen die Kleider vom Leib, und es zeigte sich, dass sie darunter weite, königsblaue Capes trugen, über hautengen purpurroten Superhelden-Anzügen. An den Füßen leuchteten silbern funkelnde Schuhe, und an den Händen außerordentlich lange, gleißend weiße Stulpen-Handschuhe...

»Frau Bürger?« Erst die etwas besorgte Stimme ihrer Assistentin zog Lisa wieder zurück in die Realität. Sie schüttelte sich ein wenig, und schon zerplatzte die merkwürdige Vision wie eine Seifenblase im Wind. Die beiden Männer hatten nichts bemerkt, Simone aber schon. Lisa ärgerte sich insgeheim über sich selbst. Sie wusste doch, wie sie auf derart bildreiche Anspielungen reagierte. Lisas Fantasie benötigte nur einen winzigen Anstupser, um in wilder Raserei davon zu galoppieren. Ein Satz oder auch nur ein einziges Wort konnten genügen, und schon war sie in einer anderen Welt. Das Dumme war nur, dass Lisa diese wilden Ritte nicht kontrollieren konnte, so wie gerade eben. Sie fürchtete solche Momente, und deswegen war sie, gerade im Beruf, stets um große Sachlichkeit bemüht. Das mit den Superkräften war ein ganz blöder Ausrutscher gewesen, der sich sofort gerächt hatte.

In der Zwischenzeit wollte der Kurier von Kathrin Schmidtbauer wissen, was denn mit ihrem Chef nicht stimmte. Konnte er nicht sprechen? War er krank? Oder hässlich wie die Nacht? Hatte sie ihn überhaupt schon einmal gesehen?

»Niemand im gesamten Unternehmen hat ihn jemals gesehen«, erwiderte sie.

Während die NBE-Männer den Messestand genauer in Augenschein nahmen, versuchte Lisa mit dem Taschenmesser den Kaugummi von der Schuhsohle zu schaben. Aber er war feucht und glitschig und widersetzte sich ihren Bemühungen. Er zog Fäden und blieb nun auch an der Klinge und an Lisas Fingern kleben.

»Sie können *meine* Schuhe haben«, sagte Lisas Assistentin und unterdrückte dabei einen gewissen Ekel. »Ich habe auch Größe 40.«

Lisa unterbrach ihren Kampf gegen den Kaugummi, sah ihre Mitarbeiterin offen an und sagte mit klarer, freundlicher Stimme: »Simone, nur weil ich Ihre Chefin bin, müssen Sie sich nicht vor mir in den Staub werfen.«

Simone nickte nervös und ärgerte sich darüber, das Angebot gemacht zu haben. Lisa ihrerseits sah ein, dass eine befriedigende Reinigung der Schuhsohle im Moment nicht zu erreichen war. Sie zog den Schuh wieder an und versuchte mit einem Papiertaschentuch wenigstens das Taschenmesser zu reinigen, was aber genauso aussichtslos war. Der kleinere Mann in Schwarz gab ihr zu verstehen, dass das nicht nötig war. Sie müsse doch schließlich ihr Flugzeug nach Palermo bekommen. Lisa legte das Taschenmesser dankbar auf ein Tischchen, verabschiedete sich und verließ, gefolgt von ihrer Assistentin, zügig die Halle. Dabei fütterte sie ihr Smartphone mit der Nummer von Chiara.

1.400 Kilometer entfernt erhob sich eine kleine, entzückende Insel aus dem tiefblau glitzernden südlichen Mittelmeer, nicht mehr allzu weit von Tunesien entfernt. Linosa war eine Vulkaninsel, und wäre sie genauso arm an Vegetation gewesen wie ihre größere Nachbarin Lampedusa, so hätte sie dem Auge nicht sonderlich geschmeichelt. Aber das Lavagestein der drei Vulkankrater Monte Vulcano, Monte Rosso und Monte Nero war fruchtbarer Boden, und so wuchsen hier Mastixbäume, Opuntien und ein paar Buscharten, die es nur auf Linosa gab, wie etwa die Valantia Calva, die, zum Überleben entschlossen, ihre Wurzeln in den nackten Fels zu bohren verstand wie keine zweite Pflanze.

Von Richard Mackenrodt bei EDITION TAKUBA bereits erschienen:

»Azahrú – Wer den Weg verliert«
(Roman, 496 S.)

Das Buch ist als gebundene Ausgabe und als eBook erhältlich bei www.editiontakuba.de, im stationären Buchhandel und auf allen gängigen Internetportalen.

Die Presse sagt über »Azahrú – Wer den Weg verliert«:

»Ich rate Ihnen, planen Sie nichts anderes ein, denn weglegen werden Sie dieses Buch nicht gerne.«
(Ulli von Delft, ORF, Oktober 2014)

Leser sagen über »Azahrú – Wer den Weg verliert«:

»Das beste Buch, welches ich dieses Jahr gelesen habe, ist *Azahrú – Wer den Weg verliert* von Richard Mackenrodt. Es hat mich in eine wunderbare, einzigartige Welt entführt und mir eine ganz neue Sicht auf das Leben im Überfluss gegeben.«

»Ich durchlebte beim Lesen dieses Buches alle Facetten von Emotionen. Ich hatte Tränen in den Augen, ein Lächeln auf den Lippen und Wut im Bauch.«

»Richard Mackenrodt verfügt über eine große Wortmagie. Abenteuerlich und schön erzählt, kontrovers und dramatisch.«

»Schon lange habe ich nicht mehr so bunte, detaillierte und intensive Bilder beim Lesen eines Buches im Kopf gehabt. Die Geschichte hat mich gefesselt und mich nie enttäuscht. Viele Wendepunkte, mit denen ich auf keinen Fall gerechnet hätte!«